세계 언어의 이모저모

세계 언어의 이모저모

1판 1쇄 | 2013년 8월 16일
1판 4쇄 | 2022년 7월 14일

지은이 | 권재일
펴낸이 | 박찬익
편집장 | 김려생
책임편집 | 김지은
펴낸곳 | 도서출판 박이정
주소 | 서울시 동대문구 천호대로 16가길 4
전화 | (02)922-1192~3 | **팩스** (02)928-4683
홈페이지 | www.pjbook.com
이메일 | pijbook@naver.com

등록 | 1991년 3월 12일 제1-1182호

ISBN 978-89-6292-431-2 (93700)

값은 뒤표지에 있습니다.
잘못된 책은 구입하신 서점에서 바꾸어 드립니다.

이 도서의 국립중앙도서관 출판시도서목록(CIP)은 서지정보유통지원시스템 홈페이지(http://seoji.nl.go.kr)와
국가자료공동목록시스템(http://www.nl.go.kr/kolisnet)에서 이용하실 수 있습니다.(CIP제어번호: CIP2013013945)

세계
언어의
이모저모

권 재 일

도서출판 박이정

책머리에

　오늘날 우리의 모든 생활은 언어를 통하여 이루어진다고 해도 지나친 말은 아니다. 그러므로 언어는 우리 생활에서 없어서는 안 되는 참으로 소중한 존재이다. 이러한 언어는 의사소통의 수단인 동시에 인류 문화를 이끌어온 원동력이다. 이처럼 우리 생활에서 떼려야 뗄 수 없을 정도로 우리의 삶과 문화에 깊숙이 녹아든 것이 바로 언어이기 때문에, 언어의 본질과 구조에 관심을 가지고 이해하는 것은 매우 뜻 깊은 일이다. 이 책은 세계 여러 언어들에 나타나는 특징을 살펴, 언어의 본질과 구조가 어떠한가에 대해 함께 생각해 보고자 하는 뜻에서 집필하였다.

　이 책의 주요 내용은 다음과 같다. 먼저 언어란 무엇인가를 동물의 의사소통 수단과 대비하여 밝혀 보고자 한다. 그리고 나서 언어의 구조를 말소리, 어휘, 문법 등으로 나누어 세계 여러 언어에 나타나는 각각의 특징을 살펴본다. 아울러 문자의 특징에 대해서도 살펴본다. 다음으로는 세계의 여러 언어들을 계통론적으로 크게 분류하여 어족별로 하나씩 하나씩 살펴보고자 한다. 그러고 나서 지금 우리 곁에서 사라져 가고 있는 언어에 대해서도 살펴본다. 이어서 우리의 삶 속에서 제기되는 여러 언어 문제를 생각해 보고서, 마지막으로 언어를 탐구하는 학문, 언어학은 어떠한 학문인지에 대해 기술하고자 한다.

최근 언어학의 주요 과제 가운데 하나는 언어 다양성의 보전이다. 인류 문화의 자산을 고스란히 담고 있는 소중한 언어가 바로 우리 눈앞에서 사라져 가는 현실에서 이를 보전하는 일이야말로 오늘날 언어학자가 담당해야 할 큰 몫이다.

이 책의 서술은 필자가 몇 해 동안 강의해 온 '세계의 언어'라는 교과목의 강의 자료에 바탕을 두었다. 이 교과목의 강의 자료는 언어학 관련 여러 논저에서 가려 뽑은 것이다. 그 가운데서도 필자가 쓴 다음 자료를 기본 바탕으로 하였다. 첫째는 필자가 1996년부터 1998년까지 한글사에서 발간한 교양잡지 《한글사랑》에 '쉽게 풀어보는 언어학 이야기'라는 제목으로 여덟 차례 연재한 내용이다. 둘째는 필자가 2006년부터 2007년까지 매주 금요일 한겨레신문에 '말겨레'라는 제목으로 51회 연재한 내용이다. 이 자리를 통해 글을 연재해 준 출판사와 언론사에 감사한다.

그뿐 아니라 이 책 내용 가운데 사라져 가는 언어와 관련해서는 한국알타이학회에서 집필하여 국립국어원 누리집에 탑재한 '언어 다양성 보존 활용 센터'에 담긴 내용을 참조하였다. 역시 이에 대해서 한국알타이학회와 국립국어원에 감사한다. 아울러 이 책에서 인용한 논저의 출처를 본문에서 밝힌 것도 있지만, 일일이 다 밝히지 못한 관련 논저의 모든 연구자들께도 양해와 감사의 말씀을 드린다.

필자가 국립국어원에 근무할 때 ≪우리말의 이모저모≫라는 책을 기획하여 출판한 바 있다. 우리말의 여러 특징을 쉽게, 그리고 정확하게 이해할 수 있도록 마련한 책이다. 지금 이 책의 제목을 ≪세계 언어의 이모저모≫라 이름 붙인 것은, 두 책의 집필 취지가 비슷한 바 있어, 바로 그 책의 제목에서 빌려온 셈이다.

모쪼록, 흥미 없는 학문으로 알려진 언어학을, 세계의 다양한 언어를 통해 재미있게 이해하고, 우리 삶 속에서 언어와 관련한 문제에 좀 더 가까이 다가가는 계기가 되기 바란다.

이 책은 서울대학교 인문학연구원 인문한국 문명연구사업단의 지원으로 집필하였다. 이에 서울대학교 인문학연구원과 언어연구소에 감사드린다. 그리고 기꺼이 이 책의 출판을 맡아 주신, 그 동안 주로 언어학과 국어학 책을 출판하여 학계에 기여해 온 도서출판 박이정의 박찬익 사장님께 고마움의 인사를 드린다. 끝으로 독자의 관점에서 이 책의 초고를 꼼꼼히 읽고 도움말을 준 이종인 님, 이 책의 그림 자료를 제작해 준 권석인에게 감사한다.

2013년 5월 19일
권 재 일

차례

책머리에 • 5

1
언어란 무엇인가? • 13
- 언어와 동물의 의사소통은 어떻게 다른가 • 14
- 언어의 기능과 본질 • 24

2
언어의 세계 • 35
- 어휘의 세계 1 – 언어마다 다양한 어휘 • 36
- 어휘의 세계 2 – 인사말과 친족명칭 • 46
- 어휘의 세계 3 – 색깔이름과 달력 • 56
- 말소리의 세계 1 – 자음과 모음 • 65
- 말소리의 세계 2 – 운소, 그리고 음절구조 • 75
- 문법의 세계 1 – 어순 • 83
- 문법의 세계 2 – 높임 표현과 시간 표현 • 94
- 문법의 세계 3 – 언어마다 다양한 문법 • 106

3
세계의 언어 · 117

- 세계 언어의 유형론적 분류 · 118
- 세계 언어의 계통론적 분류 · 127
- 알타이어족 · 136
- 알타이어족과 한국어의 계통 · 149
- 인도유럽어족 · 159
- 다양한 언어가 함께 하는 인도 · 171
- 아시아와 태평양의 언어들 · 179
- 아메리카와 아프리카의 토박이말 · 190

4
사라져 가는 언어 · 199

- 그 언어를 사용하는 마지막 사람 · 200
- 사라져 가는 언어들 · 207
- 사라져 가는, 또는 살아나는 말, 만주어 · 219

5
문자의 세계 · 229

- 문자의 탄생과 발전 · 230
- 훈민정음 · 243

6
삶과 언어 · 253

- 인간과 언어 · 254
- 사회와 언어 · 264
- 언어정책의 이모저모 · 271
- 다언어 사회의 모습 · 280
- 토박이말을 지키려는 노력 · 291
- 남북한 언어의 차이, 그 통합을 위하여 · 304
- 바람직한 의사소통을 위하여 · 317

7
언어학이란? · 327

- 언어학은 무엇을 어떻게 연구하는가 · 328
- 언어학의 발자취를 찾아서 · 339

1

언어란 무엇인가?

언어와 동물의
의사소통은 어떻게 다른가

우리에게 언어는 왜 필요할까? 근본적으로 언어는 사람과 사람 사이의 의사소통을 가능하게 하는 수단이다. 의사소통이란 나의 생각이나 느낌을 상대방에게 표현하고 또한 상대방의 생각과 느낌을 이해하는 활동을 말한다. 그런데 이러한 의사소통의 수단은 동물에게도 있다. 그러나 이 둘은 본질적으로 전혀 다르다. 이 책에서는 먼저 동물의 의사소통 수단에 대해 살펴봄으로써 인간 언어의 가치를 새롭게 확인해 보기로 한다.

인간과 동물을 구별해 주는 기준으로 직립보행이나, 도구 사용 능력 등을 들기도 하지만, 가장 확실한 것은 인간만이 언어를 사용할 수 있다는 점이다. 물론 동물도 의사소통을 한다. 그러나 이것은 사람의 언어와는 본질적으로 그리고 수량적으로 전혀 다르다. 따라서 언어란 인간만이 가지는 의사소통의 수단이라 하겠다.

동물의 의사소통 수단

　동물의 의사소통 수단에 대해 처음 생각한 사람은 그리스의 철학자 아리스토텔레스라고 한다. 그는 인간의 의사소통 수단인 언어는 동물의 의사소통 수단보다 약간 더 높은 수준이라고 생각했다고 한다. 언어에 사용되는 소리의 수가 몇몇 동물이나 새들이 내는 소리의 수와 거의 비슷한 것은 사실이다. 앵무새나 구관조는 사람의 말을 흉내 낼 수도 있다. 그러나 과연 이들이 사람의 언어를 사용한다고 할 수 있을까? 침팬지는 25가지 소리를 낼 수 있지만 인간처럼 말을 하지는 못한다. 그러나 하와이어에는 13개 자음과 모음밖에 없지만, 이것으로 수많은 단어와 문장을 표현할 수 있다. 동물의 세계에도 이처럼 여러 종류의 소리가 있는 것은 사실이지만, 이러한 소리들은 직접적인 자극에 대해 감정적인 반응에 불과한 것이다.

　그렇다면 과연 언어는 사람만이 사용하는 것일까? 이와 같은 의문을 풀기 위해 다른 동물, 특히 유인원들에게 사람의 언어를 가르치려는 시도가 아주 오래 전부터 있어 왔다. 그러나 이러한 시도의 결과 어떤 동물도 사람이 언어를 배우고 사용하는 것과 같은 방식으로 언어를 배우거나 사용할 수 없다는 것이 확인되었다. 사람의 언어를 유인원에게 가르치려고 시도하였지만, 유인원의 성대 구조와 사람의 성대 구조가 다르기 때문에 이러한 일은 무의미하다는 것도 밝혀졌다. 결론적으로 인간만이 천부적 능력을 가지고 언어를 사용할 수 있는 유일한 종족이다.

앵무새　앵무새가 사람의 목소리로 "안녕하세요?"라고 말하는 장면을 가끔 본다. 그러나 이러한 문장을 발음할 수 있다고 하더라도, 앵무새가 그 문장의 뜻을 이해하거나 문법을 분석할 수 있는 것이 아니기 때문에 말을 할 줄 안다고 할 수 없다. 그냥 외운 문장을 기계적으로 되풀이할 뿐이다.

영리한 한스증 영리한 한스증이란 어떤 동물이 영리하기는 하지만, 눈속임으로 그 영리함이 부각된 경우를 말한다. 이 용어는 실제 존재했던 한스라는 말馬의 이름에서 따온 것이다. 20세기 초 한스라는 말은 아주 영리하여 계산을 잘한다고 소문이 났다. 그러나 정밀한 실험 결과 실험자가 지적하는 숫자가 정답에 이르러 관객들이나 실험자의 얼굴 표정이나 태도가 조금 바뀌는 반응을 보고 한스가 발굽으로 땅을 쳐서 정답을 맞히는 것으로 드러났다. 결코 한스가 언어를 알아듣고 대답한 것은 아니었다.

꿀벌의 꼬리춤

꿀벌은 기호를 이용하여 의사소통할 수 있는 유일한 동물이라는 주장이 있을 정도로, 꿀벌의 꼬리춤은 많은 관심을 받아왔다. 꿀벌의 꼬리춤을 해독하여 1973년 노벨생리의학상을 수상한 카를 폰 프리슈는 1972년에 꿀벌은 춤을 통해 꿀의 위치방향과 거리와 꿀의 품질양과 질을 다른 꿀벌들에게 전달할 수 있다는 사실을 밝혔다.

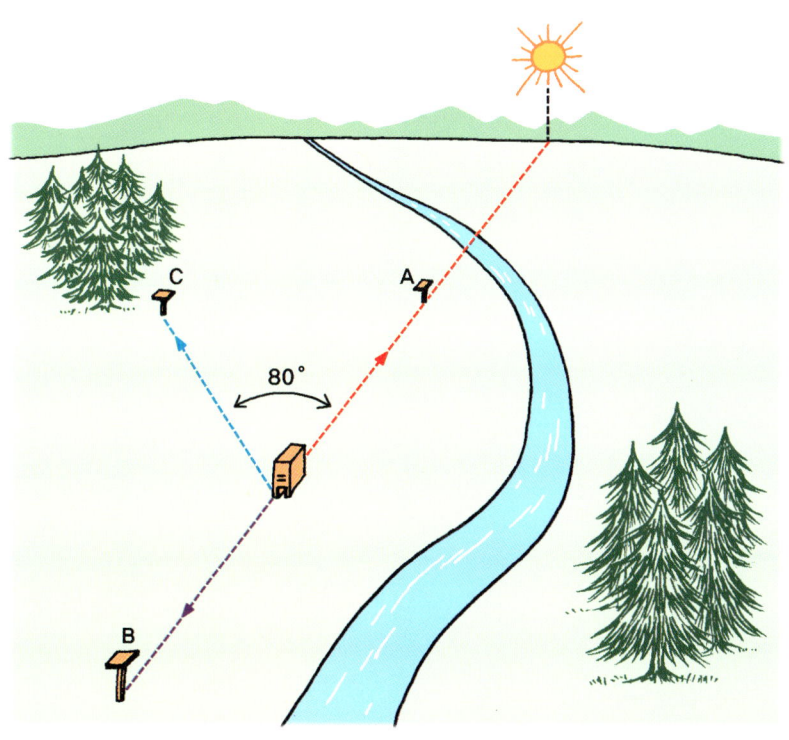

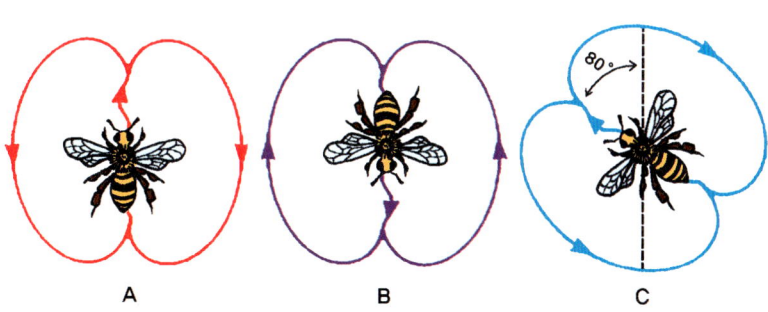

꿀벌의 꼬리춤. 꿀이 있는 곳의 방향과 거리, 꿀의 품질을 꼬리춤으로 표현한다.

정찰을 맡은 꿀벌들은 각자 아침에 새로운 꿀의 정보를 찾아 나선다. 품질 좋은 꿀의 위치를 찾아낸 정찰벌들은 벌집으로 돌아와 꼬리춤, 즉 8자춤을 춰서 그 사실을 알리는데, 꿀이 있는 곳의 방향, 거리, 꿀의 품질을 춤을 추어서 정확하게 알려 준다.

첫째, 꿀의 방향이 태양의 방향과 같으면 8자의 가운데 선이 수직으로 위를 향하고그림의 A, 꿀의 방향이 태양의 방향과 반대면 8자의 가운데 선이 수직으로 아래를 향하고그림의 B, 다른 방향일 경우에는, 태양-벌집-꿀이 이루는 각도를 표시한다그림의 C. 둘째, 거리는 8자춤을 추는 속도로 표현한다. 대략 15초에 10회 회전하면 100m 거리이고, 4회 회전하면 1마일 정도라 한다. 셋째, 품질은 8자춤의 활발한 정도로 표현한다. 춤이 활기를 띠면 꿀의 품질이 좋다는 것을 표현한다.

이는 어느 정도 사람 언어의 특성인 분절성을 보여 준다는 점에서 언어의 본질을 갖춘 듯 보인다. 분절성이란 사람의 언어처럼 하나의 문장은 몇 개의 단어로 나뉘고, 또 단어는 몇 개의 말소리로 나뉜다는 특성을 말한다. 그러나 꿀벌의 춤은 먹이와 관련된 아주 제한적인 정보만을 담고 있어서 사람의 언어와는 견줄 수 없는 것임이 분명하다.

또한 창의성을 알아보기 위한 실험에서, 수평 거리는 10km까지 정확하게 춤으로 전달할 수 있음에도 불구하고 50m의 수직 거리는 전달하지 못하는 결과를 나타냈다. 또한 빈 벌집에서 키운 벌도 벌이 많은 벌집에 옮기자 바로 8자춤을 추었다. 이 사실은 꿀벌의 8자춤이 습득에 의한 것이 아니라 오직 유전에 의한 것임을 보여 준다.

동물에게 언어를 가르치려는 시도

오랫동안 동물에게 사람의 언어를 가르쳐 보려는 시도가 있어 왔다. 먼저 침팬지에게 언어를 가르쳐 보려는 시도를 살펴보자. 비키라는 침팬지에게 발성을 가르치려는 시도가 있었다. 그러나 아빠, 엄마와 같은 겨우 서너 단어를 할 수 있을 정도에 그쳤다.

침팬지에게 언어를 가르친 대표적인 예가 님 침스키라는 침팬지이다. 이름만 봐서도 바로 짐작하겠지만, 님 침스키는 20세기 최고의 언어학자 노엄 촘스키의 이름에서 따온 것이다. 님 침스키는 1973년 11월 19일에 태어나서 2000년 3월 10일까지 살았다. 님 침스키는 4년 동안

언어 습득 실험에 참여한 침팬지 님 침스키(pygmn.com)

125개의 기호를 배우고, Banana me eat, Eat me Nim drink, Play me Nim play와 같은 몇몇 기호를 결합하는 표현도 하였으나 더 진전된 성과는 없었다. 님 침스키에 대한 연구팀은 실험이 끝난 후 88%의 경우 사람을 흉내 내서 되풀이한 경우이고, 자발적인 경우는 12%에 불과했다고 주장하며, 실제 그때까지 동물 실험의 성과는 과장된 것이라 주장하였다.

 1966년 네바다대학교의 심리학자 가드너 부부는 와슈라는 침팬지에게 수화를 가르쳤다. 그 결과 와슈는 22개월 후에는 34개, 네 살 때에는 85개, 다섯 살 때에는 132개, 열네 살 때에는 250개를 습득하였고 문장을 만들기까지 하였다. 단어 drink, give, you, me, flower을 보고 문장 You drink, give-me flower를 만들었고, 단어 water, bird, cake, green, cookie, rock, banana 등을 배운 후에는 water-bird 백조, water-cake 수박, green-banana 오이, cookie-rock 마른빵와 같은 합성어를 스스로 만들어 표현하였다.

 와슈는 수화를 사용하는 어린이들과 의사소통을 할 수도 있었다. 그 결과 와슈는 사람의 도움으로 사람과 동물 사이의 의사소통의 장벽을 깰 수 있었다. 그러나 당연히 어린이가 사용하는 언어와 와슈가 사용하는 언어는 수량적으로 수준면에서 견줄 수 없을 정도이다.

 건반 기호를 통해 언어를 가르치려는 시도는 레나, 칸지에게 있었다. 건반 기호를 통해 통신하게 한 실험으로 어떤 규칙을 만들어 문장을 만들 수 있는지 확인하였다. 그러나 결국 대부분은 흉내내거나 반복한 경우이고 스스로 표현한 것은 거의 없었다.

다음은 돌고래에게 언어를 가르쳐 보려한 예를 살펴보자. 루이스 허먼이 네 마리의 야생 돌고래에게 인공언어를 가르친 사례가 대표적이다. 허먼은 컴퓨터로 고음파를 만들어 돌고래에게 '문, 사람, 공' 등과 같은 명사와 '집다, 옮기다' 등과 같은 동사를 학습시켰다. 허먼은 돌고래에게 각 단어의 뜻을 가르친 후, 단어의 순서를 해석하는 방법까지 학습시켰다. 예를 들어, "오른쪽, 고리, 왼쪽, 비행원반, 집어와"라고 했을 때, 돌고래는 "네 왼쪽에 있는 비행원반을 네 오른쪽에 있는 고리 쪽으로 가져가라."라고 해석할 줄 알았다. 이런 의미에서 돌고래에게는 언어의 의미와 문장의 특성을 이해할 수 있는 능력이 있다고 하였다. 그러나 실험 과정에서 실험자가 자신도 모르게 힌트를 주는 경우가 있었고 언어를 이해하고 행동하는 성공률이 우연에 의한 성공률보다 조금 높았을 뿐이었다고 한다.

이처럼 동물에게 사람의 언어를 이해하고 수용할 수 있는 능력이 있음을 확인하고자 하는 실험은 아직까지 뚜렷한 결실을 얻지 못하고 있다. 이러한 실험 등에 대한 좀 더 구체적인 내용은 김진우 교수의 저서 『깁더본 언어 −이론과 그 응용−』(탑출판사, 2004년) 참조.

언어의 본질과 비교하기

이상에서 동물의 의사소통 수단의 여러 모습을 살펴보았다. 그리고 의도적으로 이들 동물에게 사람의 언어를 가르치려는 노력과 그 성과에 대해서도 살펴보았다. 그 결과 다음과 같은 두 가지 결론을 얻을 수 있다.

첫째, 동물의 의사소통 수단은 인간의 언어가 가지는 여러 본질을 갖추지 못하고 있다. 인간의 언어가 유한한 수단을 통해 무한히 부려 쓰는 것과는 상당히 대조된다. 동물의 의사소통 수단이 실현하는 것은 매우 한정적이어서 언어와는 비교조차 어렵다. 언어는 분절성이라는 특성을 가지므로 그 의사소통의 수단을 가장 효과적인 것으로 부려 쓰는 것이 가능하다. 그러나 동물의 의사소통 수단은 그렇지 못하다.

또한 앞에서 살펴본 바와 같이 동물도 상황에 따라 일정한 소리를 내며 무엇인가를 전달한다. 그러나 동물이 내는 소리는 사람의 말소리와는 본질적으로 달랐다. 즉 사람의 언어는 일정한 수의 말소리나 단어로 분절된다. 동물의 경우 그 소리에는 분절성이 없고 다만 한 덩이의 외침에 지나지 않는다. 언어가 분절성을 가짐으로써, 언어는 단순히 여러 가지 요소의 단순하고 무질서한 집합체가 아닌, 전체 구조 안에서 조직화된 체계성이라는 특징을 가지며, 또 유한한 요소로써 무한히 새로운 표현을 가능하게 하는 창조성이라는 특징을 가지는 것이다. 이러한 언어의 체계성과 창조성과 같은 본질은 동물에게는 없다.

둘째, 아무리 영리한 동물이라도 사람의 언어를 배우는 데에는 그 한계는 명백하다. 영리한 침팬지나 돌고래에게 사람의 언어를 학습시킴으로써 동물에게 사람의 언어를 이해하고 수용할 수 있는 능력이 있음을 확인하고자 하는 시도에는, 앞에서 살펴본 바와 같이, 너무나 뚜렷한 한계가 있음을 확인할 수 있었다.

사람의 언어는 어디에서 태어나고 자랐는지에 따라 달리 습득된다. 예를 들어 한국인 부모를 가진 어린이라 하더라도 프랑스에서 프랑스 사람에게서 언어를 습득하였다면 프랑스어를 유창하게 한다. 즉 어떤 언어를 습득하느냐 하는 것은 어떤 문화권 안에서 언어를 습득하느냐에 달려있지, 부모의 언어가 무엇인가와는 전혀 관계가 없다.

  이와 같이 인간 언어와 동물의 의사소통 수단의 본질적 차이를 살펴보았다. 이를 통해 인간 언어와 동물의 의사소통 수단이 단순히 수량적으로 다를 뿐만 아니라, 근본적으로는, 본질에 있어서 다르다는 것을 알 수 있다. 이제 다음 장에서 구체적으로 언어의 기능과 본질에 대해 살펴보기로 하자.

언어의 기능과 본질

　우리의 모든 생활은 언어를 통하여 이루어진다고 해도 지나친 말은 아닐 것이다. 그러므로 언어는 우리 생활에서 없어서는 안 되는 참으로 소중한 존재이다. 우리는 아침부터 말을 하면서 하루 생활을 시작한다. 마주 앉아 있는 사람과 이야기하기도 하고, 앞에 아무도 없을 때 혼잣말을 하기도 한다. 아침마다 우리는 신문을 읽는데 이를 소리 내어 읽으면 모두 말이 되는 글자로 적혀 있다. 그래서 글을 읽는 것도 말하는 것이 된다. 사람의 생각이나 느낌은 얼굴 표정을 가지고 나타내기도 하고, 손짓으로도 어느 정도 나타낼 수 있다. 그러나 이러한 방법으로는 생각이나 느낌을 온전히 다 표현하지는 못한다. 그래서 우리는 생각과 느낌을 거의 다 언어로써 표현한다. 이처럼 언어는 우리 생활 그 자체이다.

　이러한 언어가 무엇인가를 알기 위해서는 우리는 언어의 기능은 무엇이며 언어의 본질은 어떠한 것인가를 살펴보아야 할 것이다. 먼저 언어의 기능에 대하여 알아보기로 하자.

언어의 기능

언어는 사람만이 가지는, 그래서 사람에게 있어서 대단히 소중한 가치를 지닌다. 그 이유는 언어란 의사소통의 기본적인 도구이기 때문이다. 즉 언어는, 앞에서도 밝힌 바 있지만, 나의 생각과 느낌을 상대방에게 표현하고 또한 상대방의 생각과 느낌을 이해하는 수단이다. 이것이 바로 언어의 기능이다. 그러나 언어의 기능은 단순히 의사소통의 도구에만 그치는 것이 아니다. 언어를 통하여 인류 사회는 서로 협동하여 문화를 발전시켜 왔다. 이러한 언어의 기능에 대해 우리나라 대표적인 언어학자 허웅 교수는 저서 『언어학개론』(정음사, 1963년)에서 다음과 같이 풀이한 바 있다.

인류가 다른 동물과 구별되는 가장 중요한 특성은 서로 협동할 수 있다는 점이다. 동물, 특히 개미나 꿀벌의 사회에서도 상당히 조직적인 협동이 있다는 것이 밝혀졌지만, 그들의 협동 방식은 매우 단순하고 본능적이다. 이에 비해 인류는 서로 협동하여 개인으로서는 도저히 이루어 내지 못할 일을 이루어 낼 수 있다. 예를 들어 성곽을 쌓아 올린다든지, 피라미드와 같은 거창한 것을 만드는 데에는 많은 사람의 동시적 협동이 필요하다. 이러한 협동은 개미가 협동해서 무거운 물건을 나르는 것과 근본적으로 다를 바 없다. 그러나 동물과는 달리 인류는 동시적 협동뿐만 아니라 계기적 협동이 가능하다. 즉 인류는, 한 사람이 습득한 기술이나 경험을, 다른 사람에게 전수하는 능력을 가졌다. 다른 동물은 몇 세대가 경과되더라도 일정한 기술의 한계를 넘어서기는 거의 불가능하다. 이것은 한 개체가 습득한 것을, 다른 개체에게, 또는 다음 세대에게 전수하는 힘이 없기 때문이다. 그러나 인류는, 한 개인이 습득한 지식이나 경험을 다른 개인에게, 또는 다음 세대에게 전수할 수 있는 힘을 가졌기 때문에, 다른 개인이나 다음 세대는, 앞 사람이 경험한 일을 바탕으로 여기에 새로운 지식이나 경험을 더 쌓아 올리게 되는 것이다. 이것이 바로 세대를 이어가는 계기적 협동이다.

그런데 이러한 지식이나 경험을 전수하는 계기적 협동이 가능한 것은, 오로지 인류는 말을 할 수 있기 때문이다. 인류에게 말할 수 있는 천부적 자질이 없었더라면, 인류는 지식의 교환이나 전수가 불가능했을 것이고, 따라서 오늘날과 같은, 다른 동물 사회에서 도저히 볼 수 없는, 고도로 발달된 인류 문화는 이루지 못했을 것이다. 이렇게 인류는 언어를 통해서 서로 협동할 수 있게 된다. 인류가 다른 동물과 구별되는 근본은, 말을 할 수 있는 천부적 자질로서 동시적 협동이 가능한 이외에, 계기적 협동이 가능하게 된 데 있다.

언어를 통해 사회 구성원들은 생각하는 방식과 사물을 파악하는 방법을 형성하고, 언어 구조는 이를 사용하는 사람들의 정신세계를 형성한다. 그래서 한 국가나 민족은 공통된 언어 구조에 이끌려 공통된 정신, 생각을 가지게 되어, 공통된 문화를 형성하게 된다. 그러므로 언어는 이를 사용하는 국가 또는 민족, 그리고 그 문화와 밀접한 관계를 가지게 되는 것이다. 이러한 관점에서 보면, 한국어는 한국 사람다운 정신을 기르면서 한국 문화를 형성하는 데 가장 중요한 구실을 맡아왔다. 다시 말하자면, 우리나라 사람들은 태어나서 한국어를 배움으로써 우리의 문화적 전통을 습득하고 유대감을 형성하고, 더 나가서 이를 바탕으로 다시 새로운 문화를 창조해 나간다.

　이렇듯 언어는 의사소통의 도구인 동시에 인류 문화를 이끌어온 원동력이다. 오늘날 우리를 우리답게 해 준 것이 바로 언어이다. 이 점이 바로 우리가 언어에 대해 관심을 가지게 되는 까닭이다.

언어의 본질

　흔히 언어는 기호의 일종이라 한다. 기호란 반드시 외면적인 형식과 내면적인 내용이라는 두 가지 기본 요소를 갖추고 있다. 교실에서 선생님이 분필을 칠판에 똑똑 치는 장면을 생각해 보자. 이것을 외면적인 형식이라 할 때, 이를 통해 나타내는 내면적인 내용은 무엇일까? 그것은 주목하라는 뜻일 것이다. 이것이 바로 기호이다. 특정한 형식을 통해 특정한 내용을 나타내기 때문이다. 길에는 도로표지판이 많다. 다양한 도로표지판이라는 형식을 통해 각각 구체적인 내용을 나타낸다. 특정한 형식과 내용을 갖춘 도로표지판 역시 기호의 일종이다.

　우리의 언어 역시 기호의 일종이다. 그래서 이러한 형식과 내용이라는 두 요소를 가진다. 그런데 언어는 형식의 측면이 사람의 말소리로 되어 있고 그 말소리를 통해 뜻을 나타내는 특징이 있다. 따라서 언어는 말소리의 측면과 뜻의 측면, 두 요소를 가진다. 말소리는 뜻을 실어 나르는 형식이며, 거기에 실린 뜻은 상대방에게 전달하고자 하는 내용이다. 구조주의 언어학을 창시한 스위스의 언어학자 페르디낭 드 소쉬르는, 이러한 언어의 형식을 시니피앙이라 하고, 내용을 시니피에라 하였다.

현대 구조주의 언어학을 창시한
페르디낭 드 소쉬르

언어도 자연 현상처럼 그 구조에 일정한 규칙과 원리가 있는데, 언어에 내재해 있는 규칙과 원리를 문법이라 한다. 사람들이 언어를 안다는 것은 곧 언어의 문장을 안다는 것이며, 문장을 안다는 것은 바로 문장을 이루고 있는 규칙이나 원리를 안다는 것이다. 그리고 문장을 이루고 있는 규칙이나 원리를 안다는 것은 전에 들어본 적이 있든 없든 어떠한 문장이라도 규칙이나 원리에 어긋남이 없도록 생성해 낼 수 있으며, 또 그렇게 생성한 문장을 이해할 수 있다는 것을 뜻한다. 사실 한국어를 모국어로 배워 아는 사람이라면 전에 들어 본 일이 있든 없든 관계없이 한국어 문장을 올바로 구성할 수 있으며, 또 그것이 문법적으로 적합한지 그렇지 않은지를 가려내어 이해할 수 있다.

언어기호의 자의성

그런데 흔히 언어기호의 형식말소리과 내용뜻의 관계를 자의적이라고 한다. 자의적 관계라는 것은 이 둘의 관계가 필연적으로 맺어진 관계가 아니라는 뜻이다. 뜻 또는 개념을 [ ]로 표시하고, 말소리를 / /로 표시한다면, [머리]라는 개념을 한국 사람들은 /머리/, 몽고 사람들은 /톨고이/, 영국 사람들은 /헤드/, 프랑스 사람들은 /때뜨/라는 말소리로 표현한다. 같은 개념에 대해서 표현하는 형식이 각각 다른 것은 언어 관습이 각각 다르기 때문이다. 만일 [머리]라는 개념을 이러이러하게 불러야만 한다는 필연성이 있다면 그 형식은 모든 언어에서 같아야 할 것이다. 그러나 위에서 본 바와 같이 그렇지 않다. 이와 같이 언어기호의 형식과 내용 사이에는 어떤 필연적, 절대적인 관계가 있는 것이 아니고, 다만 언어 관습에 의해서 형식과 내용이 결합된 것이다. 이러한 형식과 내용의 관계를 언어기호의 자의성이라고 한다. 각 나라마다 언어가 다를 수 있고, 또 방언의 차이도 생겨날 수 있는 까닭은 언어기호가 자의적이라는 데에 있다.

언어기호가 자의적이라는 증거는 언어의 역사적인 변화에서 찾아볼 수 있다. 만약에 언어기호의 내용과 형식이 맺어진 관계가 필연적이라면 언어의 역사적인 변화는 있을 수 없고 늘 같아야만 한다. 그러나 개념 [가을]을 나타내는 말소리가 옛말에서는 /ᄀᆞ슬/이었다. 이것이 지금 말에서 /가을/로 바뀔 수 있었다는 것은 둘 사이의 관계가 자의적이기 때문이다. /어리다/라는 말의 뜻이 옛말에서는 [어리석다]였는데, 지금 말에서는 [나이가 적다]로 바뀐 것도 마찬가지이다.

어떤 언어에나 동음이어와 동의어가 있다는 사실도 언어기호의 자의성에 대한 한 증거가 된다. 만일 개념 [신체의 일부인 배]가 /배/라는 말소리와 필연적인 관계로 맺어져 독점적 관계라면, 개념 [교통수단인 배]로는 불릴 수 없을 것이며, 즉 동음이어가 없을 것이며, [호랑이]라는 개념과 /호랑이/라는 말소리가 필연적인 관계로 맺어져 독점적 관계라면, 이것이 다시 /범/이라는 말소리로 불릴 수 없을, 즉 동의어가 없을 것이다. 그러므로 우리는 언어기호의 한 특징으로 말소리와 뜻이 자의적인 관계로 맺어져 있음을 들 수 있다.

그런데 언어기호의 내용과 형식이 자의적으로 결합되었다 해서 누구나 이것을 제 마음대로 고치거나 없애거나 새로 만들거나 할 수 있는 것은 아니다. 한 언어사회에서 어떠한 말소리에 어떠한 뜻이 맞붙여져서

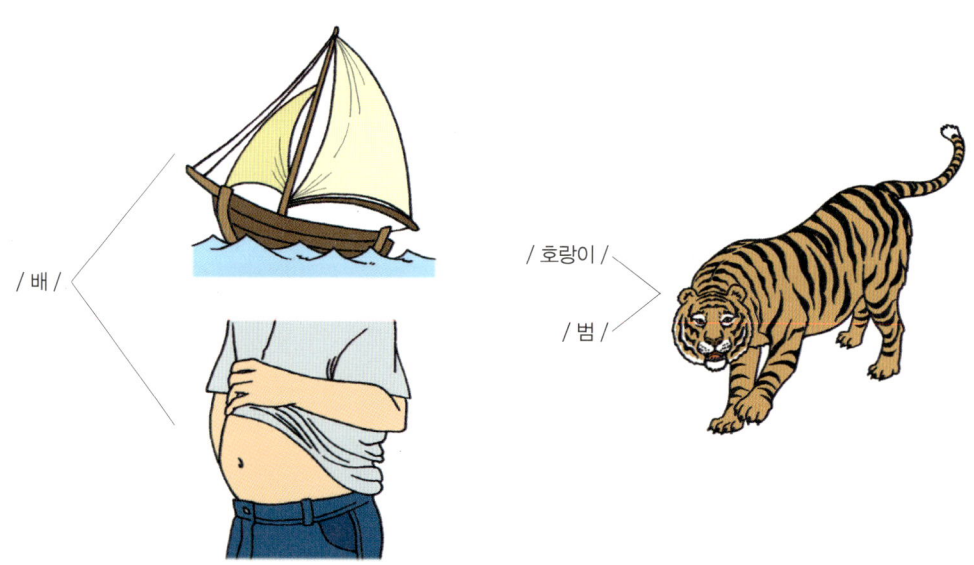

동음이어(/배/), 동의어(/호랑이, 범/)가 있다는 것은 언어기호의 자의성을 설명해 준다.

그것이 그 언어사회의 모든 사람에게 인정받고, 관습적으로 그 사회에 통용되고 있으면, 그 사회의 모든 사람은 이에 따르지 않으면 안 된다. 언어는 관습적으로 강력한 구속력을 가지고 있기 때문이다. 따라서 언어기호는 자의성을 가지지만, 사회 구성원에 대해서 강제적이고 구속적인 면을 가지고 있다. 곧 언어기호는 자의성과 구속성이라는 서로 다른 두 모습을 함께 가지고 있다.

언어기호의 분절성

동물도 상황에 따라 일정한 소리를 내며 무엇인가를 전달하려는 경우가 있다. 그러나 동물이 내는 소리는 사람의 말소리와는 본질적으로 다르다. 그것은 사람의 말소리에는 분절이라는 특징이 있기 때문이다. 즉 사람의 말소리는 일정한 수의 음성이나 단어로 분석된다. 동물의 경우 그 소리에는 분절성이 없고 다만 한 덩이의 외침에 지나지 않는다. 인류의 언어는 세계의 어느 언어를 보더라도 일정한 자음과 모음으로 분절되고 이들이 여러 가지로 결합하여 수많은 단어를 구성한다. 그러나 분절될 수 없는 동물의 외침에는 일정한 음성과 단어가 있을 리 없다.

[나무의 푸르름]이라는 개념을 우리는 /나무가 푸르다/로 표현한다. 이 문장은 각각 일정한 의미가 있는 /나무, 가, 푸르다/라는 세 단위로 분절된다. 따라서 이 세 단위의 결합이 [나무의 푸르름]이라는 개념을 표현하는 것이다. 그러나 동물의 울음소리가 어떤 상황을 표현한다 하더라도 그것은 한 뭉치이지 이처럼 몇몇 단위로 나눠지지 않는다. 송아

지의 울음소리가 상황에 따라 여러 의미를 표현한다 하더라도 분절되는 몇몇 단위들이 결합해서 표현되는 것은 결코 아니다. 위에서 /나무/는 /나무가 푸르다/에만 나타나는 것이 아니라 /나무가 자란다, 산에는 나무가 많다/ 등과 같은 다른 표현에도 일정한 의미를 유지하면서 참여하고 있다. 그뿐만 아니라 /나무/는 다시 /ㄴ, ㅏ, ㅁ, ㅜ/라는 말소리로 분절되어 /ㄴ/은 /나무/뿐만 아니라, /나라, 노래, 눈/과 같이 다른 말소리와 결합하여 수많은 단어를 만들어 낸다. 이와 같이 인류의 언어는 분절을 통하여 유한한 수의 음성이나 단어를 이용해서 무한한 문장을 만들어내는 특징을 가지는 것이다.

　언어의 분절성은, 언어가 단순히 여러 가지 요소의 단순하고 무질서한 집합체가 아닌, 전체 구조 안에서 조직화된 체계를 가지게 한다. 이것이 언어의 체계성이다. 또한 분절성은, 유한한 요소로써 무한히 새로운 표현을 가능하게 하는 창조적인 특징을 가지게 한다. 이것이 언어의 창조성이다.

언어의 개별성과 사회성

　우리는 서로 친하게 아는 사람끼리라면, 서로 얼굴을 맞대지 않더라도, 그 소리만 듣고서도, 그 사람을 알아낼 수 있다. 때에 따라서는 문장을 읽고 그 작가를 짐작해 낼 수도 있다. 이것은 왜냐 하면, 같은 사회, 같은 지방에 살면서, 같은 계층에 속하고, 같은 직업을 가진 사람일지라도, 각 개인이 쓰는 언어는 반드시 꼭 같은 것이 아니기 때문이다. 이와 같이 우리가 실제로 쓰고 있는 언어란 것은, 각 개인에 따라 어느 정도의 차이를 가지고 있는 것이 사실이다. 한 개인이 쓰는 언어도 때에 따라서 조금씩 다르다. 예를 들어 오늘 아침에 내가 어떤 사람에게 한 인사말 "안녕하세요?"란 말은 내일 아침에 꼭 같은 억양, 꼭 같은 강약, 꼭 같은 음색으로 되풀이될 수 없다.

이렇게 생각해 보면, 우리가 실제로 쓰고 있는 언어는, 개인에 따라 차이나며, 같은 사람인 경우라도, 때에 따라 조금씩 달라지는 것을 알 수 있다. 언어란, 이렇게 개인적이며 순간적인 면을 가지고 있다.

그러나 언어란, 위에서 말한 바와 같은, 실제로 쓰이게 되는 언어만이 언어가 아니라, 우리는 보는 각도를 달리하면, 또 다른 언어가 존재함을 알 수 있다.

우리가 언어를 배우는 과정을 한번 생각해 보자. 어린 아이들은 주위의 말의 홍수 속에서 언어를 배우게 된다. 그런데 이 말의 홍수는, 실제로 쓰인, 개인적이고 순간적인 언어이다. 그러나 어린 아이들이 언어를 배울 때에는, 이러한 각인각색의 순간적인 말을 그대로 흉내 내지는 못하며, 이러한 다양성 가운데서 일종의 균질화된 것을 배우게 된다.

/ㄱ/ 소리를 배우는 경우 여러 가지 조금씩 다른 /ㄱ/ 소리들을 모두 그대로 받아들이기는 어려운 일이다. 그래서 여러 가지 소리에 공통된, 꼭 갖추지 않으면 안 될 조건만을 재생하기에 힘쓴다. 이리하여 머릿속에는 이러한 꼭 있어야 될 조건을 갖춘 소리가 기억되기에 이른다. 물론 이 경우에 하나하나의 소리가 따로따로 기억되는 것이 아니라, 단어를 기억하는 것과 함께 기억된다. 동시에 하나하나의 단어도 기억해 둔다.

그리고 단어의 배열 방법, 단어가 다른 단어와 맺는 관계에 대한 일정한 규칙도 기억해 둔다. 이와 같이 언어는, 생활에서 실제 쓰일 때를 위하여 여러 가지 사실을 기억해 두어야 한다.

따라서 언어란, 실제로 밖으로 표현된, 개인적이고 순간적인 것을 통하여 머릿속에 저장되고, 다시 필요에 의해서 이것이 밖으로 표현되기도 하는 것인데, 머릿속에 저장되어 있는 언어는, 실제의 언어처럼 개인적이고 순간적인 성격을 띠고 있지 않다. 소리로 본다면, 실제의 소리는 매우 다양한 것이지만, 머릿속에 저장되어 있는 소리는 그리 다양한 것은 아니다. 그리고 단어의 배열 방법도 한 언어사회에 속하는 사람에게 모두 동일한 규칙이다. 따라서 머릿속에 저장되어 있는 언어는, 실제로 밖으로 표현된 언어에 비하면, 아주 통일적이고, 영속적인 성격을 띠고 있다. 이것은 우리가 의사소통을 위해서 간직하고 있는 언어의 공통된 기준이다.

머릿속에 저장되어 있는 언어와, 실제로 밖으로 나타나게 된 언어는 다른 점이 많다. 이를테면 /감기/의 두 /ㄱ/ 소리는, 우리들 머릿속에 저장되어 있을 때는, 우리는 이 두 /ㄱ/ 소리를 한 가지 소리로 알고 있다. 그러나 실현된 소리로서는 같은 것이 아니다. 앞의 /ㄱ/ 소리는 성대의 떨림이 없는 무성음이며, 뒤의 /ㄱ/ 소리는 성대의 떨림이 있는 유성음이다. 언어는 이와 같이 그 보는 각도에 따라 다른 점이 있기 때문에, 소쉬르는 언어의 이 둘을 구별하고 있다. 머릿속에 기억되어 저장되어 있는 언어를 랑그, 그것이 밖으로 실현되는 언어를 파롤이라 한다. 허웅 교수는 랑그를 갈무리된 말, 파롤을 부려쓰인 말이라 하였다.

2

언어의 세계

어휘의 세계 1
언어마다 다양한 어휘

　인류 역사의 발전은 곧 문화의 발전이다. 이러한 문화를 지탱해 주는 가장 중요한 요소는 언어이다. 앞에서 살펴본 바와 같이, 인류는 의사소통의 기능을 하는 언어를 통해 동시적, 계기적으로 협동한다. 협동을 통해 경험과 지혜를 쌓아 문화를 형성한다. 따라서 언어는 그 자체가 문화일 뿐만 아니라, 인류의 모든 문화를 형성하고 발전시켜 온 원동력이다. 언어의 여러 요소 가운데 이러한 문화적 특성을 가장 잘 반영하는 것이 어휘이다.

　예를 들어 눈과 함께 생활하는 북극 지방 말에는 내리는 눈, 쌓인 눈, 먹는 눈, 눈보라 등을 구별하고 있으며, 흰색을 가리키는 단어도 십여 개나 된다. 또 바다로 둘러싸인 오스트레일리아의 토박이말에는 모래에 관한 어휘가 많이 발달하여 있다. 우리말에는 괭이, 쇠스랑, 삽, 가래, 고무래, 도리깨, 쟁기, 멍에, 보습, 써레, 두레박, 용두레, 무자위와 같은 농사 어휘들이 발달해 있는 것은 바로 우리 문화의 일면을 보여 준다. 이제 언어마다 이러한 어휘의 다양한 모습에 대해 살펴보기로 하자.

어휘의 기원

어휘의 기원을 찾는 일은 언어학적으로 대단히 어렵다. 그래서 어원 연구는 언어학에서 신중에 신중을 기하고 있다. 예를 들어 보자. 어떤 화가에게 초상화와 도깨비 그림을 그리라 한다면, 무엇을 더 잘 그릴까? 당연히 도깨비 그림이다. 왜냐하면 도깨비는 아무도 본 사람이 없기 때문에 상상력을 발휘하여 그럴 듯하게 뿔도 그리고 손에는 방망이도 쥐어서 그리면 되지만, 초상화는 자칫 잘못 그리면 금방 그림 실력이 드러나 버린다. 언어를 연구하는 일도 마찬가지이다. 모두가 잘 알고 있는 현대 언어는 잘못 연구하면 금방 드러나 버려 함부로 못하지만, 아무도 증거를 대기 어려운 어원에 대해서는 상상력을 발휘하여, 거기에 언어학적 용어를 가끔 섞어 가면서, 그럴 듯하게 꾸며 대는 경우가 있다. 실제 지금도 우리 주변에서는 어원 연구를 그렇게 하는 전문성 없는 연구가들이 있다. 그래서 어원 연구는 그만큼 어렵고 언어학자가 신중을 기해야 하는 연구이다.

여기에서는 그러한 어원 연구에까지 가지는 않지만, 몇몇 어휘의 기원을 소개하고자 한다. 먼저 캥거루이다. 제임스 쿡 선장이 오스트레일리아에 도착하여 캥거루를 보고는 이 동물의 이름이 뭐냐고 묻자 토착인들이 "캥거루"나는 당신의 말을 이해하지 못합니다. 나는 몰라요라고 말했고, 이것이 캥거루의 명칭이 되었다고 알고 있는 사람들이 많다. 그렇지만 캥거루라는 명칭은 오스트레일리아 동북부 해안의 구구 이미티르어에서 회색 캥거루를 가리키는 단어 gaɲuru를 1770년 제임스 쿡 선장 일행이 Kangooroo 또는 Kanguru로 기록하면서 영어에서 캥거루라는 단어가 되었다.

멕시코 동남부에서 카리브해와 멕시코만을 가르는 반도의 이름인 유카탄의 기원에 대해 논의가 많다. 아즈텍왕국을 정복한 스페인의 에르난 코르테스는 신성로마제국의 카를 5세에게 보낸 첫 편지에서 스페인 탐험가들이 토착인들에게 그 지역의 이름을 묻자 토착인들이 마야어로 "유카탄"나는 당신의 말을 이해하지 못합니다. 나는 몰라요이라고 말한 데서 비롯되었다고 주장하였다. 그렇지만 어떤 사람들은 이 말이 이 지역 토박이말인 나우아틀어 단어 Yokatlān풍요로움의 땅에서 비롯된 것이라고 주장한다.

북아메리카의 캐나다는 위의 경우와는 조금 다르지만 역시 토박이말이 기원이다. 즉 캐나다라는 말은 16세기경에 지금의 퀘벡시 부근에 살던 아메리카 토착인인 로렌스 이로쿼이족 언어의 단어 Kanata에서 비롯된 것이라 한다. 이 말은 마을 또는 거주지라는 뜻인데 최초의 개척자인 프랑스인이 이 단어를 주위의 마을에까지 사용하게 되었고 1545년경부터는 지도에도 사용됨으로써 나라 전체를 의미하는 말이 되었다고 한다.

다양한 이름의 눈

잘 알려져 있는 이야기이기는 한데, 우리말에서 내리는 '눈'은 하나밖에 없다. 그래서 다양한 눈을 표현할 때에는 수식어를 덧붙인다. 함박

눈, 싸락눈, 진눈깨비 그리고 낭만의 첫눈. 그러나 북극 지방의 이누이트어에서는 눈을 대략 스무 가지 이상으로 구분한다고 한다. 이를 들어 보면 다음과 같다. 자연 현상과 어휘의 관계를 잘 보여 주는 예이다.

akitla	물 위에 떨어지는 눈	qanik	내리는 눈
aniu	먹는 눈	quviq	이글루 만드는 눈덩어리
aput	쌓인 눈	rotlana	급속히 늘어나는 눈
briktla	잘 뭉쳐진 눈	shlim	눈 찌꺼기
carpitla	얼음으로 유리처럼 변한 눈	sotla	햇빛과 함께 반짝이는 눈
		tlapa	가루눈
kriplyana	이른 아침 푸른 빛 띈 눈	tlapat	조용히 내리는 눈
		tlapinti	빨리 떨어지는 눈
kripya	녹았다가 다시 언 눈	tlaslo	천천히 떨어지는 눈
piirtuq	눈보라	tlaying	진흙 섞인 눈
pukak	고운 눈	trinkyi	그 해 첫눈

솔론어의 순록 이름

솔론어는 알타이어족의 만주통구스어파에 속하는 언어로 중국에서는 어웡키어라고도 한다. 중국 네이멍구자치구 후룬베이얼시 부근에서 사용되는 언어로 모어 사용자는 약 1만9천 명 정도이다. 길들인 사슴이라는 뜻인 순록은 툰드라 지역을 포함한 북방 지역에 사는 동물이다. 순록 목축민은 순록을 키워 젖, 고기, 가죽, 의류, 신발 등 일상생활에 필요한 거의 모든 것을 얻을 수 있으므로 이들에게는 가장 소중한 재산이다.

그래서 솔론어에는 순록을 암수, 털의 색과 무늬, 나이 등에 따라 매우 정교하게 나누어져 있다. 순록의 총칭은 '오롱'이지만 각각의 이름은 적어도 30가지나 된다고 한다.

눈이 많이 오는 지역과 순록이 소중한 재산인 지역에서는 눈과 순록을 나타내는 어휘가 다양하게 분화되어 있다.

구분		총칭	암순록	숫순록
총칭		ɔrɔŋ		
털색/무늬	흰색	tʃalxa		
	검은색		xɔmnɔmte	xarakatʃiŋ
	갈색		saxakaŋ	saxa
	회색		xulkəŋ	pɔlɔŋtʃɔŋ
	순백색		tʃiʃkir	xɔtʃal
	알록달록		alakaŋ	ala
	검은색-흰색		pɔkɔtitʃan	pokoti
나이	한 살	ɔʃankanaxaŋ	sʊjʊxan ankanaxaŋ	nəjəmɔxan ankanaxaŋ
	두 살	dʒinɔxɔ	sadʒʊʊli	jeewɔxan
	세 살	wənnone	unɔnʊne	itəəŋ
	네 살	nowalakana		
	네 살 이후	nemaxar		
	다섯 살	nɔwalxana		
	여섯 살	mɔtɔŋ		
	일곱 살	xəttur		
	여덟 살	xirttəxər		
그밖에	씨 사슴			ʃeru
	새끼 밴		sɔlɔxɔ	

솔론어의 순록 이름은 암수, 털의 색과 무늬, 나이 등에 따라 정교하게 분화되어 있다.

몽골어의 가축 이름

필자가 몽골에 갈 때 종종 찾아간 한 깔끔한 식당 이름이 바로 NOMADS이다. 유목민이란 뜻이다. 이처럼 몽골은 유목민의 나라이다. 그래서 늘 가축들과 함께 생활한다. 그래서 가축과 관련한 어휘가 정말로 다양하다. 위에서 살펴본 이누이트어의 눈이나 솔론어의 순록처럼,

분류	양	염소	소	말	낙타
총칭	honi	yamaa	üher	aduu	temee
씨짐승	huc	uhna	buh	azarga	buur
거세한 수컷	ireg	er yamaa	shar	mori	at
암컷	em honi	em yamaa	unee	guu	ingge
1살	hurga	ishig	tugal	unaga	botgo
2살			byaruu	daaga	torom
울다	maylah	maylah	mööröh	yancgaah	buylah
똥	horgol	horgol	argal	homool	horgol

몽골어의 가축 이름은 다양하게 분화되어 있다.

몽골의 주요 가축에는 양, 염소, 소, 말, 낙타가 있다. 몽골어로 양은 '호니'honi, 염소는 '야마'yamaa, 소는 '욱헤르'üher, 말은 '아도'aduu, 낙타는 '테메'temee이다. 그런데 재미있는 것은 이런 가축들이 한 살 때와 두 살 때 부르는 이름이 서로 다르다. 예를 들어, 한 살짜리 소는 '토갈'tugal이라 부르고 두 살짜리 소는 '뱌로'byaruu라 부른다. 또한 가축의 똥을 부르는 서로 말도 다르다. 양, 염소, 낙타의 똥은 모두 '호르골'horgol이라 하지만 소똥은 '아르갈'argal, 말똥은 '호몰'homool이라 한다. 이를 정리해 보면 위의 표와 같다. 이처럼, 몽골어 속에 유목과 관련된 어휘는 풍부하고 우리가 상상할 수 있는 범위보다 더 넓다. 우리말 어휘에 벼를 가리키는 단어가 모, 벼, 쌀, 밥 등과 같이 여러 가지가 있는 것이 농경문화의 특징이라면, 몽골어 어휘에 이러한 다양성은 유목 문화의 특징이라 하겠다.

누차눌트어의 연어 이름

누차눌트어는 캐나다의 벤쿠버섬의 서쪽 해안에 사는 북아메리카 토착인의 언어이다. 연어가 생활의 큰 몫을 차지하고 있어서 연어의 모습, 연어의 부분 이름 등에 각기 다른 명칭이 있어 주목된다.

cuwit	은연어		qiwah	무지개연어
capi	곱사 연어		sacin	어린 왕연어
hinkuas	연어		suha	은빛 왕연어
hisit	붉은연어		cupi	연어 옆구리살
hupin	연어		cipuk	연어 알
kihnin	늙은 연어		awin	연어 머리
mawil	민물연어			

어원어의 계절 이름

어원어는 솔론어 또는 어웡키어와 마찬가지로 알타이어족의 만주퉁구스어파의 한 언어이다. 러시아연방 안에서 어원어를 사용하는 사람은 7천 명 정도인데, 상당수가 러시아연방 사하공화국에 살고 있다. 사하공화국은 넓은 지역으로 겨울에는 춥디춥고 여름에는 덥디더운 곳이다. 필자가 방문했던 어느 겨울은 내내 영하 40도쯤이었다. 어원어를 사용하는 사람들은 순록을 키우는 일을 주로 하고 산다. 그래서 이들은 생활의 대부분을 자연 속에서 지낸다. 따라서 여기에 맞는 독특한 어휘가 발달되어 있다. 그 중에 하나가 계절 이름인데, 계절 이름이 우리가 일반적으로 쓰는 사계절이 아니고 육계절이다. 즉 봄과 가을을 둘로 나누어서 부른다. 봄은 푸른 잎이 나기 전과 후로 나누고, 가을은 눈이 내리기 전과 후로 나눈다.

nəlkə	이른 봄푸른 잎이 나기 전
nəgni	늦은 봄푸른 잎이 난 후
jugani	여름
montəlsə	이른 가을눈이 내리기 전
bɔlani	늦은 가을눈이 내린 후
tugəni	겨울

쇼나어의 동사 '걷다'

쇼나어는 아프리카의 니제르콩고어족에 속하는 언어로 짐바브웨와 남부 잠비아에서 사용된다. 짐바브웨에 약 1천만 명의 쇼나어를 쓰는 사람이 살고 있다. 이 언어에 한 특징은 '걷다'라는 의미를 가진 단어가 무려 200여 개로 나뉘어져 있다는 것이다. 그 몇 가지 예를 들어 보면 다음과 같다.

chakwair	진흙땅을 지나 찍찍소리를 내며 걷다
donzv	막대를 가지고 걷다
duduk	뒤로 걷다
mbey	한 지역 주위를 걷다
panh	먼 길을 걷다

pfumbur	먼지를 피우며 걷다
rauk	큰 발걸음으로 걷다
shwitair	옷을 벗고 걷다
tabvuk	메뚜기처럼 걷다
vefuk	무거운 짐을 지고 몸을 구부리고 걷다

영어에서 put on 또는 wear라는 단어가 있다. 그러나 우리말에서 이 단어는 하나가 아니다. 마치 앞에서 살펴본 여러 언어에서 어휘가 분화된 것처럼, 다음과 같이 대상에 따라 다양하게 분화되어 있다. 안경은 쓰기도 하고 끼기도 한다.

옷을	입다
장갑/안경/보청기를	끼다
모자/면사포/안경/우산을	쓰다
양말/신을	신다

그러나 그 반대의 뜻은 '벗다' 하나이다. '옷/장갑/모자/양말/신/안경을 벗다'와 같이.

어휘의 세계 2
인사말과 친족명칭

한 사회에서 널리 쓰여 그 사회의 역사와 문화를 적극적으로 반영하는 단어들을 기초어휘라 한다. 기초어휘의 대표적인 것이 친족을 나타내는 명칭이다. 그리고 사람과 사람이 만나고 헤어질 때 빠짐없이 활용되는 말이 바로 인사말이다. 인사말과 친족명칭은 삶에 가장 밀착된 언어이기도 하다. 이제 이러한 친족명칭과 인사말이 언어마다 어떠한 모습으로 나타나는지 하나씩 하나씩 살펴보기로 하자. 먼저 여러 나라의 인사말을 살펴보자.

인사말

해가 바뀌면 새해 인사를 나눈다. 세계 어느 나라말이든 '새해 복 많이 받으세요'라는 인사말로 건강과 부자 되기를 빈다. 아침에 서로 만나고 저녁에 헤어질 때에도 이러한 인사말을 나눈다. 이처럼 인사말에는 상대방의 안녕을 비는 인간의 보편적인 감정이 담겨 있다.

　인사말은 그냥 관용적으로 표현하기도 하고 대답을 요구하기도 한다. 우리말의 '안녕하세요', 중국어의 '니 하오'你好, 일본어의 '곤니치와' こんにちは 등은 원래 안부를 묻는 의도였지만 이제는 관용적으로 굳어져서 그냥 같은 말로 대답하면 서로 주고받는 인사가 된다. 그러나 영어의 How are you?, 프랑스어의 Comment allez-vous?는 대답을 요구하는 인사말이다. 또한 뜻을 분석해 내기는 어렵지만 발음이 쉬운 인사말도 많다. Hello, Hej, Hola, Aloha, Olá, Ciao 등이 그렇다. 아랍어의 Assalamu alaykum, Shalom은 종교적 뜻이 담긴 인사말이다. '당신에게 신의 평화를'이라고 말하다가 인사말로 굳어진 것이라 하겠다. 그런데 하루의 시간을 몇으로 나누어 달리 표현하는 인사말도 있다. 영어는 넷으로 나뉘는데, 아침, 점심, 저녁, 밤에 따라 Good morning, Good afternoon, Good evening, Good night로 인사말이 쓰인다. 프랑스어는 셋으로 나뉘는데, 오전, 오후, 밤에 따라 Bon jour, Bon soir, Bon nuit로 쓰인다. 아이슬란드어는 낮, 저녁, 밤으로, 아프리카의 니제르콩고어족에 속하는 월로프어는 아침, 낮, 밤으로 나뉘어 Jamm nga fanaane, yendul ak jamm, fanaanel ak jamm로 쓰이며, 일본어는 아침, 낮, 저녁으로 나뉘어 '오하요우, 곤니치와, 곰방와'로 쓰인다. 힌디어는 아침과 밤으로 나뉘어 표현된다. 이러한 시간 구분이 없는 말에는 우리말의 '안녕하세요'를 비롯하여 베트남어, 아프리카의 니제르콩고어족에 속하는 줄루어 등이 있다.

하와이어에서 Aloha는 여러 의미를 지닌다. Aloha는 인사할 때도, 사랑을 표현할 때도, 동정심을 표현할 때도 쓰인다. 언어에 영혼이 담겨 있다고 생각하는 하와이 사람들에게 Aloha는 영혼의 숨결이라고 여긴다.

이상에서 살펴본 것과 같이, 인사말은 대체로 만날 때의 인사는 '하루의 평화', 헤어질 때의 인사는 '다시 만남의 기원'의 의미를 나타낸다. 이것은 언어가 다양하게 분화되고 형태상으로는 공통점을 찾기 힘들 정도로 차이가 큰 언어들일지라도 그 언어 표현 안에 담긴 인간의 보편적인 감정은 세계 어느 언어나 차이가 없다는 것을 뜻한다.

형제자매의 명칭

친족을 일컫는 말은 그 말을 쓰는 사회를 반영하고 있을 뿐만 아니라 사람들이 그들의 친족들을 어떻게 인식하고 갈래짓는가를 잘 말해 준다. 친족명칭에 대해서 먼저 형제자매를 일컫는 명칭을 몇 가지 갈래로 나누어 살펴보기로 하자. 말레이어에서는 자기보다 나이가 많든 적든, 남자든 여자든 형제자매를 일컫는 말은 sudarā 하나뿐이다. 그러나 영어에서는 남자냐 여자냐에 따라 brother와 sister로 나뉘어 있다. 나이는 상관없다. 물론 나이의 아래위를 표현할 때에는 앞에 elder나 younger와 같은 수식어를 붙인다. 그런데 헝가리어는 영어처럼 남녀라는 성별도 기준이 되고 여기에다 자기보다 손위인지 손아래인지가 또 하나의 기준이 된다. 따라서 헝가리어는 손위 남자, 손아래 남자, 손위 여자, 손아래 여자 넷으로 나뉘어 있어, 각각 bāya형, öcs제, nené자,

hug매라 한다.

우리말은 어떤가? 헝가리어보다 한 가지 기준이 더 추가된다. 부르는 자기가 남자인가 여자인가라는 기준이 더 있다. 따라서 헝가리어에서 손위 남자를 가리키는 bāya를 우리말에서는 자기가 남자면 형이라 하고, 자기가 여자면 오빠라 한다. 마찬가지로 헝가리어에서 손위 여자를 가리키는 nené를 우리말에서는 자기가 남자면 누나라 하고, 자기가 여자면 언니라 한다.

다만, 우리말에서는 손아래 사람은 묶어서 동생이라 하고 수식어를 붙여 남동생, 여동생또는 누이동생으로 표현하는데, 헝가리어에서는 동생도 남녀를 구분하여 남동생을 öcs, 여동생을 hug라 한다.

사촌의 명칭

우리말에서 아버지와 어머니 형제자매의 자녀를 일컫는 말은 촌수로 표현하여 사촌이라 한다. 사촌은 누구의 자녀인가에 따라 (친)사촌, 외사촌, 고종사촌, 이종사촌으로 갈래짓고 거기에 형, 오빠, 누나, 언니, 동생 등을 붙여 말한다. 사촌누나, 외사촌오빠 등이 그러하다. 영어에서는 이를 모두 cousin이라 하여 따로 구분하지 않지만, 자기의 형제자매인 brother와 sister와는 구별한다.

형제	brother	남자사촌	cousin
자매	sister	여자사촌	cousin

모건이라는 인류학자는 이른 시기에 친족명칭을 여러 가지로 유형으로 나누어 제시한 바 있는데, 이를 바탕으로 좀 더 구체적으로 살펴보자. 하와이어는 친형제나 친자매를 가리키는 말과 사촌 형제나 자매를 가리키는 말이 모두 같다. 즉 나의 친형제와 남자인 친사촌, 외사촌, 고종사촌, 이종사촌을 모두 kaikuoaana라 하고, 나의 친자매와 여자인 친사촌, 외사촌, 고종사촌, 이종사촌을 모두 kaikuohine라 한다.

형제, 남자사촌	kaikuoaana
자매, 여자사촌	kaikuohine

베네수엘라와 브라질 국경 지역의 토박이말 야노마모어에서는 나의 친형제와 남자인 친사촌, 이종사촌을 묶어 eiwa라 하고, 나의 친자매와 여자인 친사촌, 이종사촌을 묶어 amiwa라 한다. 그러나 외사촌과 고종사촌은 묶어 같은 단어로 일컫는데 남자는 soriwa, 여자는 suaboya라 한다.

형제, 남자 – 친사촌/이종사촌	eiwa
자매, 여자 – 친사촌/이종사촌	amiwa
남자 – 외사촌/고종사촌	soriwa
여자 – 외사촌/고종사촌	suaboya

터키어는 형제, 자매, 친사촌, 외사촌, 고종사촌, 이종사촌을 가리키

는 어휘는 모두 각각이어서 사촌을 표현하는 방법이 가장 복잡하고 다양한 편이다.

형제	kardesh	외사촌	dayi usaki
자매	kis kardesh	고종사촌	amme usaki
친사촌	emme usaki	이종사촌	hala usaki

삼촌의 명칭

19세기말 함경도에서 러시아 연해주 지방으로 이주해 가서 살다가 1937년 소련의 스탈린에 의해 중앙아시아 지역으로 강제 이주되어 살고 있는 우리 동포를 고려사람이라 한다. 이들이 쓰고 있는 말을 고려말이라 한다. 19세기 함경도말을 고스란히 간직하고 있다. 고모, 이모를 고려말에서는 '아제'라 한다. 흔히 아제라 함은 남자숙항 즉 아저씨를 가리키는 사투리인데 고려말에서 여자숙항을 가리키는 것이 특징적이다. 현재 강릉말에서도 아제는 역시 고모, 이모, 숙모를 가리킨다.

영어에서 남자숙항은 친삼촌이든 외삼촌이든 모두 uncle이라 하고 여자숙항은 고모든 이모든 aunt라 한다. 이에 대해 터키어는 각각 다르게 친삼촌은 emme, 외삼촌은 dayi, 고모는 amme, 이모는 hala라 부른다.

	영어	터키어
친삼촌	uncle	emme
외삼촌	uncle	dayi
고모	aunt	amme
이모	aunt	hala

어버지, 어머니를 가리키는 말과 숙항을 가리키는 말이 같은 언어도 있다. 하와이어에서는 아버지, 친삼촌, 외삼촌이 모두 makuakane이고, 어머니, 고모, 이모는 모두 makuahine이다. 야노마모어에서는 아버지와 친삼촌은 haya로 같으나 외삼촌은 soaya로 다르다. 또한 어머니와 이모는 naya로 같으나, 고모는 yesiya로 다르다.

	하와이어	야노마모어
아버지	makuakane	haya
친삼촌	makuakane	haya
외삼촌	makuakane	soaya
어머니	makuahine	naya
이모	makuahine	naya
고모	makuahine	yesiya

파푸아섬의 다니어 역시 아버지와 친삼촌은 opaije로 같고, 어머니와 이모는 akoja로 같다. 그런데 이 말에서는 나의 외사촌자매를 가리키는 말이 어머니, 이모와 같아 akoja라 부른다. 한편 외사촌형제는 외삼촌과 같은 ami이다.

아버지 = 친삼촌	opaije
어머니 = 이모 = 외사촌자매	akoja
외삼촌 = 외사촌형제	ami

아프리카 니제르콩고어족의 아칸어도 아버지와 친삼촌을 가리키는 말은 같아 agya이고 어머니와 이모를 가리키는 말은 같아 ena이다. 그뿐만 아니라 나의 고종사촌형제를 가리키는 말은 높여서 아버지, 친삼촌과 같아 agya라 부른다. 아울러 외사촌은 낮추어 자녀, 조카와 같이 ba이다.

| 아버지 = 친삼촌 = 고종사촌형제 | agya |
| 외사촌 = 조카 = 자녀 | ba |

위에서 살펴본 친족명칭 가운데 베네수엘라와 브라질 국경 지역의 토박이말 야노마모어의 삼촌과 사촌의 명칭을 그림으로 표시해 보면 다음과 같다.

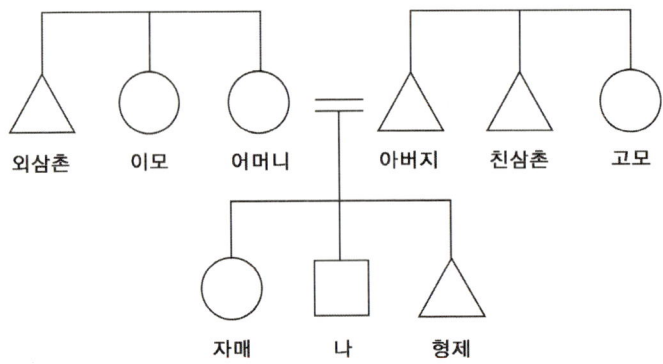

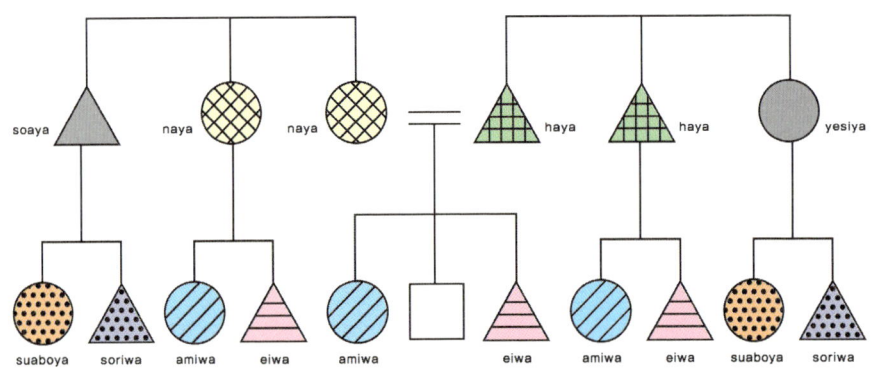

야노마모어의 삼촌과 사촌 항렬의 친족명칭

일본어 친족명칭의 특징

일본어에는, 친밀한 관계일 경우, 호칭과 지칭에 다음과 같은 재미있는 특징이 있다.

1. 자기보다 한두 살 연상의 숙부나 숙모, 고모, 이모는 친밀하게 '형, 누나, 언니' 등으로 부른다.

2. 자기보다 상당히 연상 있는 숙부나 숙모, 고모, 이모일지라도 미혼이면 역시 친밀하게 '형, 누나, 언니' 등으로 부른다.
3. 숙부나 숙모일지라도 자기보다 나이가 적으면 '이름+형/누나/언니'로 호칭하기도 한다.
4. 자기보다 상당히 연상인 기혼의 4촌은 '숙부, 숙모'로 부른다.

이와 같이 일본에 있어서는 부모와 같은 세대인 사람에 대하여도 자기 세대인 사람에 대한 호칭을 사용하는 경우도 있으며, 또 자기 세대인 사람에 대하여 부모와 같은 세대인 사람에 대한 호칭을 사용하는 경우도 있다는 것이다. 즉 경우에 따라서 일본어의 호칭에 있어서는 세대 요인보다 상대적인 연령이나 결혼 여부 등이 우위에 서 있음을 볼 수 있다.

어휘의 세계 3
색깔이름과 달력

자연계는 색깔의 세계이다. 알록달록 아름다운 색깔들이 펼쳐져 있다. 그러나 그러한 색깔 사이의 경계는 뚜렷하지 않아 연속적이다. 그래서 모든 어휘가 그러하듯이, 색깔을 구분하고 규정하는 이름과 경계는 언어에 따라 서로 다르다. 이러한 색깔이름의 다양성에 대해 살펴보기로 하자. 그리고 자연계는 계절의 흐름에 따라 변화한다. 그러한 변화를 달력에 반영하는 언어들도 있다. 특히 아메리카 토박이말에서 그러한데, 이에 대해서 함께 살펴보자.

색깔이름의 기원

색깔이름은 기원적으로 물체 이름에서 온 것이 많은데, 이들은 차츰 그 물체로부터 분리되어 색깔이름으로 독립되었다. 물체에서 유래한 영어의 색깔이름을 살펴보면 다음과 같다.

꽃이름이 색깔이름으로

- rose — 담홍색
- lilac — 엷은 자색
- lavender — 연보라색

과일이름이 색깔이름으로

- lemon — 담황색
- olive — 올리브색
- cherry — 선홍색
- pomegranate — 석류색

물고기이름이 색깔이름으로

- salmon — 연어살빛

술이름이 색깔이름으로

- chartreuse — 연두색

색깔의 기본 어휘

실제 물체 이름으로부터 색깔이름이 유래하는 경우는 사회에서 그 빈도가 높아지면서 점차 추상화된다. 이와 같이 구체적인 물체 이름으로부터 추상적인 색깔이름으로 추상화되는 모습은 모든 언어에서 공통적이다. 그리고 학자들은 색깔이름을 기본 색깔이름과 파생 색깔이름으로 구분하는데, 색깔이름 연구의 대표적인 학자인 베린과 케이는 기본 색깔이름을 다음과 같이 11가지로 제시한다.

> black, white, red, yellow, green, blue, brown, purple, pink, orange, gray

언어에 따라 기본 색깔이름의 숫자는 서로 다르다. 아프리카 라이베리아에서 사용되는 니제르콩고어족의 바사어는 기본 색깔이름이 둘이어서 영어의 black, violet, blue, green에 해당하는 hui와 white, yellow, orange, red에 해당하는 ziza가 있다. 역시 니제르콩고어족에 속하는 밤바라어에는 세 개가 있다. dyema백, blema적, fima청. 일본의 아이누어에는 네 개가 있는데, kunne흑, retar백, hu적록, siwnin 청황 등이다. 북아메리카에서 사용 인구가 많은 토박이말인 나바호어에는 다섯 개의 기본 색깔이름이 있다. lagai백, lidzin흑, lichi적, dotl'ish 청, litso황. 사모아 지역의 푸카푸카어는 다섯, 아프리카의 쇼나어는 넷이다.

한국어는 어떨까? '검다, 희다, 누르다, 푸르다, 붉다' 등이 고유한 우리말 이름이다. 그런데 우리말은 기본 어휘뿐만 아니라 파생 어휘가 아주 다양하게 발달되어 있다. '누르다'만 보더라도 노랗다, 노르께하다, 노르끄레하다, 노르무레하다, 노르스름하다, 노릇하다, 노릇노릇하다, 노르톡톡하다, 노리께하다, 노리끄레하다, 노리무레하다, 노릿하다, 노릿노릿하다, 노리톡톡하다, 누렇다, 누리께하다, 누르끄레하다, 누르무레하다, 누르스름하다, 누릇하다, 누릇누릇하다, 누르툭툭하다, 누르칙칙하다, 샛노랗다, 싯누렇다 등과 같이 셀 수 없이 많다.

색깔이름 나누기

독일의 언어철학자 빌헬름 폰 훔볼트는 "모든 언어는 하나의 세계관이다. 모든 언어는 현실세계를 고유한 범주의 망으로 포섭하며, 판단하는 고유한 문장과 어휘를 제공한다. 누구나 모국어라는 자신의 안경을 통해 일정한 색조 속에서 세계를 바라본다."라고 하였다. 이처럼 색깔을 바라보는 것 역시 언어에 따라 다른 것이다.

먼저 영어와 켈트어에 속하는 웨일스어를 살펴보자. 영어의 green은 웨일스어의 gwyrdd 또는 glas, 영어의 blue는 웨일스어의 glas이며, 또 영어 gray는 웨일스어 llwyd 또는 glas, 영어 brown는 웨일스어의 llwyd 일부에 대응한다. 이 예는 색깔이름이 언어에 따라서 각기 다른 체계를 이루고 있는 것을 잘 보여 주고 있으며, 어휘가 표현하는 색의 영역 또한 명확한 1:1대응을 이루지 않는다는 점을 보여 준다.

영어	green	blue	gray	brown
웨일스어	gwyrdd	glas		llwyd

영어와 웨일스어의 색깔이름 대조

다음은 영어와 앞에서 소개한 쇼나어, 바사어를 살펴보자. 영어의 여섯 가지 색깔이름에 대해서 쇼나어에서는 세 가지, 바사어에서는 두 가지 색깔이름이 구별된다. 영어의 purple, orange, red에 대해서 쇼나어에서는 이들을 구별하지 않고 cipswuka라는 한 색깔이름만이 사용되며 또 바사어에서는 영어의 purle, blue, green을 모두 합해서 hui

라는 한 색깔이름만으로 표현한다. 영어의 yellow, orange, red에 대해서는 ziza만이 대응한다.

영어	purple	blue	green	yellow	orange	red
쇼나어	cipswuka	citema	cicena	cipswuka		
바사어	hui			ziza		

영어, 쇼나어, 바사어의 색깔이름 대조

어떤 색깔이름이 어떤 문화 속에서 존재하지 않을 경우에 이것은 그 문화 속의 사람들이 그 색깔을 인지하지 못하기 때문이 아니다. 비록 빛의 스펙트럼에는 명확한 자연적인 경계선이 없지만 모든 언어에는 색깔이름이 있으며 그에 따라 화자는 색깔 스펙트럼을 범주로 나누고 체계화한다. 즉 해당 색깔에 관한 구체적인 이름이 없다는 사실이 해당 색깔을 인식할 수 없다는 의미는 아니다. 대부분의 한국 사람들은 초록과 파랑의 차이를 너무나도 뚜렷하게 인식하고 있지만 '푸르다'라는 색깔이름으로 '푸른 산, 푸른 하늘'로 표현한다. 그렇다면 '두만강 푸른 물에 노젓는 뱃사공'이라는 노래에서 두만강은 파란빛일까? 초록빛일까?

색깔이름의 발달 순서

베린과 케이는 세계 언어에는 다음과 같은 순서로 색깔이름이 등장한다고 주장한 바 있다. 하양-검정에 대한 어휘가 가장 먼저 등장하고, 그 다음은 빨강, 그 다음은 노랑-초록 또는 초록-노랑의 순서로 등장하며, 파랑, 갈색이 그 이후에 등장한다. 보라, 분홍, 주황, 회색은 그 다음에 선택적으로 등장한다고 하였다.

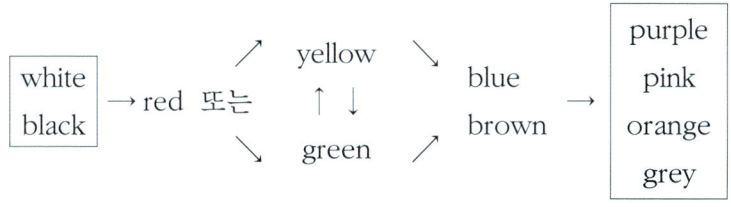

색깔이름 체계의 발달 순서

이들은 자신들이 설정한 단계에 맞게 98개 언어의 색깔이름을 분류하였는데, 그 내용은 다음과 같다. 2단계에 해당하는 언어로는 이미 사라진 언어인 포모어인데, 흰색, 검정색 그리고 빨강에 대한 어휘들이 존재한다. 나이지리아의 토박이말인 이비비오어에는 노랑에 대한 어휘는 없고, 초록에 대한 어휘만이 있는 3A단계의 언어이다. 멕시코의 토박이말 체탈어는 초록과 노랑이 모두 존재하는 4단계의 언어이다. 7단계의 모습을 보이는 언어에는 영어, 일본어 등이 있는데, 같은 단계에 해당하지만 색깔을 인지하는 구조는 서로 다르다.

단계	색깔이름 수	언어 수
1	2 (white, black)	9
2	3 (+red)	21
3A	4 (+green)	8
3B	4 (+yellow)	9

4	5 (+green+yellow)	18
5	6 (+blue)	8
6	7 (+brown)	5
7	8~11 (+purple, pink, orange, grey 중에서)	20

색깔이름 체계의 단계별 분류

열두 달의 이름

영어를 비롯한 서양어의 열두 달 이름은 대체로 로마 시대 라틴어에서 기원한다. 잘 알려진 바와 같이 다음과 같은 신이나 숫자에서 기원한다.

> **January:** Janus, 문의 수호신이자 새해의 신
> **February:** februs, 정화, 깨끗함. 로마인들은 2월이 되면 몸과 마음을 깨끗하게 한다.
> **March:** Mars, 전쟁의 신. 주로 봄에 전쟁을 한다.
> **April:** aperire, 열리다. 꽃 피는 계절이다.
> **May:** Maia, 봄과 성장의 여신
> **June:** Juno, 결혼과 출산의 여신
> **July:** 위대한 로마의 지도자 Julius Caesar
> **August:** 위대한 황제 Augustus
> **September:** 7 Septem, 3월에서부터 7번째 달. 실제로는 July과 August가 끼어들어서 달수(9월)와 숫자(7)가 맞지 않다.

October: 8 Octo, 3월에서부터 8번째 달

November: 9 Novem, 3월에서부터 9번째 달

December: 10 Decem, 3월에서부터 10번째 달

그런데 이러한 달 이름에 대해 자연 현상을 반영한 언어도 있다. 남아메리카 볼리비아 지역의 토박이말인 아이마라어가 그 한 예이다. 마치 우리나라의 옛 노래 농가월령가를 떠올리게 한다.

1월	곡식을 묶는 달
2월	노는 달
3월	새 감자를 캐는 달
4월	옥수수가 나고 꽃 피는 달
5월	감자가 가장 많이 나는 달
6월	한 해의 중간. 콩, 옥수수를 거두는 달
7월	태양이 바뀌는 달
8월	신에게 제물을 바치는 달
9월	감자 심는 달
10월	농사가 중반에 이른 달
11월	농사를 마무리하는 달
12월	놀고 쉬는 달

미국의 오리건주에 살고 있는 북아메리카 토박이말에서도 이와 비슷

한 달 이름이 있다. 자연을 반영한 이름이다. 몇 예를 들면, 1월은 눈 내리는 달, 4월 거위의 달, 6월은 장미의 달, 7월은 천둥의 달, 8월은 초록 콩의 달, 9월은 사냥의 달, 10월은 낙엽의 달, 11월은 얼음 어는 달, 12월은 긴긴 밤의 달 등이다.

우리말을 비롯한 동양은 모두 숫자 1,2,3으로 달의 이름을 붙인다. 물론 우리말에서 11월은 동짓달, 12월은 섣달, 그리고 1월은 정월이라 하기도 하지만.

납매라는 매화가 있다. 한 겨울에 샛노랗게 피는 꽃이다. 글자대로 하자면 음력 섣달에 피는 매화이다. 섣달을 납월臘月이라 한다. 동납월은 음력 동짓달과 섣달을 일컫는 말이다.

음력 12월, 즉 납월에 피는 납매의 샛노란 꽃

말소리의 세계 1
자음과 모음

　말소리는 자음과 모음으로 나뉜다. 말소리는 공기가 폐에서 발음기관을 거쳐 나오면서 만들어진다. 발음기관이란 말소리를 만드는 데 작용하는 기관으로, 입안, 코안, 입술 등을 말한다. 입안에는 아랫니, 윗니, 혀, 입천장 등이 있어 이들이 말소리를 만드는 데에 관여한다. 그런데 공기가 폐에서 이들 발음기관을 거쳐 밖으로 나올 때, 발음기관의 방해를 받아서 만들어지는 소리가 있는가 하면, 그렇지 않고 공기가 입안에서 방해를 받지 않고 입술이나 혀의 움직임으로 공기가 나오는 통로 모양만 바꾸어서 내는 소리가 있는데, 앞의 경우의 소리를 자음이라 하고, 뒤의 경우의 소리를 모음이라 한다. 예를 들어 공기가 나올 때 혀끝을 잇몸에 갖다 대어 공기를 막았다가 다시 떼면 /ㄷ/이라는 자음이 만들어진다. 우리 토박이말로 자음을 닿소리라 하는데, 닿아서 내는 소리라는 뜻이며, 토박이말로 모음을 홀소리라 하는 것은 홀로 난다는 뜻이다.

이제 이러한 자음과 모음이 세계 여러 언어에서 어떤 특징을 가지고 나타나는지 살펴보도록 하자.

모음의 구조

공기가 입안에서 방해를 받지 않고 혀의 움직임과 입술 모양으로 공기가 나오는 통로 모양만 바꾸어 내는 소리가 모음이다. 따라서 모음의 소릿값을 결정하는 것으로는 혀와 입술 모양, 두 가지를 들 수 있다.

첫째는 입안에서 혀의 최고점의 위치이다. 혀의 최고점이 어디에 놓이느냐에 따라 공기가 나오는 통로 모양이 바뀌어지기 때문이다. 최고점의 위치는 다시 두 가지로 나뉘는데, 앞쪽에 놓이는지 뒤쪽에 놓이는지가 한 기준이 되고이에 따라 전설모음-후설모음, 또 위쪽에 놓이는지 아래쪽에 놓이는지가 한 기준이 된다이에 따라 고모음-저모음. 예를 들어 /i, e/와 같은 모음은 혀의 최고점이 앞쪽에 놓이는 모음이고, /u, o/와 같은 모음은 혀의 최고점이 뒤쪽에 놓이는 모음이다. 또한 /i, u/와 같은 모음은 혀의 최고점이 위쪽에 놓이는 모음이고, /a/와 같은 모음은 혀의 최고점이 아래쪽에 놓이는 모음이다.

둘째는 입술 모양이다. 입술 모양을 평평하게 하는지 둥글게 하는지가 기준이 된다이에 따라 평순모음-원순모음. 예를 들어 /i, e/와 같은 모음은 혀의 입술 모양을 평평하게 하여 내는 모음이고, /u, o/와 같은 모음은 입술 모양을 둥글게 하여 내는 모음이다.

언어마다 모음 체계는 다르다

그런데 이러한 모음들은 언어마다 체계가 서로 다르다. 영어와 한국어 사이에 모음 체계가 서로 달라, 한국인이 영어를 배울 때 힘이 들기도 한다. 심지어는 한 언어의 방언 사이에서도 모음 체계가 다르다. 우리말의 경우 /ㅓ/와 /ㅡ/ 모음이 변별되지 못하고 하나의 같은 모음으로 인식되는 방언도 있어, 다른 방언보다 모음 하나가 적은 셈이다.

필자가 안동에서 중학교를 졸업하고 고등학교를 대구로 진학하였다. 첫 시간에 담임선생님이 '승구'와 '성구'를 출석 부르시다가 잠시 멈칫하더니만, 앞으로 '성구A', '성구B'로 부르겠다 하신다. 멀쩡한 '승구'와 '성구'를 A, B로 구별하시겠다는 것이다. 참 이상하다 생각했는데, 나중에 알고 보니, 대구방언에서는 두 모음을 변별하지 못하고 하나의 소리로 들린 결과이다. 얼마 전까지 방송에서 '사투리를 써도, 마음만은 턱별시'(←특별시)라는 코미디가 인기를 끌었다.

세 모음 체계의 언어

언어학자 로만 야콥슨은 어린이가 말을 배울 때 가장 먼저 습득하는 모음은 /a/라고 한다. 그 다음에 습득하는 모음은 /i/와 /u/라고 한다. 그런데 실어증환자가 말을 잃어가는 단계에서 맨 마지막에 잃어버리는 것이 /i/와 /u/, 그리고 /a/라고 한다. 이를 통해 보면, 언어의 세계에서 가장 기본이 되는 모음은 바로 /i/, /u/, /a/라 할 수 있다.

필리핀은 영어를 공용어로 쓰지만, 그들의 고유한 말은 타갈로그어이다. 이 말에는 모음이 세 개만 있다. 바로 /i/, /u/, /a/이다. /i/는 전설모음-고모음이고, /u/는 후설모음-고모음이고, /a/는 중설모음-저모음이다. 이렇게 세 모음 체계를 가진 언어에는 아랍어가 있다. 그 밖에도 모음 세 개를 가진 언어에는 여럿이 있는데, 남아메리카 볼리비아 지역의 토박이말 아이마라어 역시 세 모음 체계이다.

그런데 모음의 수가 적다고 해서 결코 온전하지 못한 말이라고는 할 수 없다. 왜냐하면 모음 대신에 다른 요소가 분화되어 이를 보완해 주기 때문이다.

/i/   /u/
   /a/

다섯 모음 체계의 언어

모음이 다섯 개 있는 말에는 우리 이웃에 있는 일본어를 비롯하여 스페인어, 러시아어, 아프리카의 스와힐리어 등이 있다. /i/, /u/, /a/ 셋에다가 전설모음의 /e/와 후설모음의 /o/가 더 있다.

일반적으로 다섯 모음을 가질 경우 전설모음은 평순모음이고/i/, /e/, 후설모음은 원순모음/u/, /o/이다. 그리고 전설모음과 후설모음이 대칭적으로 나타난다.

/i/   /u/
/e/   /o/
   /a/

더 많은 모음을 가진 언어들

위의 다섯 모음 체계를 바탕으로 여기에 몇 개씩 더해 가면 언어에 따라 모음 구조가 다양해진다. 이탈리아어, 독일어에는 일곱 개의 모음이 있다. 다음은 이탈리아어의 모음 체계이다.

/i/   /u/
/e/   /o/
/ɛ/   /a/   /ɔ/

힌디어와 터키어는 여덟 개의 모음이 있으며, 프랑스어의 모음은 열한 개나 된다. 다음은 각각 힌디어와 터키어의 모음 체계이다.

힌디어	/i/		/u/	
	/e/		/o/	
	/ɛ/	/a/	/ɔ/	
터키어	/a/	/i/	/o/	/u/
	/e/	/i/	/ö/	/ü/

그럼 우리말에는 모음이 몇 개나 될까? 표준어 규정에서 정한 표준발음법에는 열 개를 들고 있다. 그런데 지역과 나이에 따라 머릿속에 갈무리되어 있는 모음의 수는 각각 다르다. 나이에 따라 /에/와 /애/를 구별하지 못하기도 하고, 지역에 따라 /어/와 /으/를 구별하지 못하고 하나의 같은 소리로 인식하기도 한다. 또한 /위/와 /외/를 겹모음으로 발음

하기도 한다. 내 머리 속에는 모음이 몇 개나 갈무리되어 있을까, 각자 한번 생각해 보자.

자음의 구조

공기 흐름이 입안의 어떤 부분에서 방해를 받아 내는 소리를 자음이라 한다. 따라서 자음의 소릿값을 결정하는 것은 어떻게 방해를 받는가, 그리고 어디서 방해를 받는가에 있다. 다시 말하면 조음방법에 따라, 조음위치에 따라 자음이 각각 달리 소리 난다.

예를 들어 살펴보자. /p/ 소리는 아랫입술을 윗입술에 갖다 막아 공기를 막았다가_{폐쇄} 순간적으로 떼내서_{파열} 나는 소리이다. 그래서 조음위치로 보면 두입술소리이며, 조음방법으로 보면 파열음이다. /t/ 소리는 혀끝을 잇몸에 갖다 막아 공기를 막았다가_{폐쇄} 순간적으로 떼내서_{파열} 나는 소리이다. 그래서 조음위치로 보면 잇몸소리이며, 조음방법으로 보면 파열음이다. 한 가지 더 예를 들면, /s/ 소리는 /t/ 소리처럼 혀끝이 잇몸에 작용해서 나는 소리이지만, 혀끝을 잇몸에 갖다 막지 않고 아주 가까이 접근하여 통로를 좁혀 공기가 마찰을 일으키게 하여 나는 소리이다. 그래서 조음위치로 보면 잇몸소리이며, 조음방법으로 보면 마찰음이다. 따라서 /t/는 조음방법으로 보면 /p/와 같은 소리이고 조음위치로 보면 /s/와 같은 소리이다.

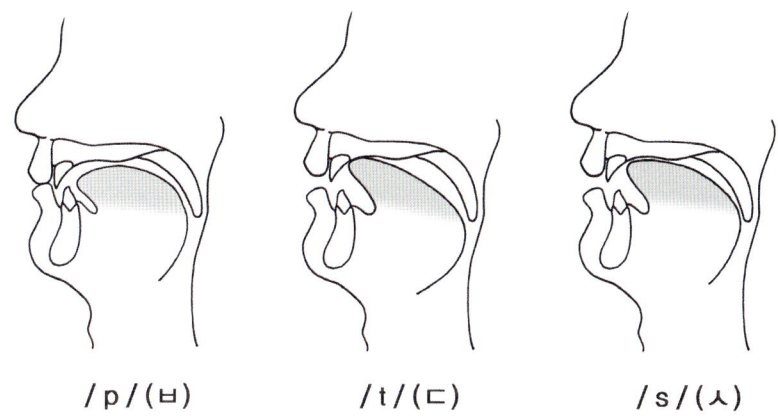

/p/(ㅂ) /t/(ㄷ) /s/(ㅅ) 소리가 나는 위치와 소리를 내는 방법

그런데 두 입술을 가볍게 닫고서 숨을 내뿜으면 입술이 떨어 울리게 되는데, 이와 같은 방법으로 목청을 떨어 울려서 내는 소리를 유성음이라 하고, 그렇지 않은 소리를 무성음이라 한다. /p, t, k, s/ 등은 무성음이며, 이 소리에 목청 떨림을 수반한 /b, d, g, z/ 등은 유성음이다. 그리고 파열음이 날 때 /h/와 같은 소리를 수반하게 되는데 이를 기라 한다. 기를 수반한 소리를 유기음, 그렇지 않은 소리를 무기음이라 하는데, 우리말의 거센소리 /ㅋ, ㅌ, ㅍ, ㅊ/ 등이 유기음이다. 또한 목청을 터뜨리는 소리를 목청터짐소리_{성대파열음}라 하는데 우리말의 된소리 /ㄲ, ㄸ, ㅃ, ㅆ, ㅉ/는 입안의 파열과 동시에, 성대파열을 수반한다.

언어마다 자음 체계는 다르다

한국에 사는 미국사람이 팔이 아파 급히 병원을 찾았다. 우리말로 팔이 아프다고 말하지만, 의사는 발이 어떻게 아프냐고 묻는다. 그 사람은 발이 아니고 팔이 아프다고 하지만, 한국 의사는 어리둥절하기만 하다. 영어를 쓰는 사람은 머릿속에 한국어의 '발'과 '팔'이 구별되어 저장되어 있지 않아 이 두 발음을 구별하려 하지만 꽤 어렵다. 그러나 한국어를 쓰는 사람은 머릿속에 이 두 소리가 너무나도 자연스럽게 구별되어 저장되어 있을 뿐만 아니라 '빨'과도 구분하여 알고 있다. 따라서 비슷한 /ㅂ, ㅍ, ㅃ/ 세 소리를 정확하게 구별할 줄 안다. 그래서 '불, 풀, 뿔'이라는 세 단어가 아무런 혼동 없이 구별된다. 이들 뿐만 아니라, /ㄱ, ㅋ, ㄲ/도 그러하고, /ㄷ, ㅌ, ㄸ/, /ㅈ, ㅊ, ㅉ/ 역시 그러하다. 우리말은 자음에 세 짝을 이루어 구별하고 있다.

그러나 영어에서는 이러한 세 짝의 구별이 없고, 단지 유성음과 무성음이라는 두 짝을 구별한다. 우리말 '바보'의 두 /ㅂ/을 우리는 구별하지 못하지만, 미국사람들은 앞의 /ㅂ/은 무성음으로 뒤의 /ㅂ/은 유성음으로 전혀 다른 소리로 구별하여 인식하고 있다. 마치 우리가 예사소리 /ㅂ/의 '발'과 거센소리 /ㅍ/의 '팔'을 잘 구별하듯이.

영어뿐만 서양언어 대부분이 유성음과 무성음을 구별하고, 가까이는 일본어, 중국어도 모두 그러하다. 이처럼 언어마다 자음의 구조는 각각 다르다.

우리말처럼 자음이 세 짝을 이루는 말에는 동남아시아의 타이어, 베트남어, 그리고 인도의 힌디어 등이 있다. 그렇다고 한국어와 베트남어, 타이어, 힌디어가 같은 계통의 언어라는 뜻은 아니다. 자음 구조의 특성이 비슷할 뿐이다. 먼저 베트남어의 몇 예를 살펴보자.

/ㄱ/ : ga(정거장)　　go(끌어당기다)　　guc(머리숙이다)
/ㄲ/ : ca(노래하다)　　co(줄어들다)　　cuc(조각, 사무소)
/ㅋ/ : kha(상당히)　　kho(창고, 보관소)　　khuc(들국화)

/ㄷ/ : đa(많이)　　đi(걷다, 가다)　　đuc(끝)
/ㄸ/ : ta(나, 우리)　　ti(실, 현악기)　　tuc(발)
/ㅌ/ : tha(용서하다)　　thi(시험하다)　　thuc(삼촌)

/ㅂ/ : ba(아버지)　　be(병)　　bong(떨어지다)
/ㅍ/ : pha(라이트)　　phe(갈래, 편)　　phong(꾸러미)

다음으로 타이어의 몇몇 예이다.

/ㄲ/ : kao(아홉)　　kat(물다)　　kon(둔부)
/ㅋ/ : khau(뉴스)　　khat(방해하다)　　khon(사람)

/ㄷ/ : dam(검은)
/ㄸ/ : tam(치다)
/ㅌ/ : tham(하다)

/ㅂ/ : baa(어깨)　　bon(위에)
/ㅃ/ : paa(숲)　　phrik pon(고춧가루)
/ㅍ/ : phaa(쪼개다)　　phon mai(관목)

다음으로 힌디어의 몇몇 예이다.

/ㅂ/ : bal(척)　　　daal(콩)　　　gul(꽃)

/ㅃ/ : pal(순간)　　taal(늪)　　　kul(모든)

/ㅍ/ : phal(과일)　　thaal(접시)　　khul(열린)

말소리의 세계 2
운소, 그리고 음절구조

앞에서 살펴본 자음과 모음은 제 홀로도 실현된다. 그런데 말소리 가운데는 제 홀로는 실현되지 못하는 것이 있다. 예를 들어 긴소리가 그것이다. 낮에 대립되는 /밤/은 짧은소리이고, 과일의 /밤/은 긴소리이다. 그런데 여기에서 짧은소리, 긴소리는 독자적으로 발음이 불가능하다. 반드시 '밤'의 /ㅏ/ 소리에 얹혀서만이 실현된다. 이렇게 얹혀서만 실현되는 말소리에는 길이, 높이, 세기가 있다. 이러한 소리를 운소라 한다. 이에 대해 자음과 모음을 음소라 한다. 그리고 음소와 운소를 묶어 음운이라 한다. 이제 이러한 운소에 대해 살펴보기로 하자.

말소리의 세기, 높이, 길이

소리는 진동체의 진동으로 발생하게 되는데, 진동체의 진동되는 폭을 진폭이라 한다. 진폭은 소리에 따라서, 넓은 것도 있고 좁은 것도 있는데, 넓은 진폭의 소리는 강하게 들리게 되고, 좁은 진폭의 소리는 약하게 들리게 된다. 말소리에도 이러한 강약이 있다. 영어에서 소리의 강약이 단어의 뜻을 나타내는 데에 중요한 구실을 한다. 예를 들어 영어의 compact는 첫 음절에 강세를 두면 명사가 되는데, 둘째 음절에 강세를 두면 형용사가 된다. 영어 단어는 강세가 놓이는 위치가 일정하여 이것이 말의 뜻을 분화하는 데 이용된다. 스페인어의 /'aʎa/그가 찾는다와 /a'ʎa/거기에, /'termino/끝와 /ter'mino/내가 끝냈다와 /termi'no/그가 끝냈다 등도 모두 강세 위치에 따라 뜻이 분화된 말들이다.

소리의 높이는 진동의 속도에 의해서 결정된다. 즉 일정한 시간 사이의 진동수가 많으면 높은 소리가 되며, 그 수가 적으면 낮은 소리가 된다. 소리의 높낮이는 소리의 세기보다 더 명료하게 우리의 감각에 인지되는데, 모든 언어의 문장은 반드시 대체로 일정한 형의 높낮이로써 발음된다. 이러한 문장의 높낮이를 억양이라 한다. 문장의 높낮이와는 달리, 한 단어마다 일정한 높낮이가 결정되어 있는 언어가 있는데, 이러한 언어를 성조언어라 한다. 성조언어의 대표적인 예는 중국어이다. 우리말의 경우 방언에서 그 예를 볼 수 있다. 예를 들어 경남방언에서, /말/을 높은 소리로 하면 달리는 말, 가운데 소리로 하면 곡식을 되는 말, 낮은 소리로 하면 언어라는 뜻이다. 또 /손/을 높은 소리로 하면 찾아온 손님, 가운데 소리로 하면 신체기관으로서 손, 낮은 소리로 하면 손자, 손녀의 뜻이다.

국어의 낮과 대립되는 /밤/과 과일의 /밤:/, 신체기관으로서 /눈/과

겨울에 내리는 /눈:/은 각각 그 모음의 길이만으로 뜻이 분화된 단어들이다. 이러한 길이의 차이는 의식적이며, 변별적 기능을 수행하는데 길이를 가진 언어는 상당히 많다. 이탈리아어의 장단에 따른 의미 차이를 보면, papa교황 – papːa죽, nono아홉째 – nonːo할아버지, fato운명 – fatːo사실 등. 또한 영어의 /ʃiːp/sheep과 /ʃip/ship도 마찬가지이다.

말소리의 높낮이

우리는 같은 말소리라도 높은 소리로 발음할 수도 있고 낮은 소리로 발음할 수도 있다. 그런데 세계 언어 가운데는 같은 소리를 높은 소리로 발음한 것과 낮은 소리로 발음한 것이 서로 뜻이 다른 말로 쓰이는 경우가 있다.

아프리카 가나의 트위어에는 높은 소리와 낮은 소리가 구별되어 쓰인다. papa라는 말을 살펴보자. 앞의 /pa/를 높게 발음하면 '훌륭한'이라는 뜻이 된다. 뒤의 /pa/를 높게 발음하면 '아버지'라는 뜻이 된다. 그런데 두 소리 모두 낮게 발음하면 '종려나뭇잎부채'를 뜻한다. 이와 같이 말소리의 높낮이에 따라 서로 다른 단어가 된다. 몇 예를 더 들면 다음과 같다. kuru라는 말을 앞의 /ku/를 높게 발음하면 '통증'이라는 뜻이 되고 뒤의 /ru/를 높게 발음하면 '이엉을 이다'라는 뜻이 된다. sisi라는 말을 앞의 /si/를 높게 발음하면 '곰', 뒤의 /si/를 높게 발음하면 '속이다'라는 뜻이 된다.

이번에는 높은 소리, 낮은 소리에다가 가운데 소리까지 구별되어 세 단계로 쓰이는 말을 살펴보자. 아프리카 나이지리아의 요루바어에서 kan을 높은 소리로 발음하면 '깨뜨리다', 가운데 소리로 발음하면 '맛이 시다', 낮은 소리로 발음하면 '도착하다'라는 뜻이 된다. o를 높은 소리로 발음하면 '그이', 가운데 소리로 발음하면 '너', 낮은 소리로 발음하면 '사람을 나타내는 접미사'라는 뜻이 된다. wa을 높은 소리로 발음하면 '왔다', 가운데 소리로 발음하면 '떨었다', 낮은 소리로 발음하면 '있다'라는 뜻이 된다. ɔkɔ의 두 음절을 가운데-낮은 소리로 발음하면 '교통기관인 배', 가운데-높은 소리로 발음하면 '호미', 가운데-가운데 소리로 발음하면 '남편', 낮은-낮은 소리로 발음하면 '창'이라는 뜻이 된다.

이처럼 높낮이가 단어의 뜻을 구별해 주는 대표적인 말이 바로 우리 이웃의 중국어이다. 중국어에는 무려 네 가지의 높낮이가 구별되어 있다. 따라서 중국어로 대화할 때에는 높낮이 발음을 정확하게 하지 않으면 전혀 뜻이 통하지 않을 것이다.

중국어의 성조 체계

1성	높은	mā 어머니
2성	올라가는	má 마비
3성	내려오다가 올라가는	mǎ 말
4성	내려오는	mà 질책

타이어는 중국어와 같이 단음절어로서 성조언어이다. 타이어는 5개

의 성조로 되어 있어, 각 음절은 5개의 성조 중 어느 한 성조로 발음된다. 예를 들어 la는 성조에 따라 '짧은, 토씨, 동굴, 떠나가다, 초'와 같이 다섯 가지의 서로 다른 의미로 쓰인다. 따라서 성조는 타이어의 음절 구성에 있어서 꼭 있어야 할 말소리의 단위이다.

우리말은 어떨까? 우리 옛말에는 이러한 높낮이가 있었지만, 지금은 일부 방언을 제외하고는 사라졌다. 15세기 말로 '꽃'은 낮은 소리였고, '풀'은 높은 소리였고, '별'은 (처음이) 낮다가 (나중에) 높아가는 소리였다. 그러나 지금은 '꽃, 풀'은 짧은 소리로 바뀌었고, '별'과 같이 낮다가 높아가는 소리는 긴 소리로 바뀌었다.

평성	뭇눗가톤 소리	곳 꽃
거성	뭇노폰 소리	·플 풀
상성	처서미 눗갑고 乃終이 노폰 소리	:별 별

말소리의 억양

우리는 낯선 사람이 하는 말을 듣고 그 사람의 고향을 어느 정도 짐작할 수 있다. 독특하게 쓰는 단어를 통해서도 알 수 있지만, 대개는 말씨에 나타나는 억양을 통해 알 수 있다. 억양이란 문장에 얹히는 소리의 높낮이를 말하는데 억양은 그 말의 특징을 구별해 주는 구실을 한다. 억양을 통해 사투리를 분간할 수 있는 것은 우리말뿐만 아니라 여러 말에서도 마찬가지다. 영어에서 영국영어, 미국영어를 분간하고, 미국영어

가운데서도 인종 간의 언어 차이를 분간하는 데에 억양이 그 몫을 한다.

그런데 억양은 문장의 문법 기능을 구별하는 데도 쓰인다. 우리말에서 보면, 똑 같은 문장을 두고 끝 억양을 올리느냐 내리느냐에 따라 문법 기능이 달라진다. '이 책 다 읽었어요'를 끝을 내려 말하면 '읽었다'는 서술의 뜻이고, 끝을 올려 말하면 '읽었느냐'란 의문의 뜻이다.

영어에서도 You are reading the book을 올려 발음하면 묻는 문장이 된다. 대부분 언어에서 서술문은 문장 끝에 내림 억양이 놓이고 의문문은 문장 끝에 올림 억양이 놓인다.

비록 문장이 아니더라도 한 단어로 된 말도막도 억양에 따라 뜻이 구별되는 경우가 많다. 영어 What의 경우, 억양을 올리면 앞에 한 말을 되풀이해 달라는 요구이며, 억양을 내리면 내가 잘 듣고 있다는 뜻이고, 높은 소리로 말하면 절망과 불신을 나타낸다. 이처럼 억양은 모든 언어에서 말씨의 특징을 나타내기도 하고, 문법 기능을 구별해 주기도 한다.

음절이란?

이상에서 살핀 여러 말소리, 즉 자음과 모음 같은 음소이든, 소리의 길이, 높이, 세기와 같은 운소이든, 음운은 하나씩 쓰이는 일은 거의 드물고, 대개는 몇이 모여서 말을 이루게 된다. 음운이 모여서 된 결합체로서의 가장 작은 단위를 음절이라 한다.

예를 들어 /ㄱ/이라는 자음과 /ㅏ/라는 모음이 결합하여 /가/라는 음절을 이룬다. 대체로 자음과 모음이 결합하여 하나의 음절을 이룬다. 물론 그렇지 않은 경우도 있다. 영어의 bottle /bɔtl/의 /l/처럼 자음만이 음절을 이룰 수도 있다. 반면, 영어의 pay /pej/, fowl /fawl/에는 각각 모음이 둘 있으나 그 중의 한 모음, /j/, /w/는 따로 음절을 구성하지 못하고 앞이나 뒤 모음과 함께 음절을 구성한다. 그래서 /j/, /w/와 같은 소리를 반모음이라 한다. 반모음이 연결된 /ej/, /aw/와 같은 소리를 이중모음이라 한다. 우리말의 /ㅑ, ㅕ, ㅛ, ㅠ/(ja, jə, jo, ju)도 이중모음이다.

　세계 여러 언어들을 보면 음절을 구성하는 방식이 서로 다르다. 먼저 한국어의 예를 들어 보자. 모음을 V로 표시하고, 자음을 C로 표시해 보면 한국어는 다음과 같이 네 가지의 음절 유형이 나타난다.

　　V　　　아
　　CV　　 가
　　VC　　 악
　　CVC　 각

　영어의 경우를 보면, 한국어보다는 좀 더 복잡하다. 위의 네 가지 유형이 다 실현되는 것은 한국어와 같으나, 앞에 놓이는 자음의 수가 하나에서 최대 셋까지 허용된다. 예를 들어 skate /skejt/는 s, k 두 개의 자음이 이어져 나오고, spring /spriŋ/, strike /strajk/는 자음 셋이 이어져 나온다. 그러나 한국어에서는 하나만 허용된다. 그래서 위와 같은 한 음절의 영어 단어를 /스케이트, 스프링, 스트라이크/ 등과 같이 여러 음절로 인식하고 있다. 이와 같이 여러 자음이 이어져 나는 숫자는 언어마다 다 다르다.

남아메리카 볼리비아 지역의 토박이말인 아이마라어도 자음이 여럿 이어날 수 있는 언어로 유명하다. 예를 들어 /kawki/는 '어디'라는 단어인데 /kawki/에 여러 개의 접사가 결합하면 /kawkinakatasa/와 같은 모습을 한다. 그런데 이 언어에서는 모음을 생략할 수 있어 /kawkinktsa/로 되어 nkts와 같이 자음이 네 개가 이어진다. 어떤 경우에 어중 자음이 7개까지 올 수 있다고 한다.

한편 음절을 쪼개는 방식도 언어마다 다르다. 음절 /동/을 한국어에서는 대체로 /도/와 /ㅇ/으로 쪼갠다. 예를 들어 '동'자를 어떻게 쓰느냐고 물으면 누구라도 '도'자 밑에 ㅇ 쓴다고 대답할 것이다. 그리고 '도'는 다시 /ㄷ/과 /ㅗ/로 쪼갠다. 그러나 중국어에서는 '동'을 /ㄷ/과 /옹/으로 쪼갠다. 그래서 '동'을 '德덕의 초성과 '紅홍의 중성-종성으로 쪼갠다. 이는 영어에서 음절을 쪼개는 방식과 같다.

문법의 세계 1
어순

다음 두 문장을 비교해 보자. 주어인 '광수'가 놓인 위치가 서로 다르다. 그러나 사랑하는 사람은 한결같이 '광수'이고 사랑받는 사람은 '영희'이다. 이처럼 우리말에서는 주어의 위치가 문장 맨 앞에 놓일 수도 있고 그렇지 않을 수도 있는데, 놓이는 위치와는 관계없이 그 기본적인 의미는 같다.

    (a) 광수가 영희를 사랑한다.
    (b) 영희를 광수가 사랑한다.

그러나 영어의 경우는 한국어와 다르다. 다음 두 문장을 비교해 보면, John이 문장에서 놓인 위치에 따라 주어가 되기도 하고 목적어가 되기도 한다. 즉 문장 맨 앞에 놓였을 때에는 사랑하는 사람이 되고, 서술어 뒤에 놓였을 때에는 사랑받는 사람이 된다.

(a) John loves Mary.

(b) Mary loves John.

이처럼 문장 안에서 문장성분이 놓이는 위치에 따라 문장의 의미가 달라지기도 하고, 그렇지 않기도 한다. 영어와 같은 언어는 문장의 의미가 달라지는 언어이고 한국어와 같은 언어는 기본적인 의미가 유지되는 언어이다. 그러나 기본적인 의미가 유지된다고 해서 일정한 순서 없이 문장성분의 자리를 아무렇게나 옮겨도 되는 것은 아니다. 대체로 한국어에서 문장 (b)보다는 (a)가 더 일반적이고 자연스러운 순서이다.

이와 같이 문장 안에서 각 문장성분이 놓이는 위치, 곧 문장성분의 배열 순서를 문법에서 어순이라고 한다.

기본어순

한국어는 문장성분들이 비교적 자유로운 어순을 가지며, 언어유형론적으로 기본어순이 '주어+목적어+서술어' 언어로 분류된다. 그린버그라는 언어학자는 세계 여러 언어의 어순을 설명하면서, 대표적인 문장성분인 주어(S), 서술어(V), 목적어(O) 세 요소를 배열할 수 있는 이론적 가능성에 따라 다음과 같이 어순의 유형을 제시하였다. '광수가 영희를 사랑하였다'라는 문장을 예를 들어 둔다.

1. SOV   광수(가) 영희(를) 사랑하였다.

2. SVO   광수(가) 사랑하였다 영희(를).
3. VSO   사랑하였다 광수(가) 영희(를).
4. VOS   사랑하였다 영희(를) 광수(가).
5. OVS   영희(를) 사랑하였다 광수(가).
6. OSV   영희(를) 광수(가) 사랑하였다.

이렇게 배열한 문장성분의 순서를 각각 해당 언어의 기본어순이라 한다. 따라서 대부분의 언어에는 이러한 기본어순이 있다.

세계 언어의 대부분은 이 가운데 제1, 제2, 제3 유형에 속한다. 그 가운데서도 제1유형과 제2유형에 각각 44.78%, 41.79%의 언어가 속한다. 이것은 주어보다 목적어가 앞에 나오는 VOS, OVS, OSV 언어는 아주 희귀하다는 것을 뜻한다. 제4유형VOS은 아프리카 동쪽 섬나라 마다가스카르의 언어인 말라가시어를 비롯한 피지어가 속하는데, 이 유형의 언어는 전체의 약 2% 정도이고, 제5유형OVS은 브라질 북부에서 사용되는 힉스카리아나어를 비롯한 몇몇 언어에서 겨우 보일 정도로 전체의 1% 정도이다. 그리고 제6유형OSV은 브라질과 베네수엘라의 사용 인구가 아주 적은 아푸리나어와 몇몇 언어가 있다. 다음 문장은 이러한 기본어순 유형에 따라 실제 문장의 예를 들어 보인 것이다.

SOV

여섯 가지 어순 유형 중 약 44.78%로 가장 많이 나타나는 유형이다.

한국어를 비롯하여, 일본어, 터키어, 몽골어, 힌디어, 페르시아어, 산스크리트어, 미얀마어 등이 있다.

일본어

私が　　　　箱を　　　　　開けます.
I-주격　　　box-목적격　　open

'내가 상자를 엽니다.'

터키어

Hasan　　　öküz-ü　　　aldi.
Hasan　　　ox-대격　　　bought

'하산이 소를 샀다.'

그린랜드어

tigianiaq　　iglu-mut　　　pisug-puq.
fox　　　　house-으로　　go-과거

'여우가 집으로 갔다.'

SVO

여섯 가지 어순 유형 중 약 41.79%로 두 번째로 많이 나타나는 유형이다. 중국어, 영어, 러시아어, 이탈리아어, 프랑스어, 그리스어, 스와힐리어, 베트남어 등이 이에 속한다.

이탈리아어

Mi	picciono	le mele.
I	like	an apple

그리스어

Μου	αρέσουν	τα μήλα.
I	like	an apple

베트남어

Tôi	thích	táo.
I	like	apple

VSO

고전 아랍어, 고전 히브리어, 아일랜드어, 웨일스어, 멕시코의 토박이말 자포테크어 등이 여기에 속한다. 9.20%이다.

웨일스어

Lladdodd	y	ddraig	y	dyn.
killed	the	dragon	the	man

언어의 세계 87

'용이 사람을 죽였다.'

자포테크어

Ù-dìiny   Juáàny   bèʔcw.
hit   Juan   dog

'요한이 개를 때렸다.'

VOS

VOS의 구조를 가진 언어로는 태평양의 피지어, 마다가스카르의 말라가시어, 수마트라의 바타크어, 니아스어, 고대 자바어 등이 있다. 세계 인구 전체의 2.99%이다.

말라가시어

Mamaky   boky   ny   mpianatra.
read   book   the   student

'학생이 책을 읽는다.'

니아스어

i-rino   vakhe   ina-gu.
cook   rice   mother

'어머니가 밥을 짓는다.'

OVS

OVS의 구조를 가진 언어로는 힉스카리아나어가 있다. 남아메리카의 토박이말로서 브라질의 아마존 열대림에서 약 350여 명이 사용한다. 그 밖에 브라질 북부의 몇몇 토박이말, 그리고 인도 남부의 타밀어 등이 있다. 1.24%이다.

힉스카리아나어

Toto	yahosıye	kamara.
man	it-grabbed-him	jaguar

'표범이 사람을 잡아챘다.'

kana	yannimno	biryekomo.
fosh	he-caught-it	boy

'소년이 물고기를 잡았다.'

OSV

여섯 가지 어순 유형 가운데 가장 비율이 낮은 유형이다. 과거에는 이론상으로만 존재하는 어순으로 여겨져 왔으나 최근에 몇 개 언어가 발견된 아주 드문 어순 유형이다. 이 유형에 드는 언어에는 남아메리카 베네수엘라 서북쪽의 와라오어, 브라질의 아푸리나어, 나뎁어 등이 있다.

아푸리나어

anana	nota	apa.
pineapple	I	fetch

'내가 파인애플을 가져온다.'

나뎁어

awad	kalapéé	hapɨh.
jaguar	child	see

'어린이가 재규어를 본다.'

기본어순과 문법 특징

그런데 기본어순은 그 언어의 문법 특징을 결정짓는다. 예를 들어 SVO 언어는 '보조동사+주동사' 어순이고(영어 예: can go), SOV 언어는 '주동사+보조동사' 어순이다(한국어 예: 가고 싶다). 또 SVO 언어에서는 전치사가 발달되어 있고 SOV 언어에서는 후치사가 발달되어 있다는 것이다.

이러한 문법 특징의 몇몇 예를 들어보자. 어떤 언어가 SOV의 어순을 가지면 반드시 후치사를 가지고 SVO의 어순을 가지면 반드시 전치사를 가진다. 한국어와 영어의 예를 들어 보자. SOV 유형의 언어인 한국어에서는 문장 (a)와 같이 후치사, 즉 부사격 조사가 나타나는 것이 SVO 유형의 언어인 영어에서 문장 (b)와 같이 전치사로 나타난다.

(a) 책이 책상 위에 있다.

(b) The book is on the table.

또 다른 예를 하나 들어 보자. 어떤 언어가 SOV의 어순을 가지면 보조동사가 본동사 뒤에 놓이고 SVO의 어순을 가지면 보조동사가 본동사 앞에 놓인다. 역시 한국어와 영어의 예를 들어 보자. SOV 유형의 언어인 한국어는 문장 (a)와 같이 보조동사 '싶다'가 본동사 '가다' 뒤에 놓여 있다. SVO 유형의 언어인 영어는 문장 (b)와 같이 보조동사 can이 본동사 go 앞에 놓인다.

(a) 나는 집에 가고 싶다.

(b) You can go to the school.

그 밖에도 명사와 수식절이 놓이는 순서라든가 비교급과 기준어가 놓이는 순서도 두 유형에 따라 서로 다르게 나타나는 문법 특성을 지닌다. SOV 유형인 한국어는 관형절이 앞에 놓이고, SVO 유형인 영어는 관형절이 뒤에 놓인다.

(a) 나는 서울에 살고 있는 친구를 만난다.

(b) I meet a friend who lives in Seoul.

언어의 기능으로 풀이한 어순의 원리

위에서 살펴본 여섯 가지 유형이 세계 언어에 왜 고루고루 나타나지 않고 대부분 제1유형, 제2유형으로 나타나며, 제5유형, 제6유형은 아주 드물게 나타날까? 이에 대해서 언어유형론을 연구한 탐린이라는 학자는 402개 언어를 대상으로 분석하여 설명을 시도하였는데, 언어의 기능을 바탕으로 기본어순의 원리를 풀이하였다. 그는 우선 다음과 같은, 어순을 지배하는 세 가지 원리를 제시하였다.

첫째는 주제 우선의 원리라는 것인데, 문장에서 화자가 청자의 주의를 집중시키려고 의도하는 정보가 그렇지 않은 정보보다 앞선다는 원리이다. 그래서 주어가 문장 맨 앞에 위치하거나 적어도 목적어보다는 앞선다는 것이다. 둘째는 동사-목적어 결합의 원리라는 것인데, 동사는 주어보다는 목적어와 더 밀접하게 결합한다는 원리이다. 셋째는 유생물 우선의 원리라는 것인데 유생물인 명사구가 무생물인 명사구보다 앞선다는 원리이다. 이를 표로 보이면 다음과 같다.

	주제 우선	동사-목적어 결합	유생물 우선
SOV	O	O	O
SVO	O	O	O
VSO	O	X	O
VOS	X	O	X
OVS	X	O	X
OSV	X	X	X

탐린이 제시한 어순을 지배하는 원리와 어순의 여섯 가지 유형

이를 통해서 보면, SOV와 SVO 유형은 세 가지 원리를 모두 만족시킴으로써 가장 높은 발생 빈도를 나타낸다. VSO 유형은 세 가지 원리 중 두 가지를 충족시키므로 그 다음으로 많이 나타난다는 것을 보인다. 반면, OSV 유형은 어느 한 가지도 만족시키지 못해서 거의 나타나지 않는다는 것이다.

한국어와 영어의 어순 대칭의 한 예

한국어는 SOV 언어이고 영어는 SVO이다. 따라서 주어(S)를 제외하고는 OV와 VO로 대칭적이다. 미국의 저명한 언어학자 김진우 교수가 제시한 다음 문장을 대조해 보면 정확하게 대칭으로 실현되고 있음을 확인할 수 있다.

[당신은] 서울 에서 기차 로 100마일 쯤 남쪽으로 가 면
          1   2   3   4   5   6 7 8   9 10

대전 이라는 도시 에 도착 할 것이다.
11   12   13 14 15   16

[You] will arrive at a city called Daejeon if [you] go
  16   15   14 13   12   11   10   9

towards south about 100 miles by train from Seoul.
   8   7   6   5   4   3   2   1

문법의 세계 2
높임 표현과 시간 표현

높임 표현

언어활동이 이루어지기 위해서는 기본적으로 말하는 사람, 듣는 사람, 그리고 전달되는 언어내용이 있어야 한다. 말하는 사람을 화자라 하고, 듣는 사람을 청자라 한다. 전달되는 언어내용은 구체적으로 문장으로 실현되는데, 문장은 서술어와 이 서술어에 관여하는 몇몇 문장성분으로 구성된다. 그러한 문장성분 가운데 서술어와 일차적인 관계를 가지는 것이 주어이다. 문장 가운데 주어로 지시되는 사람이 있을 때, 이를 주체라 한다. 그리고 주어가 아닌 다른 문장성분들, 즉 목적어나 부사어를 객어라 하는데 객어로 지시되는 사람이 있을 때, 이를 객체라고 한다. 이렇게 보면, 언어활동에 등장하는 사람은 화자, 청자, 주체, 객체 넷이다. 다음 언어 환경에서 아람이는 화자, 한결이는 청자, 아버지는 주체, 할머니는 객체이다.

아람이가 한결이에게 말하였다.

"아버지께서 할머니를 모시러 가셨어."

언어활동에 등장하는 사람으로는 화자, 청자, 그리고 언어내용에 나타나는 주체, 객체가 있다. 그림에서 아람이가 화자, 한결이가 청자, 아버지가 주체, 할머니가 객체이다.

    화자가 언어내용을 전달할 때에는 화자가 여러 가지 의향을 가지고 전달하게 되는데, 위에서 제시한 여러 대상, 곧 청자, 주체, 객체에 대하여 높임에 대한 의향을 가지고 언어내용을 전달한다. 이와 같이 화자

언어의 세계 **95**

가 어떤 대상에 대하여 높임의 의향을 가지고 언어내용을 표현하는 것이 높임법이다. 흔히 한국어의 특징을 말할 때 외국어보다 높임법이 발달되어 있는 점을 들 정도로, 높임법은 한국어의 특징으로 지적되는 문법 현상이다.

높임법은 화자가 청자, 주체, 객체에 대하여 높임의 의향을 실현하기 때문에, 높임의 의향이 어떤 대상에 있는가에 따라 청자높임법, 주체높임법, 객체높임법으로 체계화된다.

다음 문장은 청자높임법과 관련한 문장이다. (b)는 어미 '-습니다'에 의해 화자가 청자를 높이는 의향을 실현하고 있지만, (a)는 어미 '-다'에 의해 높이지 않는 의향을 실현하고 있다.

(a) 나는 어제 그 책을 다 읽었다.
(b) 저는 어제 그 책을 다 읽었습니다.

다음 문장은 주체높임법과 관련한 문장인데, (a)는 주어 '아람이'에 대해서 화자가 높이지 않는 의향을 실현하여 '읽-ø-는다'로, (b)에서는 주어 '선생님'에 대해 화자가 높이는 의향을 실현하기 때문에 '-으시-'가 결합되어 '읽-으시-ㄴ다'로 실현되어 있다.

(a) 아람이가 신문을 읽는다(=읽-ø-는다).
(b) 선생님께서 신문을 읽으신다(=읽-으시-ㄴ다).

다음 문장은 객체높임법과 관련한 문장인데, (a)에서는 객어 '광수'에 대해서 화자가 높이지 않는 의향을 실현하여 '주-었-다'로, (b)에서는 객어 '선생님'에 대해 화자가 높이는 의향을 실현하여 동사 '주다' 대신 '드리다'를 사용하여 '드리-었-다'로 실현되어 있다.

(a) 아람이는 한결이에게 선물을 주었다.
(b) 아람이는 선생님께 선물을 드렸다(=드리-었-다).

인도네시아 자바어의 높임말

다른 나라말에도 우리말처럼 같은 표현이라도 정중하고 높여 말하는 표현과 친근하고 편하게 말하는 표현이 있다. 그리고 상대방을 높이는 정도에 따라 아주 높임, 조금 높임, 낮춤과 같이 몇 단계로 나뉘어 있기도 하다.

인도네시아의 자바어는 이러한 높임의 단계가 엄격히 구분되어 있는 언어로 알려져 있다. 단어가 높임의 단계에 따라 여러 형태로 분화되어 있다. '밥'이란 말은 두 단계인 sega와 sekul로 나뉘어 있고, '먹다'도 두 단계인 mangan와 neda로 나뉘어 있어, 마치 우리말에서 '밥'과 '진지'를 구별해 쓰고, '먹다'와 '잡수시다'를 구별해 쓰는 것과 같다.

'집'을 가리키는 경우, omah, grija, dalem와 같은 세 단어가 존재하는데 각각 낮춤말, 중간말, 높임말이다. '가다'라는 말도 세 단계인 arep, adjeng, bade로, '지금'이란 말도 saiki, saniki, samenika처럼 세 단계로 나뉘어 있다. '당신'이란 말은 두 단계로 낮춤말은 kowe이고 중간말과 높임말은 sampejan이다. 이를 정리해 보면 다음과 같다.

	낮춤말	중간말	높임말
Are	apa	napa	menapa
you	kowe	sampejan	
going	arep	adjeng	bade
to eat	mangan	neda	
rice	sega	sekul	
now	saiki	saniki	samenika

그래서 '너는 지금 밥을 먹고 있느냐?'라는 말은 높이는 정도에 따라 자바말에서는 세 가지 표현이 가능하다. 이 정도면 우리말의 높임 표현보다 더 복잡한 편이 아닐까?

(a) 낮춤말 apa kowe arep mangan sega saiki?

(b) 중간말 napa sampejan adjeng neda sekul saniki?

(c) 높임말 menapa sampejan bade neda sekul samenika?

직접높임과 간접높임

높임법은 일반적으로 높여야 할 대상인 청자, 주체, 객체 등에 대해 높이는 의향을 실현하는 것이지만, 그렇지 않고 높여야 할 대상의 신체 부분, 물건, 생각 등을 나타내는 명사를 통하여 높이는 의향을 실현하기도 한다. 이때 앞의 것을 직접높임, 뒤의 것을 간접높임이라고 한다.

(a) 할머니께서는 머리가 하얗게 세셨다.
(b) 선생님께서는 댁이 가까우셔서 걸어 다니십니다.
(c) 회장님의 말씀이 타당하십니다.
(d) 그분은 마음이 무척 넓으시다.
(e) 거기가 어디십니까?
(f) 감기엔 따뜻한 물을 마시는 것이 좋으세요.

문장 (a)에서 '세셨다'(=세-시-었-다)의 주어는 '머리'이다. '머리'는 '할머니'의 신체 부분이기 때문에 높임이 실현되었다. 마찬가지로 (b)에서 '가까우셔서'의 주어 '댁'은 '선생님'의 소유물이기 때문에, (c)에서 '타당하십니다'의 주어 '말씀'은 '회장님'의 것이기 때문에 높임이 실현되었다. (d)의 '넓으시다'의 주어 '마음'은 '그분'의 것이기 때문에, (e)의 '어디십니까'의 주어는 '거기'이지만, 전화를 받는 당신이 계시는 곳이기 때문에, (f)의 '좋으세요'의 주어는 '따뜻한 물을 마시는 것'이지만, 따뜻한 물을 마시는 사람은 바로 당신이기 때문에 간접높임법이 실현된 것이다.

그러나 최근 우리 사회에 널리 퍼져나가는 다음과 같은 표현은, 바람직하지 못한, 간접높임의 남용이라 하겠다. 아무리 높임 받아야 할 당신이 구입하거나 구입할 상품, 상품의 가격이기는 하지만, 남용하지 않는 것이 좋을 것이다.

(a) (판매사원이 청자인 손님에게) 결제 도와 드릴게요. 모두 <u>만오천 원이세요</u>.

(b) (판매사원이 청자인 손님에게) 이 가방이 바로 신상품으로 <u>나오신 거예요</u>.

시간 표현

시제는 언어내용 전달에서 시간과 관련을 맺는 문법범주이다. 모든 문장은 동작이나 상태와 관련된 일을 나타내며, 이는 시간 표시의 대상이 된다. 언어내용이 전달되는 시점을 발화시라 하고, 동작이나 상태를 일이라 하는데 일이 일어나는 시점을 사건시라고 한다.

발화시에 대한 사건시의 시간적인 위치를 나타내는 것을 시제라 한다. 발화시를 기준으로 해서 사건시가 앞서 있는 경우, 사건시와 발화시가 같은 경우, 사건시가 뒤서는 경우 등이 있는데, 이를 각각 과거, 미래, 현재라고 한다. 그럼 이제 과거 시제, 미래 시제를 표현하는 방식에 대해 살펴보자.

과거	현재	미래
△	△	△

(△ 사건시 ▲ 발화시)

사건시와 발화시의 관계에 따라 과거, 현재, 미래 시제가 결정된다.

과거 시제

대부분 언어에서는 현재나 미래보다는 과거 시제를 표시하는 문법 방법이 뚜렷하다. 우리말에서 '나는 책을 읽었다'와 같이 어미 '-었-'을 써서 과거를 표시하고, 영어에서 어미 -ed를 통해 과거를 나타낸다.

그러나 우리말이나 영어의 경우, 과거 시제를 표현하는 것이 한 단계 밖에 없다. 즉 모든 과거는 '-었-'이나 -ed로 표현한다. 그러나 과거 시제를 여러 단계로 나누어 표현하는 말이 있어 흥미롭다. 인도 동북부 아삼주에서 사용하는 티베트어의 하나인 미슈미어에는 현재로부터 가까운 과거는 -so로 표현하고, 한참 지난 과거는 -liya로 표현한다. hã tapẽ thá-so라 하면 조금 전에 내가 밥을 먹었다는 뜻이고, hã tapẽ thá-liyà라 하면 한참 전에 내가 밥을 먹었다는 뜻이다. 아프리카 잠비아에서 사용하는 반투어의 하나인 벰바어의 경우는 더 다양하다. 그저께보다 더 과거일 경우는 -ali-, 어제쯤은 -alee-, 오늘 아침쯤이면 -aci-, 한 서너 시간 전쯤이면 -a-를 동사에 붙여 과거 시제를 표현한다.

이렇게 다양하게 과거를 구분하는 것은 어떠한 의미를 가질까? 우리는 언어를 통해 생각하는 방식과 문화의 다양성을 확인할 수 있을 것이다.

미슈미어 과거시제의 원근

(a) 가까운 과거

    hã tapẽ thá-so

    I rice eat-가까운과거

    '나는 (조금 전에) 밥을 먹었다.'

(b) 먼 과거

　　hã tapẽ thá-liyà

　　I rice eat-먼과거

　　'나는 (한참 전에) 밥을 먹었다.'

벰바어 과거 시제의 원근

(a) 그저께 이전

　　ba-àli-boomba

　　3인칭복수-먼과거-work

　　'그들은 (오래 전에) 일했다.'

(b) 어제

　　ba-áléé-boomba

　　3인칭복수-어제과거-work

　　'그들은 (어제) 일했다.'

(c) 오늘 아침

　　ba-àcí-boomba

　　3인칭복수-오늘과거-work

　　'그들은 (오늘 아침에) 일했다.'

(d) 서너 시간 전

　　ba-á-boomba

　　3인칭복수-가까운과거-work

　　'그들은 (몇 시간 전에) 일했다.'

잠비아의 벰바족. 벰바어에는 과거와 미래 표현이 다양하게 분화되어 있다. (blog.naver.com)

미래 시제

어느 나라 말이든 과거 시제를 표현하는 방법은 분명하지만 미래 시제를 표현하는 방법은 일정하지 않다. 우리말의 경우, 대체로 '-겠-'으로 미래를 표현하지만, '-겠-'은 미래뿐만 아니라 주로 의지나 추측을 나타낸다. '어제 굉장히 재미있었겠구나'에 쓰인 '-겠-'은 지나간 일에 대해 추측하는 것이지 결코 미래가 아니다.

영어에서도 과거는 어미 -ed로 표현하지만, 미래를 표현하는 어미는 따로 없다. 그래서 보조동사 will이나 shall을 써서 미래를 나타내는데, 역시 의지나 추측도 나타낸다.

지금 시간에서 멀고가까운 정도에 따라 다양한 어미가 발달되어 있는 미슈미어나 뱀바어의 미래 역시 여러 등급으로 나뉘어 있다. 미슈미어에서 hã tapẽ thá-de라 하면 내가 금방 밥을 먹을 것이라는 뜻이고, hã tapẽ thá-ne라 하면 한참 뒤에 내가 밥을 먹을 예정이라는 뜻이다. 뱀바어 역시 과거 시제처럼 미래도 네 등급으로 나뉘어 있다. ba-áláá-boomba라 하면 한 서너 시간 지나서 일할 것이라는 뜻이며, ba-léé-boomba라 하면 오늘 늦게 일할 것이라는 뜻이고, ba-kà-boomba라 하면 내일 일할 것이라는 뜻이고, ba-ká-boomba라 하면 모레 이후에 일할 것을 나타낸다.

미슈미어 미래 시제의 원근

(a) 가까운 미래

hã tapẽ thá-de

I rice eat-가까운미래

'나는 (잠시 후) 밥을 먹을 것이다.'

(b) 먼 미래

hã tapẽ thá-ne

I rice eat-먼미래

'나는 (한참 후) 밥을 먹을 것이다.'

벰바어 미래 시제의 원근

(a) 서너 시간 후

　　ba-áláá-boomba

　　3인칭복수-가까운미래-work

　　'그들은 (잠시 후) 일할 것이다.'

(b) 오늘 늦게

　　ba-léé-boomba

　　3인칭복수-오늘미래-work

　　'그들은 (오늘 중으로) 일할 것이다.'

(c) 내일

　　ba-kà-boomba

　　3인칭복수-내일미래-work

　　'그들은 (내일) 일할 것이다.'

(d) 모레 이후

　　ba-ká-boomba

　　3인칭복수-먼미래-work

　　'그들은 (모레 이후에) 일할 것이다.'

문법의 세계 3
언어마다 다양한 문법

비가 오고 눈이 내리는 문법

앞에서 문장은 서술어와 이 서술어에 관여하는 몇몇 문장성분으로 구성된다고 하였다. 그러한 문장성분 가운데 서술어와 일차적인 관계를 맺는 것이 주어이다. 그래서 대부분의 언어에서 대부분의 문장은 주어를 반드시 가진다. 그런데 날씨를 표현하는 동사의 경우, 언어마다 표현 방식이 다양하다. 비가 오고, 눈이 내리는 상황을 표현하는 문법이 각양각색이다.

먼저 서술어와 주어를 제대로 갖춘 경우이다. 실제 대부분의 언어가 여기에 속한다. 우리말처럼 '비가 온다, 눈이 내린다'와 같이 주어와 서술어를 갖추어 표현하는 경우이데, 터키어, 일본어, 헝거리어, 중국어, 타이어, 베트남, 바스크어 등이 있다. 다음은 파푸아 뉴기니의 토박이말 마우와케어 예이다. '비가 온다'를 주어와 서술어로 표현하고 있다.

(a) ipia or-om-ik-eya.
　　비　　내리다-주어표지 이다-3인칭단수-주어표지

다음으로는 서술어만으로 표현하는 경우이다. 이탈리아어, 핀란드어, 타갈로그어 등이 여기에 속하는데, 다음은 이탈리아어 예이다.

(b) piove.
　　비오다-3인칭단수현재

그런데 영어와 같은 몇몇 언어에서는 이러한 서술어에 가주어를 덧붙여 표현한다. 다음은 영어의 예이다.

(c) It rains.

마지막으로는 서술어 없이 서술성 명사로만 표현하는 경우이다. 아래 예와 같은 인도네시아의 캄베라어를 비롯한 몇몇 언어가 그러하다. 고아시아어족의 니브흐어도 그러하다.

(d) urang.
　　비

언어의 세계　107

문법 관념의 실현 방법

문법 관념을 실현하는 방법은 언어에 따라서 조금씩 다르다. 한국어와 영어의 예를 들어 생각해 보자.

(a) 광수가 영희를 좋아하였다.
(b) 광수가 영희를 좋아하였느냐?
(c) John loved Mary.
(d) Did John love Mary?

먼저 문장종결법을 나타내는 방법을 살펴보자. 문장종결법이란 언어내용 전달에서 청자에 대하여 화자가 가지는 태도 또는 의향을 실현하는 문법관념을 말한다. 이러한 문장종결법은 다음과 같은 기준에 따라 하위범주로 나뉜다. 첫째, 화자가 청자에게 언어내용을 전달할 때 청자에게 무엇인가 요구하면서 언어내용을 전달하는 경우와 청자에게 특별히 요구를 하는 일이 없이 언어내용을 전달하는 경우. 둘째, 화자가 청자에게 언어내용을 전달할 때 어떠한 행동이 수행되는 경우와 그렇지 않은 경우. 이러한 기준에 따라 문장종결법은 서술법, 의문법, 명령법, 청유법 등으로 나뉜다. 서술법은 청자에 대하여 특별히 요구하는 것이 없이, 청자에게 자기의 말을 해 버리거나, 느낌을 나타내거나, 청자에게 어떤 행동을 해 주기를 약속하면서, 화자가 청자에게 언어내용을 전달하는 문법적 방법이다. 의문법은 청자에게 무엇인가 요구하되, 행동이 아닌, 말(= 대답)을 요구하면서, 화자가 청자에게 언어내용을 전달하는 문법적 방법이다. 명령법은 청자에게 무엇인가 요구하되, 청자만 행동하기를 요구하면서, 화자가 청자에게 언어내용을 전달하는 문법적 방법이다. 청유법은 청자에게 무엇인가 요구하되, 화자와 청자가 함께 행동하기를 요구하면서, 화자가 청자에게 언어내용을 전달하는 문법적 방법이다. 다음 각 문장은 각각 서술문, 의문문, 명령문, 청유문이다.

    (a) 광수는 그 책을 읽었-다.
    (b) 광수는 그 책을 읽었-느냐?
    (c) 그 책을 빨리 읽-어라.
    (d) 우리도 그 책을 읽어 보-자.

  앞에 들어 보인 문장을 다시 살펴보면, 한국어에서는 종결어미 '-다'에 의해 서술문을, '-느냐'에 의해 의문문을 나타내는 반면, 영어에서는 문장성분이 문장에 놓이는 위치에 따라 서술문과 의문문을 나타낸다. 다시 말하자면 한국어는 문장종결법이 문법형태에 의해 실현되는 언어이고, 영어는 문장종결법이 통사적 위치에 의해 실현되는 언어라 하겠다.

  다음에는 문장성분을 나타내는 경우를 살펴보자. 한국어에서는 조사 '-가'에 의해 주어를, '-를'에 의해 목적어를 나타내는 반면, 영어에서는 서술어 앞에 위치하면 주어, 서술어 뒤에 위치하면 목적어가 된다. 다시 말하자면 한국어는 문장성분이 문법형태에 의해 실현되는 언어이고, 영어는 문장성분이 통사적 위치에 의해 실현되는 언어라 하겠다.

  위의 두 예에서 보는 바와 같이, 대체로 한국어는 어미와 조사와 같은 문법형태에 의해 문법 관념을 나타내는 언어이며, 영어는 각 문장성분의 문장에서 놓이는 통사적 위치에 따라 문법 관념을 나타내는 언어이다.

주로 문법형태에 의해 문법 관념을 실현하는 언어를 형태적 특성의 비중이 높은 언어라 한다면, 통사적 위치에 따라 문법 관념을 나타내는 언어를 통사적 특성의 비중이 높은 언어라 하겠다. 앞에서 예를 든 한국어를 비롯하여, 몽골어, 터키어, 서양의 독일어, 러시아어 등은 형태적 특성의 비중이 높은 언어이고, 중국어를 비롯하여 영어와 같은 언어는 통사적 특성의 비중이 높은 언어라 하겠다.

일인칭대명사 '우리'

대화 상황에는 반드시 사람이 등장한다. 말하는 사람도 있고 말듣는 사람도 있고, 또한 이야기에 언급되는 사람도 있다. 이들을 문법에서는 인칭이라 한다. 말하는 사람이 1인칭, 듣는 사람이 2인칭, 이야기에 언급되는 사람이 3인칭이다. 인칭이 대명사로 실현되면 인칭대명사이다. 예를 들면, 우리말의 1인칭 대명사는 '나'와 '우리'가 있는데, 이를 각각 단수 1인칭과 복수 1인칭이다. 그런데 같은 1인칭을 쓰더라도 상대방을 대접해서 말할 때에는 이 말 대신 각각 '저'와 '저희'라는 말을 쓴다.

1인칭 복수 '우리'라는 말은 다시 따져 보면 두 가지 서로 다른 의미로 쓰인다. "우리는 전철 타고 갈 테니, 너희들은 버스로 가거라."라는 문장의 '우리'에는 말을 듣는 상대방인 '너희'는 제외되어 있다. 그러나 "그러지 말고 우리 함께 전철로 가자."의 '우리'에는 말을 듣는 상대방도 함께 포함되어 있다. 다시 말하면 '우리'라는 대명사는 첫째, 말을 하는 사람 쪽만 가리키기도 하고, 둘째, 말하는 사람과 말을 듣는 상대편 모두를 포함하여 가리키기도 한다.

좀 더 구체적으로 따져 보면, 인칭과 관련하여 두 요소인 화자와 청자를 고려하면 다음과 같은 네 가지 유형이 생겨난다. 이를 바탕으로 하면 아래의 [+화자 +청자]는 청자를 포함한 1인칭을 가리키고, [−화자 −청자]은 3인칭을 의미한다.

　　[+화자 +청자]: 1인칭(청자 포함)
　　[+화자 −청자]: 1인칭(청자 제외)
　　[−화자 +청자]: 2인칭
　　[−화자 −청자]: 3인칭

그런데 언어에 따라서는 1인칭을 청자 포함하는 형태와 청자를 제외하는 형태를 구분하여 각기 다른 형태로 나타내기도 한다. 알타이언어 가운데 그러한 언어가 흔히 있다. 만주어를 보면 1인칭복수 대명사에 be와 muse 둘 있다. be는 말하는 사람 쪽만 가리키고, muse은 말 듣는 상대편까지를 포함하여 가리킨다. be의 소유격을 쓴 "meni gurun"은 상대편 나라에 대하여 "우리나라"라는 뜻이고, muse의 소유격을 쓴 "musei gurun"은 "우리 두 나라 함께"라는 뜻이다. 몽골 옛말에도 ba와 bida의 구분이 있었다. 이렇게 '우리'를 두 가지로 나누어 표현하는 알타이언어의 주요한 특징은 우리말에는 없다.

남아메리카 볼리비아와 그 주변에 널리 쓰이는 토박이말 가운데 아이마라어가 있다. 아이마라어는 교착어적인 특성이 매우 강한 언어로 알려져 있다. 그런데 이 언어에서도 1인칭이, 청자를 포함하지 않는 것과 청자를 포함하는 것, 두 가지 형태로 나타난다. 그래서 그들은 문법책에서 청자를 포함하는 1인칭을 별도로 4인칭이라 기술하기도 한다. 아이마라어의 인칭대명사를 표로 나타내면 다음과 같다.

	단수	복수
1인칭	naya	nanaka
2인칭	juma	jumanaka
3인칭	jupa	jupanaka
4인칭	jiwasa	jiwasanaka

따라서 '우리'를 나타내는 인칭대명사에는 세 가지 다른 형태가 있다. 이들 인칭대명사 각각의 기능은 다음과 같다.

nanaka: 청자를 포함하지 않은 다수의 '우리'를 표시함

jiwasa: 청자를 포함하여 둘 또는 서너 사람의 '우리'를 표시함

jiwasanaka: 청자를 포함하여 네 사람보다는 많은 다수의 '우리'를 표시함

인도네시아의 한 토박이말인 라리케어에는 1인칭단수 대명사 '나'는 aʔu이다. 그런데 1인칭복수 대명사 '우리'는 무려 여섯 가지나 된다. 앞에서 살펴본 바와 같은 청자를 포함하는 경우와 청자를 포함하지 않는 경우에다가, 둘인지 셋인지, 또는 넷 이상인지에 따라 분화되어 있다.

'우리'의 천국이다. 이들 인칭대명사 각각의 기능은 다음과 같다.

  arua : 우리 둘

  aridu : 우리 셋

  ami : 우리 모두 (넷 이상)

  itua : 나와 너 둘

  itidu : 나와 너 포함하여 셋

  ite : 나와 너 포함하여 모두 (넷 이상)

남녀가 서로 다른 문법

 말이 성별에 따라 조금씩 다를 수 있다. 남자의 말투가 굵고 탁하다면 여자의 말투는 가늘고 맑다. 여자는 남자보다 상승어조를 많이 사용한다. 상승어조는 친밀감, 부드러움, 공손함을 나타낸다. 그런데 성별에 따른 말의 차이가 가장 잘 드러나는 것은 남자들이 쓰는 단어와 여자들이 쓰는 단어가 서로 다른 경우일 것이다. 예를 들어 남아프리카 줄루어에서 남자말의 /z/ 소리는 여자말에서 규칙적으로 없어진다. 물을 뜻하는 남자말 amanzi에는 /z/가 들어 있는데, 여자말에는 amandabi처럼 /z/가 사라진다. 타이어에서는 자기 스스로를 가리킬 때, 남자는 phom이라 하고 여자는 dichan이라 한다.

 화자와 청자의 성별에 따라서 문법이 달라지기도 한다. 드라비다어족에 속하면서 인도 동부와 방글라데시에서 사용되는 쿠루크어에서는, 여자가 여자에게 말을 할 때에 특이한 문법 현상이 있다. 이것은 남자가 남자, 남자가 여자, 여자가 남자에게 말할 때와 대립된다. 주어가 1인칭일 때 그러하다. '내가 간다'를 보통 경우에는 bardan이라 하지만, 여자가 여자에게 말할 때는 barʔen이라 표현한다. bardam우리가 간다은 여자가 여자에게 말할 때에 barʔem으로, barckan내가 갔다는 barcʔan으로, barckam우리가 갔다는 barcʔam이라 말한다.

일반	여 → 여	
bardan	barʔen	(내가 간다)
bardam	barʔem	(우리가 간다)
barckan	barcʔan	(내가 갔다)
barckam	barcʔam	(우리가 갔다)

주어가 2인칭 단수면 더 독특한데, '네가 온다'를 보통 경우에는 barday라 하지만, 여자가 여자에게 말할 때는 bardin이라 표현하고, 남자가 여자에게 말할 때에는 bardi로 말한다. barckay네가 왔다는 barckin여자가 여자에게, barcki남자가 여자에게로 표현한다.

일반	여 → 여	남 → 여	
barday	bardin	bardi	(네가 온다)
barckay	barckin	barcki	(네가 왔다)

물론 한국어는 이런 구별도 없고, 영어나 독일어처럼 남성명사, 여성명사, 또는 중성명사도 없는, 성별에 큰 비중이 없는 언어이다. 그런데 우리말 제주방언에는 남녀가 다른 문법이 있다. 제주방언 전문가인 정승철 교수의 보고에 따르면, 마치 위에서 소개한 쿠루크어처럼, 여자가 여자에게 말을 할 때에 특이한 문법 현상이 있다. 이것은 남자가 남자, 남자가 여자, 여자가 남자에게 말할 때와 대립된다.

일반
가인 밥 먹어신가?

가인 누게 아덜이라?

여 → 여
가인 밥 먹엇순?
(표준어: 그 아이 밥 먹었니?)

가인 누게 아덜이순?
(표준어: 그 아이 누구 아들이니?)

3

세계의 언어

세계 언어의 유형론적 분류

세계에는 몇 가지의 언어가 있을까?

오늘날 이 세계에서 사용되는 언어의 가짓수는 얼마나 될까? 언어학 책이나 백과사전을 살펴보면 적게는 3천, 많게는 7천 언어를 들고 있어 제각각이다. 그렇다면 왜 이런 엄청난 숫자의 차이가 날까? 그 까닭은 언어와 방언의 차이가 불분명한 데 있다.

방언이란 한 언어의 하위부류로서 그 차이가 아무리 현저하더라도 서로 뜻을 주고받는 것이 어려울 정도로는 크지 않다. 그러나 영어와 우리말, 우리말과 일본어처럼 서로 다른 언어는 그 차이가 너무 커서 이들 두 언어를 쓰는 사람들끼리 서로 자기 말을 쓰면 뜻을 주고받는 것은 불가능하다. 이 때문에 방언과 언어를 구별하는 기준으로 흔히 의사소통 능력을 꼽는다. 말이 차이나는 두 지역 사람이 만나 서로 의사소통되면 그 두 지역말은 같은 언어의 서로 다른 방언이며, 의사소통이 되지 않는다면 별개의 두 언어가 된다.

그러나 이 기준에 따라 언어와 방언의 구분이 잘 적용되지 않는 경우가 있다. 같은 언어에 속하는 방언이면서도 서로 의사소통이 안 되는 경우가 있는가 하면, 두 나라 사람들이 서로 다른 자기 언어를 쓰면서도 의사소통이 자유로운 경우가 있다.

첫째 예로는 중국어를 들 수 있다. 표준 중국어인 베이징방언과 남쪽의 광둥방언은 같은 중국어이면서도 서로 의사소통이 안 될 정도다.

둘째 예로는 북유럽의 스웨덴, 노르웨이, 덴마크의 언어를 들 수 있다. 이들은 각각 독자적 특징을 가진 별개 언어들인데 이 세 나라 사람들은 서로 자기 나라 말을 쓰면서 어느 정도 자유롭게 의사소통한다. 중앙아시아의 카자흐어와 키르기스어의 경우도 자기 나라 말을 쓰면서 서로 의사소통한다.

이런 사정 때문에 세계 언어의 가짓수를 정확하게 말하는 것은 어려운 것이다. 그래서 3천에서 7천까지 다양하게 말하고 있다. 한편 사라질 위기에 놓인 언어의 보전, 연구에 노력을 기울이고 있는 국제하계언어학연구소가 발간하는 에스놀로그Ethnologue 2013년판은 세계에는 7,105개의 언어가 사용되고 있다고 보고 있다. 이 중에서 2,304개(32.4%)는 아시아에서, 2,146개(30.2%)는 아프리카에서 사용된다고 하였다. 오늘날 사용되는 언어의 절반 이상은 사용자 수가 3천 명 미만이고 4분의 1 정도는 사용자 수가 1천 명 미만이라 하였다.

세계의 언어를 분류하는 방법

우리말을 세계 여러 언어들과 견주어서 말할 때, 흔히 알타이어족에 속한다 하기도 하고, 교착어에 속한다고 하기도 한다. 이렇게 말하는 것은 무엇을 뜻하는 것일까?

현재 지구상에서 사용되는 수천 개 언어들은 똑 같은 정도로 차이나는 것이 아니라 다른 언어에 비해 더 비슷하거나 더 가까운 것이 있어, 서로 가까운 것끼리 묶어 분류해 볼 수 있다.

분류하는 기준에는 두 가지가 있다. 첫째는 언어의 구조적 특징에 근거하는 기준인데, 이를 언어의 유형론적 분류라 한다. 둘째는 언어의 기원과 역사에 근거하는 기준인데, 이를 언어의 계통론적 분류라 한다.

언어의 유형론적 분류란 언어가 지니는 말소리 구조, 어휘 구조, 문장 구조에 따라 같은 특징을 가진 언어들끼리 묶어서 나누는 방식이다. 예를 들어 문장을 구성할 때 우리말이나 일본어처럼 목적어가 서술어 앞에 놓이는 언어들이 있는가 하면(예: 광수가 영희를 사랑한다), 영어나 중국어처럼 목적어가 서술어 뒤에 놓이는 언어들이 있다(예: John loves Mary). 이러한 어순과 같은 문법 구조에 따라서도 세계 여러 언어들을 몇 가지로 나누어 볼 수 있다.

언어의 계통론적 분류란 그 언어의 뿌리가 어디에 있으며, 같은 뿌리에서 갈려나온 언어에는 어떤 언어들이 있는지를 밝혀 나누는 방식이다. 이렇게 나누어 기원이 같은 언어들끼리 묶은 것을 어족이라고 하는데, 알타이어족, 우랄어족, 중국티베트어족, 인도유럽어족, 아프로아시아어족, 드라비다어족 등과 같은 것이 그 예이다.

이러한 두 가지 기준에 따라 먼저 언어의 유형론적 분류에 대해 살펴보기로 하자.

언어의 유형론적 분류

언어를 유형론적으로 분류하려는 시도는 19세기에 본격화되었는데, 대부분 독일 언어학자들이 시도하였으며, 주로 문법 구조를 기준으로 삼았다. 처음에 시도한 것은 슐레겔 형제로, 동생인 프리드리히 폰 슐레겔은 언어유형을 굴절에 의한 언어와 접사에 의한 언어로 구분하였으며, 형인 아우구스트 빌헬름 슐레겔은 이 두 가지 분류에 굴절이나 접사가 없는 언어를 추가하여 세 가지로 분류하였다. 이것이 바로 굴절어, 교착어, 고립어이다. 이후 빌헬름 폰 훔볼트는 고립어, 교착어, 굴절어에 포합어를 더 추가하였다. 아우구스트 슐라이허는 기본적으로 훔볼트의 분류 방식을 받아들이면서 자신이 관심을 가졌던 헤겔의 변증법과 다윈의 진화론을 반영하였다. 즉 네 부류 중 포합어를 교착어와 합쳐서 헤겔이 사용한 삼분법에 맞추었고, 또 언어는 고립어→교착어→굴절어의 단계로 진화, 발전한다고 주장하면서 이 세 단계를 당시 세계의 기본 형태인 광물, 식물, 동물에 대응시켰다.

슐라이허의 태도에서 드러나듯, 언어 분류 초기의 학자들은 대부분 독일어와 같은 굴절어를 가장 뛰어난 언어라고 여겼다. 훔볼트는 굴절어야말로 언어 구조의 순수한 원리를 표시하는 유일한 방법이라는 결론을 내렸고, 슐라이허 역시 언어의 최고도의 발달은 굴절어라고 보았다.

고립어

고립어는 문장을 구성하는 단어의 형태 변화가 없고, 단어 사이의 문법 관계와 의미가 어순에 의해서 표시되는 언어이다. 그래서 문법 기능을 나타내는 접사가 없다. 대표적인 언어로는 중국어, 타이어, 베트남어가 있다. 예를 들어, 중국어에서 人殺虎는 '사람이 호랑이를 죽이다'라는 뜻이다. 이에 대해 '호랑이가 사람을 죽이다'는 虎殺人으로 나타낸다. 즉 두 문장의 문법 관계가 접사에 의해 실현되지 않고 오직 단어 간의 위치, 즉 어순에 의해서 결정된다. 이와 비슷한 예로 베트남어에서 '나는 개를 무서워한다'는 tôi sợ chó인 반면 '개는 나를 무서워한다'는 chó sợ tôi으로 나타난다. 단지 '나'와 '개'에 해당하는 단어가 주어의 위치에 오는가 아니면 목적어의 위치에 오는가에 따라 문장의 의미가 달라진다.

고립어에서 시제와 같은 문법 표현 역시 별도의 접사에 의해 실현되는 것이 아니라 별도의 단어를 통해 실현된다. 예를 들어, 베트남어에서 '그녀는 이미 갔다'는 cô ấy đã đi rồi그-여성-과거-가다-이미로 나타낸다. 과거 시제가 đã라는 단어를 통해 실현되었다.

교착어

교착어는 문법 관계가 어근에 결합하는 접사에 의해 실현되는 언어이다. 우리말의 다음 문장을 살펴보자.

아버지께서 집으로 가-시-었-겠-어-요.

아버지가 집으로 가신 일에 대해서, 주어인 아버지를 높이기 위해 '-시-'가 결합해 있으며, 과거를 나타내기 위해 '-었-'이 결합해 있으며, 추측을 나타내기 위해 '-겠-'이 결합해 있으며, 서술문을 나타내기 위해 '-어'가 결합해 있으며, 듣는 사람을 높이기 위해 '-요'가 결합해 있다. 이와 같이 각각의 문법 기능을 실현하기 위해 문법 접사가 하나씩 하나씩 첨가해 있음을 볼 수 있다. 이와 같이 문법 관계를 나타내기 위해 1) 어근에 접사를 첨가하며, 2) 그 접사는 각각 하나의 문법 기능을 실현하는 언어를 교착어라 한다. 또는 첨가어라 하기도 한다.

중국-티베트어족에 속하는 인도의 가로어에서 sok-ba-ku-ja-ma는 'has he not yet arrived?'라는 뜻인데, '도착하다'를 뜻하는 sok에 '향하여-ba-', '아직-ku-, 부정-ja-, 의문-ma의 접사가 하나씩 하나씩 결합하여 있다. 교착어의 한 예이다.

이러한 언어에는 한국어를 비롯하여, 일본어, 몽골어, 터키어, 스와힐리어, 그리고 남아메리카 볼리비아의 아이마라어 등이 있다.

굴절어

굴절어란 문법 기능이 어근에 결합하는 접사에 의해 실현되는 언어라는 점에서는 교착어와 비슷하다. 그러나 그 접사는 여러 문법 기능을 동시에 실현한다는 점에서 차이가 있다. 즉 하나의 접사가 여러 문법 기능을 동시에 실현한다. 예를 들어 영어의 He goes에서 −es는 문법형 태로서 '3인칭, 단수, 현재'라는 문법 기능을 동시에 실현한다. 아래와 같이 고대 그리스어에서 lu-ō의 -ō는 '1인칭, 단수, 현재, 능동, 직설' 을, lu-ōmai의 -ōmai는 '1인칭, 단수, 현재, 능동, 가정'을, lu-etai의 -etai는 '3인칭, 단수, 현재, 피동, 직설'처럼 하나의 형태가 여러 문법 기능을 동시에 실현한다.

    lu-ō   1인칭 단수 현재 능동 직설

    lu-ōmai   1인칭 단수 현재 능동 가정

    lu-omai   1인칭 단수 현재 피동 직설

    lu-oimi   1인칭 단수 현재 능동 기원

    lu-etai   3인칭 단수 현재 피동 직설

대표적인 굴절어로는 프랑스어, 독일어, 러시아어, 라틴어, 그리스어 등의 인도유럽어족의 언어들과 아랍어 등이 있다

포합어

포합어는 문장을 구성하는 요소가 서로 밀접하게 결합해서 여럿의 의존형태들이 한 곳에 포함하여 하나의 단어를 구성하고 있다. 다음은 고아시아어족의 축치어의 예이다. 이를 분석해 보면, tumγ-친구+ət복수, 절대격 부분과 kupre-그물+-ntəwat-치다+rʔat3인칭, 복수, 과거 부분으로 되

어 있는데, 목적어가 동사에 포함되어 있다.

tumɣ-ət kuprantəwatrʔat.
친구가 그물을 쳤다.

다음은 아이누어의 예이다. 이 문장을 살펴보면, kavfi커피, -lior-하다, 만들다, -niar-하려고 하다, -umagaluar-(즐겁게 –을 하다), -punga1인칭 단수가 한데 붙어 한 단어가 한 문장을 이루고 있다.

kavfi-lior-niar-umagaluar-punga.
나는 즐겁게 커피를 만든다.

포합어에서는 문장의 주어나 목적어, 그리고 동사가 하나의 단어 안에 포합될 수 있다. 이 때 포합된 결과를 하나의 문장으로 보지 않고 단어로 보는 이유는 단어를 구성하고 있는 각각의 요소들이 단독으로 쓰일 수 없는 의존 형태들이기 때문이다.

다음은 아메리카 토박이어의 하나인 오네이다어의 예이다. g-는 '나'의 뜻이고, -nagla는 '삶', -sl은 -nagla를 명사화 접미사로서 naglasl은 결국 '마을'의 뜻이다. i-는 -zak에 '찾다'라는 동사 개념을 부여하는 접두사이다. -s는 계속성을 나타낸다. 만약 이들이 홀로 쓰인다면 이들 가운데 어느 것도 명확한 뜻을 전달하지 못한다.

gnaglaslizaks.

'나는 마을을 찾고 있다.'

특별히 위의 예와 같이 단어 사이의 결합이 더욱 강하여 완전히 1단어=1문장인 포합어를 집합어라 부르기도 한다.

세계 언어의 계통론적 분류

언어 사이의 비슷함

앞에서 언어의 본질을 설명하면서, 언어기호의 말소리와 뜻이 맺어진 관계는 자의적인 관계라고 한 바 있다. 그러므로 동일한 뜻을 표시하는 데도 언어에 따라 그 말소리는 각각 다르다. 그러나 모든 언어기호가 각 언어에 따라 완전히 다른 것은 아니다. 이를테면 의성어는, 언어마다 완전히 같지는 않지만, 서로 비슷하다. 닭 울음소리 '꼬끼오'는, 일본어에서는 kokekko, 독일어에서는 kikeriki, 프랑스어에서는 cocorico, 영어에서는 cock-a-doodle-doo이어서, 상당한 정도로 비슷하다는 것이 인정된다.

우리말의 '많이'는 독일어의 manch와 말소리가 서로 비슷하다. 우리말의 '푸르-다'와 영어의 blue의 말소리가 서로 비슷하다. 그러나 이러한 유사성은 우연의 일치로서 두 언어가 다 같이 자의적으로 말소리를 붙인 것이, 요행히 비슷해진 것이다.

또, 한 언어가 다른 언어에서 어떠한 말을 차용하게 되는 일은 흔히 있는 것으로서, 이러한 경우에는, 다른 언어의 발음을 그대로 재현하기는 어렵지만, 대체로 비슷하게 받아들이게 된다. 우리말의 '남포'나 일본말의 rampu는 모두 차용어로서 영어의 lamp와 말소리가 비슷하다.

그런데 언어에 따라서는, 위에서 말한 의성어나 차용어의 유사, 또는 우연적인 유사가 아닌, 비슷함이 여러 언어 사이에 나타나는 일이 있다. 예를 들어 '사람, 손, 집, 겨울'을 나타내는, 영어, 네덜란드어, 독일어, 덴마크어, 스웨덴어 어휘를 비교해 보면, 누가 보더라도 금방 그 비슷함을 알아차릴 수 있을 것이다.

	영어	네덜란드어	독일어	덴마크어	스웨덴어
사람	mɛn	man	man	manʔ	man
손	hɛnd	hant	hant	hɔnʔ	hand
집	haws	høys	haws	huːʔs	huːs
겨울	ˈwintə	ˈwinter	ˈvinter	ˈvenʔder	ˈvinter

이러한 비슷함은, 앞에서 말한 의성어도 아니며, 차용에 의한 것도 아니며, 그리고 여러 언어의 여러 단어가 서로 비슷한 점으로 보아서, 우연히 비슷한 것이라고도 볼 수 없고, 원래 같았던 한 언어에서 서로 갈라져 내려 왔다고 볼 수밖에 없다.

언어의 변화와 분화

언어는 변화의 싹을 늘 안고 있다. 따라서 동일한 시점의 언어라 할지라도 모든 언어 요소가 고정되어 있는 것이 아니라 언어 상태는 늘 동요하고 있다. 언어의 변화는 바로 이러한 동요 상태에서 일어난다.

또한 언어가 넓은 지역에서 사용될 때에는 각 지역에 따라 독자적인 변화가 일어나기도 한다. 특히 지역 간 교류가 없을 때에 개별적인 변화가 커져서 서로 이해하기 어렵게 되면, 서로 다른 언어로 분화하고 만다. 언어 분화의 대표적인 예는 같은 언어를 사용하던 민족의 이동에 의한 것이다. 같은 언어를 사용하던 민족이 이동하여 서로 멀리 떨어져서 교류가 없어지면 각기 다른 변화를 밟게 된다. 이렇게 하여 결국 서로 다른 언어로 분화된다.

언어 분화의 대표적인 예는 라틴어와 여기서 분화해서 생긴 로만스언어이다. 기원전 3,4세기경 이탈리아에는 여러 언어가 사용되고 있었는데, 중부에 있던 라티움의 언어, 즉 라틴어는 로마제국이 발전하여 영토를 확대하면서 사용 지역도 확산되었다. 먼저 이탈리아가 라틴어로 언어 통일을 이루었다. 다음에는 오늘날 프랑스 지역인 갈리아 지방으로 확대되고, 더 나아가서 이베리아반도까지 라틴어가 사용되었다. 다뉴브강 유역의 루마니아에까지 영향을 끼쳤다. 이렇게 로마제국의 성장과 함께 라틴어가 유럽 남부 전역에 확산되었다. 그러나 기원후 4세기경부터 로마제국이 차차 붕괴되기 시작하면서 정치적, 문화적 중심을 잃은 라틴어는 그 넓은 지역에서 각각 독자적인 변화를 겪게 된다. 그 결과 10세기경에는 여러 언어로 분화되었다. 여기서 오늘날의 이탈리아어, 프랑스어, 스페인어, 포르투갈어, 루마니아어 등이 나타나게 된 것이다. 이들 언어가 바로 로만스언어들이다.

이렇게 분화된 여러 언어들은 서로 친근 관계에 있다고 하고, 이들 언어가 분화하기 이전의, 라틴어와 같이, 공통기원이 된 언어를 공통조어라 한다. 공통조어에서 분화된, 친근 관계에 있는 여러 언어들은 계통이 같은 언어로서, 어족을 형성한다. 이렇게 언어를 어족이라는 개념으로 묶어 분류할 수 있는데, 이것이 바로 언어의 계통론적 분류이다. 이제 세계 언어를 계통론적으로 분류한 어족에 대해 살펴보기로 하자.

인도유럽어족

인도유럽어족은 인도와 유럽 지역 대부분에 분포하고 있는 여러 언어들이 친근 관계가 있어 이들을 한 어족으로 묶은 것이다. 인도유럽어족에 속하는 언어들은 이른 시기에 공통된 한 언어에서 분화한 것으로 생각된다. 그러나 공통된 언어가 언제 어디서 사용되었는지 확실히 밝혀지지 않았다. 인도유럽어족은 다음과 같이 몇몇 어파로 다시 분류한다.

[1] 인도-이란어파

고대 인도어로는 산스크리트어(범어)가 있으며, 현대 인도에는 힌디어가, 파키스탄에는 우르두어가, 방글라데시에는 벵골어가, 이란어에는 페르시아어가 대표적이다.

[2] 게르만어파

영어, 독일어, 네덜란드어, 스웨덴어, 노르웨이어, 덴마크어 등이 속해 있는 것이 게르만어파이다.

[3] 그리스어파

그리스어는 대표적인 고전어이다. 그리스어는 풍부한 문헌 자료를 가지고 있고 옛 모습을 잘 유지하고 있다.

[4] 로만스어파

기원전 3, 4세기경 이탈리아 중부에 있던 라틴어는 로마제국이 영토를 확장하면서 사용 지역도 확산된 결과 오늘날의 이탈리아어, 프랑스어, 스페인어, 포르투갈어, 루마니아어 등이 분화되었다.

[5] 발트–슬라브어파

동유럽에서 널리 사용되는 언어들이 여기에 속한다. 러시아어를 비롯하여, 우크라이나어, 불가리아어, 세르보–크로아티아어, 슬로베니아어, 슬로바키아어, 체코어, 폴란드어 등이 있다.

[6] 켈트어파

켈트어파는 원래 잉글랜드, 스코틀랜드, 아일랜드를 비롯한 매우 넓은 지역에서 사용되었던 언어였다. 지금은 겨우 명맥만 유지하고 있다.

[7] 알바니아어, 아르메니아어, 토카라어, 히타이트어 등도 인도유럽어족에 속하는 언어들이다.

우리말과 관련이 있는 알타이어족

알타이어족은 한국어 계통과 관련해서 우리에게 잘 알려져 있다. 알타이라는 명칭은 이 언어를 사용하는 민족의 원주지가 알타이산맥 동쪽이었을 것이라는 가정에서 유래한 것이지만, 확실한 근거는 없다. 알타이어족은 다시 세 어파로 나뉘는데, 이들 몽골어파, 만주-퉁구스어파, 튀르크어파 사이의 친근 관계에 관해서 언어학계에서는 이것을 인정하는 견해와 부인하는 견해가 대립하고 있다. 그래서 이것을 부인하는 학자들은 알타이어족이라는 명칭 대신에 그냥 알타이언어들이라 부른다.

[1] 튀르크어파

튀르크어파의 대표적인 언어는 아시아 서남 끝에 자리 잡은 터키의 언어이다. 거기에서 동북쪽으로 시베리아까지 올라가면서, 중앙아시아에는 카자흐어, 우즈베크어, 키르기스어, 투르크멘어 등이 있으며, 중국에는 위구르어, 살라르어, 서부유고어 등이 쓰이며, 러시아에는 알타이어, 추바시어, 야쿠트어 등이 분포하고 있다.

[2] 몽골어파

몽골어가 대표적인데, 몽골어파는 현재 러시아와 중국에 널리 분포하고 있다. 러시아에는 부랴트어, 칼미크어가, 중국에는 다고르어, 몽구오르어, 보난어, 캉자어, 둥샹어, 동부유고어가 있는데, 사용 인구가 급격히 줄어들어 몇 백 명만 쓰고 있는 언어도 있다.

[3] 만주-퉁구스어파

만주-퉁구스어는 만주 지역과 동북 시베리아 일대에 흩어져 있는 언어이다. 이 가운데 만주어를 비롯한 여러 언어들이 현재 사라져 가는 상태이다.

우랄어족

흔히 우리에게 우랄알타이어족이라고 알려져 있었지만 우랄어족과 알타이아족은 친근 관계가 입증되지 않기 때문에 우랄알타이어족이란 명칭은 부적절한 것으로 연구되었다. 우랄어족에는 핀란드어와 헝가리어, 에스토니아어 등이 있다. 그리고 극동 시베리아 지역에서 사용되는 사모예드어가 있다.

중국티베트어족

중국티베트어족은 중국과 그 주변에 걸쳐 넓은 지역에서 사용되는 어족으로, 중국어, 티베트어, 타이어, 미얀마어 등을 포함한다.

아프로아시아어족

아프로아시아어족은 북부 아프리카에서부터 서남아시아 지역에 이르기까지 넓은 분포를 가지는 어족으로, 과거에는 햄셈어족으로 불리기도 하였다. 아프로아시아어족에 속하는 언어 가운데 가장 많은 사람이 사용하는 언어는 아랍어이며, 성경 히브리어 및 현대 히브리어, 에티오피아어, 고대 이집트어, 아카드어 등도 여기에 속한다.

오스트로아시아어족

오스트로아시아어족은 주로 동남아시아 지역과 인도, 방글라데시의 일부 지역에 분포하고 있다. 대표적인 언어에는 베트남어, 크메르어가 있는데 각각 베트남과 캄보디아에서 공용어로 사용되고 있다.

오스트로네시아어족

오스트로네시아어족은 말레이시아와 인도네시아, 필리핀, 그리고 태평양의 여러 섬 지역에 사용되고 있는 언어들이다. 하와이어, 마오리어 등과, 필리핀의 타갈로그어, 말레이반도의 말레이어 등이 이에 속한다.

드라비다어족

드라비다어족은 인도 남부를 중심으로 스리랑카와 말레이반도 일부에서 사용되는 언어이다. 이 어족 중에서 가장 오랜 전통과 문학을 가진 언어는 인도 남부에 분포하고 있는 타밀어이다.

아프리카의 언어들

북부 아프리카에는 아프로아시아어족의 언어가 사용되고 있지만, 그 아래 아프리카에는 아주 많은 언어들이 분포되어 있다. 이들을 대표하는 어족으로는 니제르콩고어족, 코이산어족, 나일사하라어족 등이 있다. 이 가운데 니제르콩고어족에 속하는 반투어파가 우리들에게 널리 알려져 있다. 반투어파는 스와힐리어로 대표되는데, 스와힐리어는 본래 케냐, 탄자니아 지역에 분포하여 오랜 동안 아랍인, 페르시아인, 인도인과의 교류로 많은 차용어가 있다. 그 후 스와힐리어는 내륙으로 확장, 전파되면서, 오늘날 아프리카에서 가장 주목받는 언어가 되었다.

아메리카 토박이말

지금은 사라질 위기에 놓여 있지만 아메리카 대륙에는 토박이말이 많이 있다. 이러한 아메리카 토박말의 어족을 분류하는 방법이 학자마다 가지가지다. 언어의 숫자도 수백에서 수천 가지라 할 정도로 많다. 그러나 대부분의 토박이말이 사라졌거나 사라질 위기에 놓여 있는데, 잉카의 언어인 페루의 케추아어, 볼리비아의 아이마라어, 파라과이의 과라니어, 그리고 아즈텍의 언어인 나우아틀어 등이 현재까지 이어지고 있다.

그 밖의 언어들

극동 아시아 지역에는 니브흐어, 유카기르어, 축치어를 포함하는 고아시아어족이 있다. 그리고 흑해와 카스피해 사이에 있는 조지아어는 독특한 문법 현상을 가졌는데, 체첸어 등과 함께 코카서스어족에 속한다.

세계의 모든 언어가 일정한 어족으로 빠짐없이 분류될 수 있는 것은 아니다. 아직도 충분한 연구가 이루어지지 않아 친근 관계가 밝혀지지 않은 언어가 많다. 이런 언어를 계통적으로 고립된 언어라 하는데, 스페인과 프랑스 국경 피레네산맥 부근에서 사용되는 바스크어가 대표적인 예이다. 일본 홋카이도에 있는 아이누어도 계통적으로 고립된 언어이다.

알타이어족

알타이어족은 앞에서 살펴본 바와 같이 몽골어파, 만주-퉁구스어파, 튀르크어파를 포함하고 있다. 대부분 '주어-목적어-동사'의 어순과 문법 형태를 결합하여 문법범주를 실현하는 교착어적인 성격, 그리고 모음조화 등과 같은 공통된 특질을 가지고 있다. 특히 교착어적 성격과 모음조화는 우랄어족과도 공통된 특성으로서, 오랜 접촉의 결과로 보기도 한다. 한국어와 일본어를 알타이어족에 포함시키는 경우도 있으나 아직 충분히 증명되지 않았다. 이제 몽골어파, 만주-퉁구스어파, 튀르크어파 각각에 대해 살펴보도록 하자.

몽골어파의 언어들

몽골어파는 현재 몽골과 러시아, 중국에 널리 분포하고 있다. 러시아에는 부랴트어, 칼미크어가, 중국에는 다고르어, 몽구오르어, 보난어,

캉자어, 둥샹어, 동부유고어 등이 사용되는데, 사용 인구가 급격히 줄어들어 몇 백 명만 쓰고 있는 언어도 있다. 나이든 사람들은 중국어나 러시아어를 자기 말과 함께 쓰면서 살고, 젊은이들은 중국어나 러시아어에 훨씬 더 친숙하여 모어를 점차 잊어 가면서 살고 있다. 말이 사라지는 안타까움을 바라보고 산다.

몽골어와 몽골 속담 몽골어파 가운데 몽골어가 대표적이다. 몽골어는 현재 몽골공화국(흔히 외몽고라고 한다)에서 이백만 명 남짓, 중국의 네이멍구자치구(흔히 내몽고라고 한다)에서 오백만 명 남짓이 사용하고 있다. 몽골어는 위구르문자를 빌려 자기 언어를 적었는데, 이것이 바로 왼쪽에서 오른쪽으로 세로쓰기 하는 고유의 몽골문자이다. 현재 몽골공화국에서는 러시아에서 쓰는 키릴문자를 사용하며, 중국의 네이멍구자치구는 고유의 몽골문자를 사용한다.

몽골어는 문어와 구어 사이에 큰 차이가 있는데, 문어는 고대 몽골어의 특징을 그대로 유지하고 있다. 고대 몽골어의 대표적인 문헌은 칭기즈칸의 역사를 기록한 ≪몽골비사≫라는 책이다.

몽골어에서 말의 털빛을 가리키는 표현이 무려 240가지가 있다고 한다. 이와 같이 가축과 관련된 어휘가 풍부하다는 것은 가축 관리의 필요, 가축에 대한 애착과 밀접하게 관련되어 있다. 몽골어에 가축과 관련된 속담이 풍부하게 발달한 것 또한 이들의 일상생활이 가축을 기르는 일과 밀접하게 관련되어 있기 때문이다. 몽골 속담을 통해 몽골 민중의 삶에 스며 있는 유목 전통을 발견해 보자. 유원수 교수의 ≪몽골의 언어와 문화≫(소나무, 2009년) 참조.

몽골어 속담의 한 예를 들어보면 "암소의 털빛이 검어도 그 젖은 희다"는 말이 있다. 사람이고 세상이고 겉모습만으로 판단해서는 안 된다는 뜻이다.

"염소고기는 뜨거울 때에"라는 속담은 염소고기가 뜨거울 때 가장 맛이 있는 것처럼 모든 일에도 가장 적절한 시기가 있고, 그 시기를 놓치지 말라는 뜻이다.

"양치기네 집에 양 똥 팔기"라는 속담은 양치는 사람의 집 부근에는 양 똥이 성가실 만큼 널려 있으므로 양치기가 남의 양 똥을 살 리는 만무하니, 따라서 되지도 않을 수작을 하는 사람을 비웃는 말이다.

"간다간다 하면서 염소 한 마리 다 먹기"라는 속담은 우리말의 "간다간다 하면서 아이 셋 낳고 간다"는 속담과 비슷한 뜻으로 사용된다.

"말이 백 마리나 되어도 탈 것이 없고, 양이 천 마리나 되어도 잡아먹을 것이 없다"는 속담은 가축에 대한 유목민의 애착을 나타낸 속담이다.

칼미크어　카스피해 서쪽에 보면 러시아연방에 속하는 칼미크공화국이 있다. 지금 이곳 대통령은 한때 우리나라 자동차회사의 러시아 지역 판매원으로 활동해 큰돈을 벌었던 사람이다. 그래서 대통령이 된 뒤 서울시와 경제협력협정을 맺고 서울타운이라는 경제자유구역 설치를 추진하기도 했다. 세계적으로 체스 경기가 유명하기도 하다. 집집마다 마당에 가꾼 튤립꽃도 인상적이었다.

칼미크공화국에는 17세기 초 서부 몽골 지역에서 옮겨온 몽골계의 오이라트족 30여만 명이 살고 있다. 이들을 칼미크족이라 하는데, 원래 칼미크의 뜻은 터키어로 남아 있는 사람이다. 즉 이들은 이곳에 옮겨왔다가 다시 고향으로 돌아가지 못하고 그대로 눌러 산 사람들이다. 이들이 쓰는 말이 바로 몽골어파의 하나인 칼미크어이다.

그곳에서 만난 학자들은 현재 칼미크어는 두 가지 문제를 안고 있다고 귀띔한다. 우선 사용 인구가 급격히 줄어 대부분 일상생활에서 러시아어를 사용하고 있다. 말을 지켜야 민족을 지킬 수 있다고 인식하지만 현실은 그렇지 못하다고 한다.

또 다른 문제는 문법이 점차 바뀌고 있다는 것이다. 칼미크어는 원래 우리말 '나는 책을 읽는다'처럼 주어가 앞에 오고 그 다음에 목적어가 오고 서술어가 맨 뒤에 온다. 그런데 요즘은 러시아어의 영향을 받아 주어 다음에 서술어가 바로 오고 목적어가 그 뒤에 오는 어순을 흔히 쓴다고 한다.

여러 해 전 일륨지노프 대통령은 중국정부에 대해 중국에 사는 오이라트족 1만 명을 이민 보내 달라고 이색적인 요청을 하였다. 이들이 이주해 온다면 생활과 직업에 필요한 모든 편의를 제공하겠다고 제안했다. 우리는 여기서 같은 민족의 이주를 통해 사라져 가는 모어를 되살려 보려는 한 젊은 지도자의 강력한 의지, 멋진 의지를 확인할 수 있다.

만주–퉁구스어파

만주–퉁구스어파는 만주 지역과 동북 시베리아 일대에 흩어져 살고 있는 민족의 언어이다. 이 가운데 만주어는 현재 거의 사라진 상태이며 중국 헤이룽장성 몇몇 촌락에서만 남아 있다. 중국 서북부 지방에서 쓰이는 시버어도 만주어와 같은 뿌리의 언어이다.

퉁구스언어의 대표적인 언어로 어웡키어를 들 수 있다. 시베리아의 넓은 지역에 분포하고 있지만 이 말을 사용하는 사람은 소수에 불과하여 사라질 위기에 놓여 있다.

만주-퉁구스어에서 옛 문헌이 남아 있는 것은 만주어와 여진어뿐이다. 17세기 전반 몽골문자를 약간 개량해서 만주문자를 만들고 이 문자로 만주어를 기록했는데 이것이 문어 만주어이다. 금나라를 건국한 여진족의 언어가 여진어인데, 만주어와 가까운 관계에 있다.

퉁구스언어들   시베리아의 어느 겨울, 필자가 방문하였을 때, 무려 영하 40도였다. 그 추운 시베리아에는 넓디넓은 땅만큼이나 여러 민족이 살고 있으며 아울러 러시아어와 중국어 사이사이에 여러 언어들이 쓰이고 있다. 그 가운데는 퉁구스언어가 이곳저곳 흩어져 쓰인다.

그 가운데 러시아 지역의 어웡키어는 서쪽으로는 시베리아 예니세이 강에서부터 동쪽으로는 오호츠크 해안 지역과 캄차카반도 그리고 사할린섬에 이르기까지 분포한다. 그러나 넓은 분포 지역에 비하여 이 언어를 사용하는 사람은 소수에 불과하여 사라질 위기에 놓인 언어로 분류된다. 현재 어웡키어로 의사소통이 가능한 사람은 러시아에 1만 명쯤, 중국에 1천 명쯤 있을 뿐이다. 이 지역의 언어가 급속도로 러시아어와 중국어로 대체되고 있음을 볼 수 있다.

어웡키어 문법은 우리말 문법과 꽤 비슷하다. 그러나 우리말에는 '-이/가'처럼 주격조사가 있지만, 어웡키어에는 주격조사가 따로 없다. 그리고 추운 지역이다 보니 눈을 가리키는 단어가 수십 가지나 되며, 사슴과 관련된 단어는 무려 500개 이상이 된다 하니 자연과 생활이 언어 속에 깊이 스며 있음을 볼 수 있다.

시베리아 동북쪽 넓은 지역에 흩어져 있는 어윈어는 러시아 야쿠티아와 캄차카반도, 오호츠크해 연안에서 쓰이는데 사용 인구는 3천 명 정도이다. 나나이어는 러시아 아무르강과 우수리강이 합류하는 지역에서 5천700명 정도가, 그 밖에도 윌타어는 10명 미만, 우디허어는 40명 미만, 네기달어는 100명 정도, 오로치어는 10명 미만, 울치어는 700명 정도가 사용한다.

말과 나라 알타이어족에 속하는 언어 가운데 만주-퉁구스어파에 속하는 언어를 쓰는 어떠한 민족도 독자적으로 나라를 이루지 못하고 있다. 물론 이 어파에 속한 만주어를 쓰던 만주족은 한때 청나라를 세워 중국대륙을 지배한 민족이긴 하지만 한문화에 이끌려 제 말을 제대로 지키지 못하였다.

그리고 만주-퉁구스어파에 속하는 언어 대부분이 현재 사라질 위기에 놓여 있다. 그것은 다른 여러 까닭도 있겠지만 아마도 독자적인 나라를 이루고 있지 못하기 때문일 것이다. 그 언어를 쓰는 민족들이 러시아나 중국에 살다 보니 러시아어와 중국어 위세에 눌릴 수밖에 없다.

만주-퉁구스어파의 언어 가운데 중국 네이멍구자치구 동북쪽 지역에서 쓰이는 어웡키어를 살펴보자. 쓰는 사람이 점차 줄어드는 어웡키어를 지키기 위해 학교에서 가르치고 어웡키민족협회에서 사전을 직접 편찬하고 민담과 노래를 정리하여 보급하고 있지만 어웡키를 지키는 데에는 힘이 턱없이 모자란다. 이것은 바로 독자적인 나라를 이루지 못하고 큰 나라에 얹혀 있기 때문이다. 특히 중국에 살기 때문에 이들은 중국어를 배워야 하고 또 자치구의 중심 언어인 몽골어도 따로 배워야 하니 자기 언어에 관심을 둘 형편이 더욱 아니다. 이는 자기 말을 지키는 데 나라가 얼마나 중요한가를 보여 준다.

튀르크어파

튀르크어파는 중국 역사책에는 돌궐로 적혀 있으며, 아주 오래된 비석글이 남아 있을 정도로 역사가 깊다. 터키어를 비롯하여, 터키에서 동북쪽으로 시베리아 동쪽까지 올라가면서, 중앙아시아에는 카자흐어, 우즈베크어, 키르기스어, 투르크멘어 등이 있으며, 중국에는 위구르어, 살라르어, 서부유고어 등이 쓰이며, 러시아에는 알타이어, 추바시어, 야쿠트어 등이 있어 모두 서른 남짓 언어가 분포하고 있다. 튀르크어파는 알타이언어 중에서 가장 넓은 지역에서 사용되고 있다.

이들 언어들은 정도의 차이는 있지만, 서로 의사소통이 되기도 한다. 그리고 이들 언어를 쓰는 민족들은 대부분 터키언어권에 속한다는 유대감이 매우 강하다. 언어를 통해 민족의 유대감을 굳건히 하는 예이다.

터키어　터키어는 오늘날의 터키공화국을 중심으로 중앙아시아와 동부 시베리아에서 사용되고 있다. 터키어는 8세기경의 비석글을 통해 알타이언어 가운데 가장 오래된 문헌을 보여 주고 있다. 11세기 이후의 터키어는, 마치 우리말이 한자와 한자어를 받아들인 것처럼, 아랍문자를 차용하고 또한 아라비아어 및 이란어로부터 많은 차용어를 받아들였다. 터키공화국은 1928년 터키어의 개혁을 단행하고 문자도 로마자로 바꾸었다.

　우리말에서 과거를 나타낼 때 용언이 양성모음이면 '–았–'을 쓰고 음성모음이면 '–었–'을 쓴다. '길을 막았다'에서 '막'의 'ㅏ'가 양성모음이어서 '–았–'이, '밥을 먹었다'에서 '먹'의 'ㅓ'가 음성모음이어서 '–었–'이 쓰였다. 명령을 나타내는 '–아라/어라'도 마찬가지다. 이와 같은 말소리 현상을 모음조화라 한다. 이러한 모음조화 현상이 잘 지켜지는 언어가 바로 터키어이다. 터키어의 복수는 '-lar, -ler'로 표현하는데, 이들은 명사에 어떤 모음이 있느냐에 따라 같은 소리를 가진 형태가 선택된다. araba자동차처럼 양성모음이면 -lar가 붙어서 arabalar자동차들이 되고, ekmek빵처럼 음성모음이면 -ler가 붙어서 ekmekler빵들이 된다. 터키어는 우리말보다 훨씬 더 철저하게 모음조화가 지켜지는 언어이다.

알타이어　세계지도를 보면 아시아 중앙에 자리 잡은 몽골고원 위쪽에 알타이산맥이 있고 그 부근에 알타이라는 지명도 여럿 있다. 중국 땅, 러시아 땅, 몽골 땅에서 '알타이'라는 지명을 쉽게 찾을 수 있다.

　몇 해 전 러시아연방에 속한 알타이공화국에 언어 조사를 하러 간 적이 있다. 알타이산맥 자락에 위치한 알타이공화국에는 주로 알타이족이라 부르는 민족이 살며 그들은 알타이어를 러시아어와 함께 쓴다. 그러나 알타이어 사용 인구는 급격히 줄고 있다. 우리는 준비해 간 언어조사표를 통해 그곳 제보자에게 어휘를 조사하였다. 그 제보자는 낯선 곳에서 자기네 언어를 조사하러 온 우리들을 무척 반가워했다.

알타이어 조사를 위해 알타이공화국으로 들어가는 길. 알타이라는 표지탑과 흰 눈이 인상적이다.

알타이어는 알타어어족에 속하는 튀르크어파의 작은 규모의 한 언어이다. 그들은 어족 이름과 자기네 언어 이름이 같기 때문에 꽤 자부심을 가지고 있다. 마치 자기네가 알타이어족의 중심이나 뿌리처럼 생각하고 있었다. 실제로는 전혀 그렇지 않지만.

알타이언어를 쓰는 민족의 발원지가 알타이산맥 부근이라는 말이 있지만 이것은 아직 근거가 없다. 어쩌면 알타이산맥과 알타이민족 사이에는 관련이 없을지도 모른다. 더욱이 우리가 조사했던 그곳의 알타이어와 우리말의 관련성을 지금으로서는 말하기 어렵다. 앞으로 더 많은 알타어언어들을 조사해 보아야 우리말의 뿌리를 정확하게 확인할 수 있을 것 같다. 그렇지만 알타이공화국에서 만난 학자들은 곧 열리는 알타이 큰 축제에 우리들에게 꼭 다시 와야 한다고 간청하였다. 친척을 잔치에 초대하듯이.

중앙아시아의 언어들 인도의 북서쪽 너머 펼쳐 있는 고산지대에서 초원지대에 이르는 땅이 중앙아시아이다. 이곳에는 '스탄'이라 이름 붙은 나라들이 서로 이웃하고 있다. 파키스탄, 아프가니스탄, 타지크스탄, 그리고 카자흐스탄, 우즈베키스탄, 키르기스스탄, 투르크메니스탄 등이 그러하다. '스탄'은 땅을 뜻하는 말이라 하는 학자가 있었지만 그 어원은 분명치 않다. 이들 가운데 카자흐스탄, 우즈베키스탄, 키르기스스탄, 투르크메니스탄의 말은 알타이어족 가운데서도 튀르크어파에 속한다. 투르크멘어는 특히 터키어에 가깝다. 물론 카자흐어, 우즈베크어, 키르기스어 모두 터키어와 아주 비슷하다. 이들 언어들은 옛날에는 아랍문자를 빌려 쓰다가 1920년대에 로마자로 바꾸었다. 그러나 이들 나라가 모두 옛 소련에 속했던 탓에 1940년에는 러시아 글자인 키릴문자로 바꾸었다. 이들 언어들은 우리말과 어순이 같고 활용어미도 발달해 있으며, 여러 문법 현상들도 비슷하다. 다음은 이들 언어들의 몇몇 단어를 대조해 보인 예이다.

	우즈베크어	위구르어	키르기스어	투르크멘어
눈	ko'z	köz	köz	göz
가슴	yurak	yürek	jürök	ýürek
소녀	qiz	qiz	kız	gyz
물고기	baliq	beliq	balık	balyk
머리	bosh	baş	bash	baş

알타이어족과 유형론적으로 비슷한 우랄어족

알타이어족만큼이나 우리에게 익숙한 어족 이름이 바로 우랄어족이다. 과거에 우리말 계통을 말할 때 흔히 우랄알타이어족이라고 한 적이 있었기 때문이다.

우랄어족은 크게 두 어파로 나뉜다. 첫째는 핀-우그르어파로, 핀란드어와 헝가리어를 비롯하여, 에스토니아어, 라프어, 카레리아어, 모르드빈어, 체레미스어, 보챠크어, 보굴어, 오스챠크어 등이 포함되며, 둘째로 사모예드어파로 극동 시베리아 지역에서 사용되는데, 사용 인구가 매우 적은 편이다.

우랄어족의 대표적인 언어인 핀란드어와 헝가리어에 대해 좀 더 살펴보기로 하자. 헝가리어는 우랄어족 가운데 가장 널리 쓰이는 언어이다. 대략 1천6백만 명이 쓰고 있다. 헝가리어는 중부 유럽에서 인도유럽어족에 둘러싸여 있는 '언어의 섬'이라 할 수 있다. 지금의 헝가리 지역은 헝가리 민족이 9세기에 정착한 곳으로, 이들 스스로는 마자르 민족이라 한다. 헝가리인들은 슬라브인, 게르만인 등 이웃 민족들과의 끊임없는 접촉 속에 고유한 문화, 인종의 특성을 많이 잃었지만, 언어만은 우랄어의 특성을 잘 유지하고 있다. 우랄어족의 언어들은 복잡한 격 체계로 유명한데, 헝가리어에는 17개의 격이 존재한다. 또한 알타이어족과 마찬가지로 모음조화 현상이 나타난다. 헝가리어는 고유 어휘들도 많지만, 이웃 언어들로부터 차용해 온 어휘들이 많은 언어이다.

핀란드어는 핀란드사람 스스로는 수오미어라 한다. 핀란드 민족은 먼 옛날 남부 우랄 지역에서 서북쪽으로 이동하여 발트해를 건너 지금의 핀란드에 정착한 것으로 보고 있다. 역사적으로 스웨덴어나 러시아어로부터 문화어를 빌려 쓰기도 하였지만, 비교적 순수한 우랄어의 특징을 지키고 있다. 핀란드어에는 15개의 격이 있으며, 단수와 복수의 구별은 있으나 남성과 여성의 구별은 없다. 문장의 기본 어순은 우리말과 같이 '주어+목적어+서술어'지만 자유롭게 순서가 바뀔 수 있다.

19세기 초까지 핀란드에서는 스웨덴어가 공식어로 쓰이다가, 1835년 민족서사시 칼레발라 출간을 계기로 핀란드어가 널리 쓰여 1863년 공식어로 인정되었다. 한편 핀란드 헌법 제17조에는 "핀란드의 국어는 핀란드어와 스웨덴어이다."라 규정되어 있다. 이렇게 핀란드에서 핀란드어와 스웨덴어가 공용어였지만, 2011년 통계에 따르면, 핀란드어 사용자는 인구의 90%인 반면, 스웨덴어 사용자는 5.4%이다. 스웨덴어 사용자는 주로 남부 및 서부 해안 및 올란드에 살고 있다.

다음은 헝가리어와 핀란드어의 몇몇 단어를 대조한 예이다. 왼쪽이 헝가리어, 오른쪽이 핀란드어이다.

머리	fő	pä
나무	fa	puu
아들	fiú	poika
나무	harom	kolme
물고기	hal	kala
듣다	hal	kuulla

알타이어족과 한국어의 계통

알타이언어의 붉은 색깔

　몽골공화국의 수도 울란바타르에서 기차를 타고 북쪽으로 하루 정도 달려가면 러시아연방에 속해 있는 부랴트공화국의 수도 울란우데에 도착한다. 기차는 두 나라 국경에서 한참 머무르는데, 그 틈에 기차에서 내려 국경 시장의 아기자기한 물건을 구경하는 것도 재미있는 일이다. 그런데 두 나라 수도인 울란바타르와 울란우데의 뜻은 각각 '붉은 영웅'과 '붉은 우데강'이다. 몽골어와 부랴트어는 같은 몽골어파에 속하여 붉은 색깔을 뜻하는 단어가 '울란'(ulan: 실제 발음은 '올란'에 더 가깝다)으로 똑같다. 옛날 문헌 자료를 통해 연구해 보면 몽골어에서 이 단어의 옛 모습은 hulan이며 이보다 더 옛 모습은 pulagan쯤으로 추정된다.

　지금은 사라질 위기에 놓인 만주어에서 붉은 색깔은 뜻하는 단어는 fulgiyan이며, 이 단어의 옛 모습은 pulgiyan쯤으로 추정된다. 이렇게 보면 알타이어족에 속하는 것으로 알려진 몽골어와 만주어에서 붉은 색깔을 뜻하는 단어가 같은 뿌리에서 나왔음을 짐작할 수 있다. 물론 어느 한쪽이 빌려 썼을 가능성도 있겠지만, 그러나 엄격한 비교언어학의 방법을 통해 이 단어는 같은 뿌리임이 확인되었다.

우리말 '붉다'pulk-도 몽골어와 만주어의 붉은 색과 뿌리를 같이 하고 있음을 역시 짐작할 수 있다. 이 단어를 비롯하여 다른 여러 단어를 비교하여 우리말도 알타이어족에 속할 가능성을 제시할 수 있을 것이다. 다음 단어들도 뿌리를 같이 하고 있음을 짐작할 수 있다. 위에서 살펴본 '붉다'와 아래 단어를 비교해 보면 다음과 같은 자음 대응을 확인할 수 있을 것이다. 현대몽골어 : 옛 몽골어 : 만주어 : 한국어 = ø : h : f : p.

	현대몽골어	중세몽골어	만주어	한국어	일본어
마을/평원	ail		falga	pəl	hara
불다	ulije-	hulie-	fulgije	pul-	huk-
빌다	iryge-	hiryge-	firu-	pil-	
봄/해/계절	on	hon-	fon	pom	haru

그러나 우리말에는 알타이언어들과 이처럼 비슷한 단어들이 그리 많지 않아, 엄밀한 비교언어학적 연구가 더 요구되는 실정이다. 그럼에도 불구하고 흔히 우리말이 알타이어족에 속한다, 안 속한다, 몽골어와 뿌리가 같다, 아니면 터키어와 더 가깝다와 같은 주장을 흔히 듣는다. 그러나 이렇게 주장할 때에는 우리는 매우 신중해야 한다. 엄밀한 비교언어학적 증거를 바탕으로 해야 하기 때문이다.

자주 듣던 용어, 우랄알타이어족

우리말의 계통에 대해 이야기할 때 가장 자주 듣는 말이 바로 우랄알타이어족이라는 용어이다. 이에 대해 알타이어학의 이론과 현지 언어 조사의 권위자인 김주원 교수의 설명을 옮겨 보자. 한국어가 우랄알타이어족에 속한다는 견해는 오늘날 볼 때 더 이상 맞지 않는 가설이다. 왜냐하면 외국 학계에서는 이미 1930년대에 우랄알타이어족설을 더 이상 내세우지 않게 되었기 때문이다. 그 이유는 우선 이를 한 어족이라고 묶기에는 너무나 많은 언어와 방대한 지역을 포괄하기 때문에 다른 언어들로 이루어지는 어족의 개념과 맞지 않고, 다른 한편 그 하위 분파라고 할 수 있는 우랄어군과 알타이어군이 각각 지니고 있는 공통성에 비해서 두 분파를 아우를 수 있는 공통성이 부족하기 때문이었다. 그 공통성이란 어순이 같다는 점, 모음조화가 있다는 점, 활용어미로 문법관계를 나타낸다는 점과 같은 구조적 공통성인데 이 정도의 공통성으로 언어의 계통 관계를 증명할 수는 없기 때문이다. 그리하여 1930년대부터 우랄어족과 알타이어족은 각각 나누어 다루게 되었다.

여기에서 꼭 언급해야 할 점은 우랄알타이어족이라는 명칭은 두 어파의 현재의 거주지를 잘 보여 주기 위해서 각각의 거주지에 위치한 산맥 이름을 따서 상징적으로 붙인 이름이라는 점이다. 알타이산맥은 지금의 러시아와 몽골의 국경을 이루는 지역에 위치한 산맥이다. 그 근처에 중국과 카자흐스탄도 있다. '알타이'라는 말의 의미는 '금'이라는 단어를 나타내는 '알트/알튼'에서 유래했다고 보는 것이 일반적이다. 우리가 흔히 말하는 알타이민족은 금을 아주 귀중한 보석으로 생각했다거나, 옛날부터 금세공 기술이 발달했다거나 하는 점을 생각해 보면 제대로 붙인 이름이라고 말할 수 있다. 몽골의 칭기즈칸 가문의 역사를 쓴 책의 제목이 ≪알탄 톱치≫중국어로는 黃金史인 것도 금을 최고 보석으로 꼽는 것과 관련이 있다. 그러나 이 명칭으로 인하여 알타이민족의 원주지가 알타이 산맥 부근이었다는 주장이나 생각은 신빙성이 없다.

한국어 계통과 알타이어족

흔히 한국어는 알타이어족에 속한다고 말하고 있다. 이 말은 한국어는 알타이어족에 속하는 언어들과 같은 계통일 가능성이 높다는 뜻이다. 알타이어족에 속하는 것으로 알려진 언어에는 앞에서 살펴본 바와 같이 몽골어파, 만주-퉁구스어파, 튀르크어파가 있다.

그러면 한국어가 알타이언어와 어떤 공통성이 있어서 알타이어족에 속한다고 보게 되었을까? 우선 말소리의 특징이 비슷하다. 만주-퉁구스어, 몽골언어, 튀르크언어, 한국어에 모음조화가 공통적으로 나타난다. 다음으로 문법도 비슷하다. 다음 예는 각각 몽골어파의 한 언어인 다고르어와 만주-퉁구스어파의 한 언어인 어웡키어의 문장이다. 이들 문장을 살펴보면, 모두 한국어와 어순이 같아서 '주어+목적어+서술어'의 순서이다. 어순뿐만 아니라 다양하게 어미들도 발달되어 있음을 볼 수 있다.

(a) 다고르어

　　əwəə　　budaa　　sjan-ijə-bəj　　　ačaa　　čee　　wəə-jəə-bəj.

(b) 어윙키어

　　ənin　　ǰəəkti　　oloo-ǰi-rən　　　amin　　čai　　im-ǰi-rən.

(c) 한국어

　　어머니는 밥을　　짓고　　　　　아버지는 차를 마신다.

그러나 여기서 유의할 것은 이러한 어순을 가진 언어는 한국어나 알타이언어 이외에도 많다는 것이다. 또 모음조화도 한국어나 알타이언어 이외의 언어에도 있다. 그러므로 이러한 몇 가지 현상만으로 한국어가 알타이언어와 계통이 같다고 단정할 수는 없다. 다시 말하면, 어순이라든가 모음조화는 언어 간의 계통을 단정할 만한 근거가 될 수 없다는 뜻이다. 다만 참고가 될 뿐이다. 더욱 주목할 만한 것은 위의 문장 가운데서 한국어와 비슷한 단어가 하나도 없다는 사실이다. 비교언어학에서는 두 언어가 같은 계통이라는 것을 증명하기 위해서는 말소리의 체계적인 대응이 있어야 한다. 그동안 한국어의 계통에 대한 여러 연구가 국내외에서 이루어졌지만 아직 비교언어학적으로 체계적인 말소리의 대응이 충분히 증명되지 않았다.

그리고 또 한 가지 문제가 있다. 학계에서는 위의 세 어파를 묶어 알타이어족으로 보는 것에 동의하는 학설이 있는가 하면알타이어족설 동의하지 않는 학설반알타이어족설도 있어, 알타이어족의 존재 자체에 대해서도 아직 불확실한 편이다. 그래서 지금까지의 연구를 바탕으로 하면 한국어의 계통은 다음과 같이 말하는 것이 가장 정확하고 타당하다고 하겠다.

알타이어족이 성립한다면, 한국어는 알타이어족에 속할 가능성이 높다. 그러나 아직 비교언어학적으로 입증되지 않았다.

다시 말하자면, 이 결론에는 세 가지 사실이 들어 있다. 먼저 '알타이어족이 성립한다면'이라는 표현이다. 알타이어족에 세 어파, 즉 몽골어파, 튀르크어파, 만주-퉁구스어파에 대해, 이들을 한 뿌리에서 갈라져 온 것이라고 보는 학설과 이에 동의하지 않은 학설이 팽팽하다. 알타이어족에 동의하지 않는 주장은 이들 언어들이 오랜 동안 서로 영향을 주고받아 비슷해졌다고 보는 것이다.

다음에는 '알타이어족에 속할 가능성이 높다'라는 표현이다. 우리말과 알타이언어들의 말소리와 문법을 비교해 보면 비슷한 점이 꽤 많다. 그래서 알타이어족에 속할 가능성이 높다고 하는 것이다. 그러나 한 뿌리임을 증명할 말소리의 체계적인 대응이 잘 찾아지지가 않아 '과학적으로, 즉 비교언어학적 방법으로 아직 충분히 증명되지 않았다'라고 하는 것이다. 그래서 외국에서 출판된 여러 언어학 교과서에서는 알타이어족 외에 한국어족이라는 어족을 따로 제시하고 거기에 우리말을 넣어두기도 한다.

따라서 한국어의 뿌리가 어디에 있는지, 어느 어족에 속하는지를 밝히기 위해서는 앞으로 개별적인 알타이언어를 더 철저히 조사하여 한국어와 비교하여 체계적인 말소리 대응을 찾는 한편, 한국어의 여러 방언을 조사하여 그 속에 담겨 있는 한국어의 옛 모습을 찾아 연구해야 할 것은 우리 학계가 해야 할 큰 과제이다. 폭넓고 깊이 있는 알타이언어 현지 조사를 통해 우리말과 알타이언어의 특성을 더욱 정밀하게 대조하고 비교해 보아야 할 것이다.

한국어 계통 연구의 역사

한국어 계통 연구의 역사적인 전개에 대하여 앞에 든 김주원 교수의 설명을 더 들어 보자. 한국어가 알타이어족과 동일한 계통이라는 생각은 일찍부터 있어 왔다. 19세기 후반기부터 서양 열강이 중국_{당시 청나라}을 비롯한 조선, 일본에 관심을 가지면서 이들의 언어가 비슷한 구조를 하고 있다는 점을 바탕으로 하여 비교언어학적 연구가 이루어지기 시작했던 것이다. 그러나 한국어에 대해서 구체적이고 의미 있는 연구가 시작된 것은 1920년대 후반부터이다. 특히 핀란드의 언어학자 람스테트의 연구 업적은 결정적으로 공헌하였다. 일본에 와 있던 람스테트는 한국인 유학생에게 한국어를 배우게 되었고 알타이언어들과 비교하면서 한국어가 알타이어족에 속한다는 확신을 가지게 되어 그 사실을 논문과 책으로 발표하였기 때문이다. 우랄언어와 알타이언어를 분리해서 연구를 하기 시작한 것도 람스테트 때부터였다. 그는 알타이언어가 하나의 어족을 이룬다는 확신을 가지게 되었고 이후 한국어를 알타이어족에 편입시킨 연구를 한 것이다. 그의 연구 내용을 집대성한 ≪한국어 어원 연구≫가 출판되고 그 책에 대한 서평이 정평 있는 학술지에 실림으로써 한국어는 의심할 바 없이 알타이어족에 속하는 것으로 받아들여졌다.

그동안 한국의 학계에서는 어떤 연구를 하였을까? 일제강점기에는 우리 손으로 제대로 된 학문을 하기 어려웠다. 우리 학자의 손으로 된 주요한 업적이 없지는 않았지만 대부분이 일본인의 손에서 이루어진 것이었다. 한국전쟁을 지나고 1950년대 후반에야 서서히 한국어와 알타이언어 사이의 비교 연구가 시작되었다. 이때의 주요 연구 경향은 한국어가 당연히 알타이어족에 속하는데 외국 학자의 눈이 아닌 우리의 관점에서 한국어가 어느 알타이언어와 어떻게 일치하는지를 찾아내고 알타이어족과의 관계를 정밀하게 밝히는 작업이 이루어지기 시작했다.

1970년대는 한국어 비교언어학, 즉 한국어 계통 연구의 전성시대라고 할 수 있다. 한국어의 역사가 연구되면서 가장 옛 단계에 있는 한국어 이전의 모습에 관심이 집중된 것이다. 이러한 연구 과정에서 기존 연구의 잘못이 상당수 드러나기도 하였다. 우리 학자들에게 자신감을 가져다 주기도 하였다. 당대 한국어의 계통에 관한 대표적인 업적은 김방한 교수의 ≪한국어의 계통≫(민음사, 1983년)이라는 책이다. 그 책은 한국어는 어디서 왔으며 그 뿌리는 무엇인가, 또 한국어는 어떤 언어와 친근 관계가 있는가에 대한 대답을 제시한다.

그 책에서는 한국어와 알타이언어를 음운, 형태, 어휘 면에서 비교하면서 특히 음운대응에 주목하였다. 음운체계 전반에 걸친 음운대응을 정확하게 공식화할 수 있는 단계에는 아직 이르지는 못했으나 앞으로 대응 규칙을 더 보강하고 정밀화할 가능성이 충분히 있음을 제시하였다. 또한 한국어와 알타이언어의 관계를 도식화할 정도로 확실하지는 않지만, 한국어가 퉁구스언어와 매우 밀접한 관계에 있을 개연성을 주장하였다.

그리고 삼국사기 지리지의 지명을 분석하여 고대 한반도에는 계통을 달리하는 두 언어층이 있었던 것으로 추정하였다. 하나는 퉁구스어계의 언어층이고 또 다른 하나는 어떤 불명의 언어층이다. 이 불명의 언어층을 원시한반도어라 불렀다. 이 원시한반도어는 한반도 전역에 분포되었던 것으로 생각되는데, 저자는 그 불명의 언어층이 고아시아어족의 길리야크어라고 추정하였다. 길리야크어는 요즘 니브흐어라 불린다.

그러나 우리 학계의 이러한 연구의 결정적인 약점은 알타이언어들을 직접 보고 듣지 못하고 오로지 문헌에만 의존했다는 점이다. 기존의 연구 논저, 언어사전 등에만 의존하여 연구를 진행했던 것이다. 위와 같은 한계점이 극복되기 시작한 것은 1990년대 동서독 통일과 러시아 소비에트체제의 붕괴 이후부터였다. 이제는 우리가 알타이언어 사용 지역인 중국과 러시아에 직접 가서 우수한 장비로 그들의 언어를 직접 조사하고 분석할 수 있게 된 것이다.

고구려어의 성격은 무엇인가?

옛 삼국시대 고구려, 신라어, 백제어는 같은 언어의 방언이었을까, 아니면 서로 다른 언어였을까? 21세기에 들어서면서 중국이 고구려사를 자기네 것이라고 우기는 통에 이 문제에 대한 관심도 부쩍 늘어났다.

만주 지역과 한반도에 삼국이 정립되었을 때 고구려어가 어떠했는지를 알려 주는 자료는 두 가지뿐이다. 첫째는 삼국사기에 기록된 땅이름,

관직이름 등을 통해 추정할 수 있는 자료인데, 겨우 70여 단어에 지나지 않는다. 둘째는 중국 옛 역사책에 기록된 당시 언어에 대한 기록인데, 이것 역시 매우 간략하다. 따라서 이런 한정된 자료로 당시 언어의 모습을 추정한다는 것은 이론적으로는 거의 불가능하다. 그래서 비교언어학을 통해 조금이라도 정확한 모습을 추정하기도 하고, 또는 온갖 추측을 통해 각자가 이미 내린 주장을 정당화하기도 한다.

어떤 두 언어가 서로 다른 언어인지, 아니면 같은 언어의 방언 차이인지를 판정하는 기준은 의사소통의 가능성 여부다. 다시 말하여 통역을 가운데 두고 말을 한다면 서로 다른 언어이고, 그렇지 않다면 같은 언어의 서로 다른 방언이다. 현재 고구려어와 신라어-백제어의 관계에 대해서는 두 주장이 있다. 하나는 같은 어족의 언어여서 매우 가깝지만 서로 다른 언어였다고 보는 주장이고, 다른 하나는 방언적 차이만 있는 같은 언어였다고 보는 주장이다. 남한학계에는 이 두 주장이 함께 있는데, 일본학계는 앞의 주장을, 북한학계는 뒤의 주장을 내세운다. 그러나 극히 제한된 자료밖에 없는 지금으로서는 어느 주장이 옳은지에 대해서 더 많은 연구가 필요하다. 우리말과 지리적으로 그리고 계통적으로 관련이 있는 알타이어족의 여러 언어들을 두루 살펴 도움을 얻을 수 있을 것이다.

인도유럽어족

　인도유럽어족은 세계에서 가장 넓은 지역에 분포하고 있는 어족인 동시에 세계 인구의 절반이 사용하고 있는 어족이다. 세계 모어 화자 수에 따른 언어 순위에서 중국어와 아랍어를 제외한 영어, 스페인어, 힌디어, 벵골어, 러시아어, 포르투갈어, 독일어, 프랑스어 등 상위권에 속하는 많은 언어들이 모두 인도유럽어족에 속한다.

　인도유럽어족은 그 이름에서도 알 수 있듯이, 동쪽 인도에서부터 서쪽 아이슬란드에 이르는 넓은 지역에 분포되어 있는 어족이다. 18세기 후반 인도에 파견되었던 영국의 법관 윌리엄 존스가 인도의 고대 언어인 산스크리트어와 라틴어, 그리스어 사이에 나타나는 어휘와 문법 체계의 유사성을 발견하고 이 언어들이 모두 기원이 동일한 언어에서 나왔을 것이라는 의견을 제시하였다. 그리하여 언어들 사이의 계통적 친근 관계를 나타내는 어족이라는 개념이 언어학에 최초로 등장하였다.

인도-이란어파

고대 인도어인 산스크리트어는 완성된 언어라는 뜻인데, 기원전 4,5세기에 규범화되고 고정되어, 일상언어와는 독자적으로, 변화하지 않은 채로 전승되었다. 역사언어학과 비교언어학에서 산스크리트어가 중요시되는 것은 인도유럽언어의 옛 모습을 가장 잘 유지하고 있기 때문이다.

산스크리트어에 대해서 일상구어를 프라크리트어라 한다. 프라크리트어가 오늘날 인도의 여러 언어들로 분화되었다. 현대 인도어에는 힌디어를 비롯하여 벵골어, 구자라트어, 펀자브어, 우르두어 등이 있다. 인도의 언어는 다양하기가 이루 말할 수 없는데, 이에 대해서는 따로 다음 장에서 살펴보기로 한다.

고대 이란어에는 고대 페르시아의 언어와 조로아스터교의 종교언어인 아베스타어가 있다. 현대 이란어에는 현대 페르시아어, 쿠르드어, 오세트어, 아프간어 등이 있다.

게르만어파

유럽 여러 언어 가운데 역사가 오래고 또한 분포가 넓은 것이 게르만어파이다. 독일어가 게르만어파에 속하는 대표적인 언어이다. 이러한 게르만어파는 다시 몇 갈래로 나뉜다.

발트해 북쪽에 위치한 게르만어파에는 고대 아이슬란드어에서 내려온 스칸디나비아반도의 스웨덴어, 노르웨이어, 그리고 덴마크어가 있다. 이들은 각자가 자기 말을 해도 서로 의사소통이 될 정도로 비슷하다. 다만 이웃하고 있는 핀란드어는 이들과는 전혀 다른 우랄어족에 속한다.

발트해 남쪽에 위치한 게르만어파는 역사적으로 다시 두 갈래로 나뉜다. 그 하나는 현대 독일어로 발전한 높은 지대 게르만어이고, 또 다른 하나는 낮은 지대 게르만어로 지금의 네덜란드어, 영어로 발전하였다.

영어를 기준으로 게르만어파의 친근 관계를 비유해서 말해 보자. 우선 영어는 네덜란드어와는 형제쯤으로 생각할 수 있다. 그리고 독일어와는 사촌 형제 정도로 볼 수 있다. 더 나아가 이들과 스칸디나비아반도의 스웨덴어, 노르웨이어, 덴마크어와는 육촌 형제쯤으로 생각할 수 있을 것이다. 굳이 팔촌 형제도 생각해 본다면, 로만스어파에 속하는 프랑스어, 스페인어, 포르투갈어, 슬라브어파에 속하는 러시아어, 그리고 그리스어파에 속하는 그리스어 등의 언어가 팔촌 형제가 될 것이다. 다음 문장은 가각 영어, 네덜란드어, 독일어, 스웨덴어의 예이다.

(a) Yesterday I read the book.　　(영어)
(b) Gisteren las ik dit boek.　　(네덜란드어)
(c) Gestern las ich dieses Buck.　　(독일어)
(d) Igår läste jag denna bok.　　(스웨덴어)

영어는 유럽 대륙의 엘베강 하류 지역에 살고 있던 앵글족과 색슨족이 5세기 중엽 영국에 정착하게 되면서 형성된 언어이지만 1066년 노르만 정복 이후 정치, 행정, 법률, 군사, 교회 등에 프랑스어에서 수많은 어휘들을 가져왔기 때문에 겉으로는 프랑스어와 같은 계통처럼 보일 수 있다. 영어 단어는 프랑스 단어와 같은 철자가 많기 때문이다. 그러나 영어는 역사적으로나 문법적으로는 독일어와 함께 게르만어파에 속한다. 이것은 마치 우리말에 중국에서 들어온 한자어가 많지만, 중국어와는 전혀 계통이 다른 것과 같다. 사실 영어에는 pork, beef와 같은 프랑스어에서 차용한 단어 말고도 세계 여러 언어에서 차용한 단어가 많기로 유명하다. chocolate, tomato는 아메리카 토박이말인 나우아틀어에서, ketchup, tea는 중국어에서, mango는 타밀어에서 차용한 것이다.

오늘날 독일어는 원래 남부의 높은 지대 게르만어를 기반으로 발전한 언어이다. 현재 독일어는 유럽연합 안에서 가장 많은 사람들이 모어로 사용하는 언어로서 독일, 오스트리아, 리히텐슈타인의 국어이며 스위스, 벨기에, 룩셈부르크에서도 공용어로 사용되고 있다.

네덜란드어는 네덜란드, 벨기에, 수리남, 인도네시아, 프랑스 일부 지역에서 사용하는 언어이다. 또한 남아프리카공화국에서 쓰이는 아프리칸이라는 언어가 있는데, 이것은 영어와 함께 남아프리카공화국의 공용어이다. 네덜란드어가 아프리카에서 사용되다가 조금씩 바뀌어 이제는 네덜란드어와는 다른 새로운 언어가 되었다.

그리스어파, 그리고 발칸반도의 언어들

그리스어는 대표적인 고전 언어이다. 옛 그리스어에는 아오리스, 도리스, 이오니아와 같은 방언이 있다. 이오니아방언에서 분화한 아틱방언이 있는데, 이 방언은 아테네 지방에서 가장 유력한 언어가 되었다. 여기서 기원전 4세기 후반에 나타난 것이 공통어가 된 코이네이다.

그리스어는 지금은 그리스 본토와 크레타를 비롯한 에게해의 섬 그리고 키프로스 등에서 약 1천만 명에 불과한 화자만이 사용하고 있는 언어지만, 서양 문명의 거의 모든 위대한 정신적 유산이 고대 그리스어에서부터 시작되었다. 특히 그리스어로 된 문헌들은 기원전 7, 8세기에 쓰인 호메로스 시를 시작으로 오늘날까지 약 2천800여 년 동안 한 번도 기록이 끊기는 일 없이 꾸준히 전해 내려오고 있다. 그래서 그리스어는 역사언어학과 비교언어학에서 절대적인 중요성을 지닌다.

또한 페니키아인들의 문자를 받아들여 기원전 9세기 때부터 사용하기 시작한 인류 최초의 음소문자인 그리스문자는 후에 에트루리아인을 통해 로마로 전해져 오늘날 영어를 비롯하여 서유럽 대부분의 언어들에서 사용되는 라틴문자, 즉 로마자가 되었다.

그리스어와 발칸 반도에서 사용되는 알바니아어, 루마니아어, 마케도니아어 등은 각각 계통적으로 그리스어파, 알바니아어파, 로만스어파, 슬라브어파에 속하는 언어이다. 그런데 이 언어들은 오랜 기간 동안 동일한 지역에서 서로 인접해서 사용되는 동안 언어 간의 접촉과 지속적인 인구 이동을 통해 계통을 뛰어넘어 여러 언어의 특성을 공유하게 되었다. 지리적인 근거로 언어들이 서로 공통적 특성을 가지게 된 대표적인 예이기도 하다.

로만스어파

서양의 대표적인 고전어는 그리스어와 라틴어이다. 이 둘은 서양 문화의 중심이었던 그리스와 로마 시대의 언어여서 세계 문화에 끼친 영향은 매우 크다.

로마제국은 이탈리아반도 중부의 라티움이라는 작은 나라에서 일어나서 이탈리아반도는 물론이고 남쪽으로는 아프리카 북부, 서쪽으로는 이베리아 반도, 동쪽으로는 아시아 서부까지 드넓은 영토를 가진 대제국이 되었다. 기원전 3,4세기 이탈리아에는 여러 말들이 쓰였었지만, 점차 작은 나라 라티움의 말이었던 라틴어가 로마제국의 언어로 통일되었다.

로마제국의 번창과 더불어 라틴어는 점점 확산되어 로마제국 영토 안의 모든 지역 사람들이 라틴어를 쓰게 되었다. 그러나 기원후 4세기쯤부터 로마제국이 붕괴되기 시작하면서 로마는 그 중심 위치를 잃게 되었다. 그러자 각 지역은 지리적 조건으로 또는 정치적 상황에 따라 독립하게 되고, 쓰고 있던 라틴어는 이미 동일성을 유지할 수 없게 되어 각기 특유한 변화과정을 밟게 되었다. 이러한 변화가 계속되자 10세기쯤에는 드디어 서로 다른 여러 언어들로 갈라지게 되었다. 여기서 오늘날의 이탈리아어, 프랑스어, 프로방스어남부 프랑스, 스페인어, 카탈란어동부 스페인, 포르투갈어, 루마니아어 등이 탄생하였다. 이 가운데 프랑스어는 오늘날 세계적인 외교언어로 발전하였으며, 스페인어는 대부분의 라틴아메리카 국가의 공용어로, 포르투갈어는 브라질의 공용어가 되어 위세를 떨치고 있다. 다음은 라틴어와 그 후예들의 단어를 비교한 것이다.

라틴어	뜻	이탈리아어	프랑스어	스페인어	포르투갈어
amare	사랑	amare	aimer	amar	amar
amicus	친구	amico	ami	amigo	amigo
bonus	좋은	buono	bon	bueno	bom
cantare	노래	cantare	chanter	cantar	cantar
nomen	이름	nome	nom	nombre	nome

프랑스어 프랑스어는 세계 속의 대규모 언어권을 이룬다. 이를 프랑코포니라 하는데, 대부분의 모어 화자는 프랑스에 거주하고 있으며, 캐나다 퀘벡주, 벨기에, 스위스, 모나코, 룩셈부르크에 거주하고 있다. 제2언어 사용자는 대부분 아프리카 프랑스어권의 주민들이다. 프랑스어를 쓰는 70개 회원국/정부는 1970년에 프랑스어권 국제기구를 창설하여 서로 간의 적극적인 연대를 구축하고 있다.

한편 프랑스는 자국어 보호를 강력하게 법으로 시행하는 나라이다. 프랑스는 공식적인 정부 간행물, 공공 교육, 법률 문서에서 프랑스어를 사용하도록 강제하고 있으며 광고에 외국어를 쓰면 반드시 번역하도록 의무화하고 있다.

스페인어 스페인어는 스페인과 라틴아메리카 대부분 나라에서 사용된다. 스페인어 화자가 가장 많은 나라는 멕시코이다. 스페인어가 공용어로 쓰이는 나라는 브라질을 제외한 라틴아메리카 여러 나라들, 아프리카의 여러 나라들이다. 미국에서도 최근 라틴아메리카의 여러 나라로부터 이주자들이 늘어나며 스페인어 사용자도 급증하고 있다.

포르투갈어   포르투갈어는 포르투갈과 브라질에서 사용하고 있으며 그 외에도 아프리카의 앙골라, 모잠비크 등 여러 나라, 아시아의 마카오, 동티모르에서도 사용된다. 남아메리카에서는 브라질이 유일하게 포르투갈어를 공식어로 사용하고 있지만 인구수로는 남아메리카 인구의 절반 이상을 차지하고 있다. 브라질의 상파울루에서는 2006년 포르투갈어 박물관이 세워지기도 하였다.

발트-슬라브어파

현대 슬라브어파 언어에는 러시아어를 비롯하여 백러시아어, 우크라이나어, 불가리아어, 세르보-크로아티아어, 슬로베니아어, 슬로바키아어, 체코어, 폴란드어 등이 있다. 물론 가장 큰 세력을 가진 언어는 러시아어다. 러시아어는 넓은 지역에서 사용될 뿐만 아니라, 문학어로도 발전한 중요한 언어이다. 발트어파 언어에는 리투아니아어와 라트비아어가 포함된다.

동유럽의 대부분 언어가 속하는 발트-슬라브어파는 다른 언어들에서 사라진 고대 인도유럽언어의 특성을 잘 간직하고 있다. 특히 리투아니아어와 라트비아어를 포함하는 발트어파에는 고대 인도유럽언어의 복잡한 격 체계가 잘 남아 있으며 성조가 발달하였다. 슬라브어파도 역시 비교적 옛말의 형태를 잘 간직하고 있는 편인데, 가장 두드러진 슬라브어의 문법적 특징은 양상에 따른 동사의 구분이다. 예를 들어 러시아어에서 동사는 대개 접두사를 통하여 완성된 행위를 표현하는 '완료상'과 미완성된 또는 진행 중인 행위를 표현하는 '미완료상'을 구분한다.

(a) Ja prochital knigu.

　　나는 책을 다 읽었다. (완료상)

(b) Ja chital knigu.

　　나는 책을 읽고 있다. (미완료상)

러시아어를 표기하는 문자가 키릴문자이다. 키릴문자는 러시아어를 비롯한 옛 소련의 언어들, 불가리아어, 세르비아어, 몽골어 등을 표기하는 데 널리 사용되는 문자이다. 9세기의 그리스문자에 바탕을 둔 키릴문자는 슬라브족에게 파견된 사도인 그리스의 두 형제 키릴문자라는 이름의 기원이 된 성 키릴루스와 성 메토디우스가 만든 것으로 여겨진다.

켈트어파

켈트어파는 옛날에는 큰 세력을 가진 언어로서 기원전 4세기경에는 잉글랜드, 스코틀랜드, 아일랜드, 프랑스, 스위스, 스페인 일부 등 넓은 지역에서 사용되었다. 그 뒤 게르만족 대이동으로 밀려 서유럽 변방에 흔적을 남겨, 현재는 스코틀랜드, 아일랜드, 웨일스, 콘월, 맨섬, 프랑스 브르타뉴에서 사용되고 있는데, 이 지역에는 켈트어, 켈트 문화의 전통도 남아 있다. 그러나 이들 모두가 이중언어 사용 지역으로서 주요 언어인 영어, 프랑스어에 밀려 화자가 크게 줄어들고 있다.

맨섬에서 사용되던 맨어가 1974년 마지막 화자 마드렐이라는 어부의 사망으로 사라질 위기에 놓였다가 되살아나는 등 고유한 켈트 문화를 보전하고 살리려는 노력이 늘어가고 있다. 영국 지명에서 Kent, Dover, York, London, Thames 등은 모두 켈트어에서 온 말들이다.

　현재 켈트어가 가장 활발하게 사용되고 있는 지역은 영국 웨일스 지방으로 약 150여만 명이 웨일스어를 사용하고 있다. 웨일스 지방은 영어와 함께 웨일스어를 공용어로 쓰고 있으며, 학교에서도 의무적으로 가르친다. 아일랜드 정부도 모든 공문서와 안내문에 영어와 켈트어인 아일랜드어를 병기하고 있다.

아일랜드는 모든 공문서와 안내문에 영어와 켈트어인 아일랜드어를 병기하여 토박이말을 지키려 노력한다. 사진은 아일랜드의 세계적인 대학 트리니티대학교의 건물 안내판이다.

켈트어는 다른 인도유럽어족의 언어들과 달리 어순이 '동사-주어-목적어의 순서로 나타난다는 점이 특징적이다.

  Collodd Siôn ddwy bunt.
  lost   Sion two   pounds
 '시온이 2 파운드를 잃었다.'

그 밖의 인도유럽어

아르메니아어, 알바니아어, 토카라어, 히타이트어 등도 인도유럽어족에 속하는 언어들이다. 특히 지금은 사라진 토카라어, 히타이트어는 역사언어학이나 비교언어학 연구에 주요한 가치를 지닌다.

바스크어

한편, 유럽에서 인도유럽어에 둘러싸인 계통적으로 고립된 언어가 있다. 친근 관계에 있는 언어가 전혀 없어 어떤 어족에도 소속되지 않는 언어를 언어학에서는 흔히 소속불명어 또는 고립된 언어라 한다. 처음부터 고립된 경우도 있고, 친근 관계에 있던 언어들이 모두 사라지고 홀로 남아 고립된 언어가 되기도 한다. 처음부터 고립된 대표적인 소속불명어가 바로 바스크어이다.

바스크어는 프랑스와 스페인 국경인 피레네산맥 서부 끝자락과 대서

양 연안의 비스케이만 해안에서 사용된다. 로만스어파의 프랑스어와 스페인어 틈에 끼여 있지만, 이들과는 전혀 계통이 다르다. 그간 바스크어의 뿌리가 무엇일까에 대한 연구가 꾸준히 이어오고 있지만, 아직 분명하게 밝혀지지 않고 있다.

바스크어로 된 책은 16세기에 처음 출판되었으며 19세기 말부터 바스크어로 된 문학도 활발히 펼쳐졌다. 현재 바스크어를 사용하는 인구는 수십만 명 되지만 방언 차가 매우 크다. 그리고 바스크어는 바스크 자치 지역 안에서는 비록 공식 언어로 사용되지만, 사회 전반적으로 교육, 출판, 방송 등의 공공생활에서 스페인어나 프랑스어 사용이 요구되고 있어, 최근에는 바스크어를 지키고 또한 바스크어의 표준어를 제정하려는 움직임도 활발하다.

바스크어의 모음은 /i, e, u, o, a/ 다섯 개이며, 형용사는 꾸미는 말 뒤에 놓이고, 명사의 단수–복사 구분은 있으나 남성–여성 구분이 없다. 문장은 우리말처럼 '주어–목적어–서술어' 차례로 놓이지만, 이동이 자유로운 편이다.

다양한 언어가 함께 하는 인도

하나의 사회공동체 안에 둘 이상의 언어가 사용되고 있을 때, 이를 다언어 사회라 한다. 이러한 다언어 사회의 실상과 그들이 안고 있는 문제, 그리고 그 문제를 해결하기 위한 정책에 대해 관심을 가지는 것도 언어 현상을 이해하는 한 방법이 될 것이다. 가장 대표적이라 할 수 있는 인도의 다언어 사회를 인도의 언어 상황과 함께 살펴보기로 하자.

인도의 언어 상황

인도의 지폐를 살펴보면 무려 18가지의 다양한 언어로 금액이 표시되어 있다. 또 인도 국회에서는 대부분의 의원들이 헤드폰을 착용한다. 국회에서의 질의응답은 힌디어나 영어로 이루어지는 것이 원칙이나, 지방출신 의원들의 경우 동시통역에 의존하는 경향이 높기 때문이다. All India Radio라는 라디오방송은 모두 24개의 언어와 146개의 방언으로

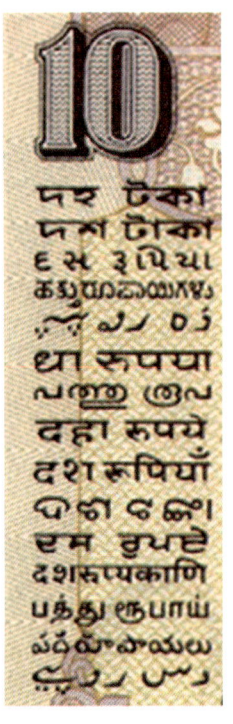

인도 화폐 10루피의 뒷면의 일부. 다양한 문자로 표기되어 있다. 위로부터 아삼어, 벵골어, 구자라트어의 문자이며, 맨 아래가 우르두어 문자이다.

방송을 한다. 그리고 최소한 34개의 언어로 신문이 발간되고 있으며, 67개의 언어가 초등학교 교육에 쓰이고 있다. 사실 인도에서 몇 개의 언어가 사용되는지에 대해서는 누구도 정확히 셀 수 없다. 언어가 적어도 200개가 넘는다는 것이 올바른 표현이다.

인도에서 쓰이는 언어는 대체로 인도유럽어족, 드라비다어족, 중국티베트어족 등에 속하는데 오랜 세월 서로 접촉하며 서로 영향을 끼쳐왔다. 그 가운데 인도유럽어족이 전체 73%를 차지하고 드라비다어족은 24%를 차지한다. 인도의 언어 가운데 인도유럽어족에 속하는 힌디어가 전체 국민 40%가 모어로 쓰는 가장 큰 언어다. 힌디어는 영어와 함께 국가 공용어이다.

인도유럽어족의 언어들

먼저 인도유럽어족에 속하는 언어로서 힌디어와 우르두어를 들 수 있다. 힌디어는 인도의 대표적인 언어로 사용 인구도 엄청나게 많다. 우르두어는 힌디어와 매우 비슷한데, 인도에서도 많이 사용하지만, 파키스탄의 공용어이다. 펀자브어는 인도 펀자브주의 공용어이며 파키스탄에서 많은 인구가 사용하는 언어이다.

구자라트어는 인도 서부 지역에서 쓰이는데, 간디의 고향말이기도 하다. 십몇 년 전에 구자라트어의 문자가 한글과 모양이 같다고 해서 관심을 끈 적이 있었는데, 한글과 닮아 보이는 형태가 몇 있을 뿐, 구조나 기원상으로 한글과는 전혀 관계가 없다는 것이 밝혀졌다. 1997년 김광해 교수가 직접 현지에 가서 확인한 결과, 한글처럼 자음과 모음이 결합해 하나의 음절을 이루는 체계도 아니며, 문자 덩어리 전체가 모음이나 자음을 이루고 있으며 그 윗부분에다 단어별로 줄을 그으면 바로 현대 힌디어 문자가 된다.

벵골어는 인도 동부의 벵골주에서 주로 쓰며, 또한 방글라데시의 국어이다. 모두 2억2천만 명이나 사용하여, 사용 인구수로 보면 세계 5,6위 정도이다. 벵골어는 인도유럽어족의 한 갈래로 그 뿌리는 산스크리트어이다. 산스크리트어에서 갈라진 다른 말들에 비해 문법 체계가 상당히 단순해져 언뜻 보기에는 계통이 다른 말처럼 보인다. 특히 우리말하고 비슷한 점이 있어, 우리말과 계통을 비교해 보려는 시도도 있다. 어순이 우리말과 같아서 주어 다음에 목적어가 놓이고 그 뒤에 서술어가 온다. 보조용언 구성도 매우 흡사하다. 우리말의 '-어 보다, -어 주다, -어 버리다, -고 싶다, -어야 되다'와 같은 표현도 벵골어에 똑같이 나타난다. 명사에 조사가 붙어서 격을 나타내는 방식도 비슷한데, 그러나 벵골어에는 관형격조사, 목적격조사, 처격조사만 있고 주격조사는 없다. 목적격조사는 사람을 나타내는 명사 뒤에만 붙는 특징도 있다. 이러한 겉모습만 보고서 벵골어를 우리말과 계통이 같다는 주장을 가끔 듣게 되는데, 비교언어학의 방법을 엄밀히 적용해 보면 전혀 그렇지 않다. 우연히 얼굴이 닮은 두 사람을 유전자 검사도 하지 않고, 형제일 것이라고 말하는 것과 같다.

벵골어로 된 문학작품 가운데는 세계적인 것들이 많다. 노벨문학상 수상자 타고르가 대표적 시인이다.

드라비다어족

인도 언어의 대부분은 인도유럽어족에 들지만, 남부 인도에 널리 퍼져 있는 언어들은 드라비다어족에 속한다. 이 어족은 주로 남부 인도와 스리랑카에 분포하고 있으며, 파키스탄에서도 쓰이는데, 모두 1억4천만 명쯤이 사용한다. 가장 대표적인 말은 기원전부터 오랜 전통과 문학을 간직하고 있는 타밀어이다. 그런데 북부 인도에서도 드라비다언어가 확인되고 있어 아마도 기원전 2천년쯤 인도유럽언어가 인도에 들어올 당시 인도에 가장 널리 퍼져 있었던 것이 바로 이 드라비다언어였을지도 모른다.

드라비다언어의 명사는 단수와 복수를 표시하며, 대명사는 남성·여성·중성 형태로 나뉜다. 또한 알타이언어나 우랄언어처럼 교착어이며, 문장은 '주어-목적어-서술어' 차례로 구성된다. 그래서 가끔씩 알타이언어와 드라비다언어가 같은 계통이 아닐까 생각하는 학자들도 있다.

그런 학자 가운데는 한국어가 드라비다언어와 계통이 관련되어 있다고 생각하고 비교를 시도해 본 학자도 있었다. 20세기 초 헐버트가 몇몇 어휘와 문법을 비교한 적이 있다. kuvi와 '구멍', kwi와 '귀', '집'을 뜻하는 kudi와 '구들'이 그런 예이다. 긍정적인 대답을 뜻하는 am과 우리말의 '암, 그렇고말고'를 비교하기도 했으며, '여자'를 뜻하는 pen과 우리말의 '여펜네'를 비교하기도 하였는데, 신빙성이 거의 없다.

그럼에도 불구하고 요즘도 둘 사이의 계통을 주장하는 사람이 더러 있다. 그저 몇몇 어휘가 비슷하고 문법 구조가 비슷하다고 해서 같은 계통의 말이라고 주장하는 것은 언어학적으로는 매우 위험한 소설이거나 수필이다.

인도의 언어

1947년 영국으로부터 독립한 인도는 복잡한 다언어 현상을 해결하기 위해 여러 가지 정책을 펼쳐 왔다. 독립 당시 국가 공용어는 영어였다. 통일된 고유 언어가 없는 상태에서 영어를 인도의 언어로 대체하는 일은 쉽지 않았다. 정부 차원에서는 영어를 그대로 공용어로 쓸 수밖에 없었다. 그러나 이것은 민족 감정에 어긋나는 일이어서 그들 고유의 인도 언어를 국어로 삼아야 한다는 생각으로 힌디어를 공용어로 삼을 것을 헌법에 명시하기에 이르렀다.

그러나 워낙 복잡한 다언어 현상을 힌디어 하나를 국어로 삼는 것은 처음부터 무리였다. 그리하여 힌디어를 포함하여 14개의 언어를 '인도의 언어'라 하여 국가에서 공인한 언어로 헌법에 규정하였다. 이 14개 언어는 인도의 대표적 언어로서 이들 언어의 사용자가 인도 전 국민의 90%에 해당할 뿐만 아니라 14개 언어에 드는 언어는 대부분 1천만 명 이상이 쓰고 있다. 다만 아삼어, 카시미어, 산스크리트어만 예외다. 특히 산스크리트어는 이미 사라진 언어이지만 인도의 고전어로서 종교, 문화에 있어서 중요하기 때문에 특별히 포함되었다.

인도의 국가 공용어

14개 인도의 언어 중 하나를 공용어로 채택하려 할 때 힌디어는 사용자수가 가장 많고 종족간의 통용어로 널리 쓰여 왔기 때문에 가장 바람직하다고 볼 수 있다. 그러나 여기에는 많은 문제가 있었다. 첫째는 힌디어가 전국적으로 고루 분포되어 있지 않다는 점이었다. 북부의 우타르프라데시주와 같은 곳에서는 96.7%가 힌디어와 우르두어를 제1언어 또는 제2언어로 사용하고 있었으나 남부의 타밀나두주에서는 거의 사용하지 않는다. 둘째는 힌디어가 다른 언어 사용자들의 감정에 부합하기 어렵다는 점이었다. 타밀어나 벵골어 같은 언어도 독자적인 문자를 가지고 있으며 문학 전통도 오래되어 힌디어가 자신들 언어보다 더 우위에 설 근거가 없다는 의식이 강하였다. 셋째는 그 동안 써 온 영어에 비해 힌디어는 어휘가 부족하여 국가 공용어로서 부적절하다는 문제도 제기되었다.

그러나 다른 방법이 마땅하지 않아 결국 힌디어가 헌법에서 공용어의 자격을 얻게 되었으며, 다만 혼란을 줄이는 한 방안으로 15년이라는 시한을 정하여 영어를 완전히 힌디어로 대체하기로 하였다. 그런데 그 시한인 1965년이 지나도록 이 목표는 달성되지 않았다. 남부에서 계속 힌디어를 공용어로 받아들이지 않았으며, 영어는 독립 이후에 오히려 더욱 더 활발히 번져 나갔다. 정부는 하는 수 없이 1967년 영어를 힌디어와 함께 모든 공용에 쓸 수 있다는 법을 정하여 현재까지 이어지고 있다. 결국 14개 인도의 언어에 영어가 추가되어 15개 언어가 인도의 공용어로 사용하게 된 셈이며, 그 중에서도 영어는 힌디어와 함께 여전히 가장 윗자리에 놓이게 되었다. 복잡한 다언어 현상으로 말미암아 힌디어를 공용어로 확정하는 데에도 실패하고 동시에 영어를 축출해 내는 데에도 실패하였다.

인도의 주 공용어

인도는 주마다 독자적인 공용어를 따로 정해 쓰고 있다. 비록 어떤 주도 단언어 사회는 아니지만 같은 주에 속한 주민들은 대다수가 같은 언어를 사용하여 주마다 그 주를 대표하는 언어를 하나씩 가지고 있다.

인도는 이러한 사정을 감안하여 각 주마다 국가 공용어와 별도로 주 정부의 독자적인 공용어를 채택해 쓸 수 있도록 허용하고 있다. 그리하여 각 주는 대부분 그 주의 대표적 언어를 주 공용어로 채택해 사용하고 있다. 물론 주 공용어로 채택되지 못한 토박이말의 사용도 공식적으로 허용하고 있다.

인도의 언어 교육

위에서 살펴본 바와 같이 인도의 다언어 현상은 매우 복잡하다. 그래서 인도의 언어교육에 관한 정책은 다양한 언어들을 포용하는 방향을 기본으로 삼고 있다. 언어와 관련된 여러 사회 집단의 요구를 공평하게 수용한 최선의 해결책으로 인정받고 있는 이 정책은 각 언어 집단의 토박이말 사용을 보장하고, 힌디어를 통한 국가적 긍지와 통일을 유지하며, 영어를 통한 행정의 효율성과 기술 분야의 진보를 극대화할 수 있는 방안이다. 즉 3개 언어 토박이말, 힌디어, 영어의 교육을 교육과정에 단계적으로 포함하고 있다. 이러한 교육과정에 의해 교육을 받은 사람들은 세 가지 언어에 대해 똑같은 수준의 능력을 가지지는 못하더라도 세 언어에 상당 수준의 능력은 갖추게 된다.

아시아와 태평양의 언어들

아시아의 넓은 대륙에는 여러 어족들의 언어가 사용된다. 그리고 태평양과 그 연안에도 수많은 언어들이 사용된다. 앞에서 살펴본 알타이어족의 몽골어파, 만주-퉁구스어파, 튀르크어파가 아시아 대륙에 넓게 분포되어 있다. 그리고 인도와 이란 지방에는 인도유럽어족과 드라비다어족의 언어들이 분포되어 있다. 이제 이러한 어족 외에 아시아와 태평양 지역에서 사용되는 여러 어족들과 그 언어에 대해 살펴보도록 하자. 가장 많은 인구가 사용하는 것은 역시 중국어가 속한 중국티베트어족이다. 그리고 동남아시아에서 사용되는 오스트로아시아어족, 서남아시아와 아프리카 북부에서 사용되는 아프로아시아어족, 태평양과 그 연안에서 사용되는 오스트로네시아어족, 아시아 북동부 극동 지역에서 사용되는 고아시아어족 등이 대표적이다.

중국티베트어족

중국티베트어족은 중국과 그 주변에 걸쳐 넓은 지역에서 사용되는 어족이다. 중국어[漢語], 캄-타이어, 티베트-버마어, 먀오-야오어 등으로 분류된다. 그 가운데 중국어는 베이징어官話(Mandarin)를 대표적인 언어로 하여 양쯔강 이북에서 사용되고 있는 북방어, 양쯔강 하류의 우어吳語, 양쯔강 중류의 샹어湘語, 화난 지역 각지에 분포하고 있는 학카어客家語, 타이완과 하이난섬에서 사용되고 있는 민어閩語, 광둥방언을 대표하는 광둥어廣東語 등을 포함한다. 캄-타이어는 중국 남서부 지역에 넓게 분포하고 있는 캄어侗語와 수이어水語, 그리고 태국에서 사용되고 있는 타이어를 포함한다.

중국의 한어 중국은 한족과 55개의 소수 민족으로 이루어진 다민족 국가이다. 다민족 국가인 만큼 언어 사용도 복잡하다. 한족들은 한어라 부르는 중국어를 사용한다.

중국의 소수 민족들은 모두 그들의 토박이말을 지니고 있지만, 중국어의 세력에 밀려 대부분 이중언어 생활을 한다. 그러나 젊은이일수록 그들 자신의 모어보다는 한어에 더 익숙해 있다. 이들 토박이말은 상당수는 알타이언어들이다. 알타이언어들은 한어 사용의 확장으로 점차 사라질 위기에 처해 있어 이를 보전하려는 세계 언어학자들의 관심을 끌고 있다.

한어는 방언이 많기로 유명하다. 그리고 같은 한어라 하지만, 사실은 방언이라기보다는 서로 다른 언어라 할 정도로 그 차이가 크다. 서로 다른 방언을 쓰는 사람들끼리 만나 대화를 하면 의사소통이 안 될 정도이다. 그래서 중국 정부는 베이징방언을 바탕으로 하여 보통화라는 표준어를 만들어 온 국민에게 교육하여 이 말을 통해 전국 어디서나 누구와도 다 의사소통된다.

이러한 한어의 가장 큰 특성은 원래 하나의 단어가 하나의 음절로 되어 있다는 점이다. 그래서 이론적으로 말하자면 음절수만큼만 단어가 있게 된다. 따라서 단어를 늘이려면 한정된 음절을 여러 번 활용해야 한다. 그래서 한 음절을 여러 번 쓰기 위해 높낮이를 달리하여 네 가지의 서로 다른 소리를 내어 쓰고 있다. 이것이 성조이다.

같은 이유로 중국에서는 한 개념을 한 글자로 표기하는 뜻글자를 만들게 된 것이다. 그것이 바로 한자이다. 한자는 중국어의 특징을 가장 잘 반영하고 있는 글자이다. 그래서 중국은 한자를 결코 버리지 못한다. 그렇기 때문에, 어쩔 수 없이, 복잡한 원래의 한자 대신 쓰기에 편리한 간체자를 만들어 쓰고 있다.

타이어　태국에서 쓰이는 타이어는 중국티베트어족에 속하는데 분명하게 계통이 밝혀지지 않고 있다. 타이어는 중국어처럼 한 단어가 한 음절로 되어 있으며, 그래서 말소리의 높낮이가 단어의 뜻을 구별해 준다. 한 음절에 다섯 가지 성조가 놓일 수 있다. khaa라는 소리를 예를 들어 보자. 보통 높이로 발음하면 '들어있다'라는 뜻이 되고, 낮은 소리로 발음하면 '아로마뿌리'라는 뜻이 되고, 높은 소리로 발음하면 '사업하다'라는 뜻이 된다. 또한 높다가 내려오는 소리로 발음하면 '노예'라는 뜻이, 반대로 낮다가 올라가는 소리로 발음하면 '다리'라는 뜻이 된다. 어순도 '주어+서술어+목적어'로 놓여 중국어와 비슷하다. 조사나 어미로 문법 관계를 나타내는 우리말과는 달리 어순으로써 문법 관계를 표현한다.

태국은 전통적으로 계급사회였기 때문에 우리말의 높임 표현과 비슷한 문법 현상이 있다. 인칭대명사나 문장 끝에 높임을 나타내는 표현을 붙인다.

싱가포르의 언어

싱가포르에서는 다양한 문화가 혼합되어 있는 지역인 만큼 말레이어, 드라비다어족의 타밀어, 영어 그리고 중국어가 모두 공식 언어로 사용되고 있는데, 인구의 약 78%가 중국계 사람들로 이들은 다양한 중국어 방언을 사용하고 있다. 그러나 1819년 영국 통치 이후 계속해서 사용해 온 영어 역시 교육, 행정, 상업 등 여러 영역에서 아직까지도 폭넓게 사용되고 있다. 특히 영어는 다양한 민족적인 배경을 하나로 단합시키는 제2언어로서의 역할도 하고 있다. 따라서 대부분의 싱가포르 사람들은 두 개의 언어, 즉 영어와 자신의 모어를 사용한다. 싱글리시라고 불리는 싱가포르 영어는 말레이어와 중국어가 영어에 혼합된 특성을 보이는 언어이다.

베트남어와 크메르어

베트남에서 쓰이는 베트남어와 캄보디아에서 쓰이는 크메르어는 오스트로아시아어족에 속한다. 베트남어와 크메르어는 각각 베트남과 캄보디아에서 공용어로 사용되고 있다. 이들 언어는 주변 언어들의 많은 영향을 받아, 특히 중국어의 영향을 많이 받아 성조가 나타난다. 그리고 베트남어는 우리말처럼 'ㄱ-ㄲ-ㅋ, ㄷ-ㄸ-ㅌ, ㅂ-ㅃ-ㅍ'와 같이 세 쌍이 대립하는 자음 체계를 이루고 있다. 영어나 일본어처럼 유성자음-무성자음의 두 자음 체계를 가진 것과는 구별된다. 예를 들어, da는 '많이', ta는 '일인칭대명사', tha는 '용서하다'라는 뜻으로 구별된다.

베트남어는 한국어, 일본어 등과 마찬가지로 중국으로부터 많은 한자어를 받아들였다. 프랑스 식민 지배를 겪은 탓에 프랑스어에서도 상당수 어휘를 받아들였다.

아프로아시아어족

아프로아시아어족은 북부 아프리카 및 서남아시아 지역의 넓은 분포를 가지는 어족으로, 햄셈어족으로 불리기도 하였다. 이집트어, 베르베르어, 쿠시어, 챠드어 등이 한 어파를 형성하고, 메소포타미아 지방의 고대 아카드어, 바빌로니아어, 아시리아어 등이 한 어파를 형성하는데, 여기에 히브리어, 아랍어, 에티오피아어 등이 속한다. 아랍어는 7세기 이후 종교적 발전과 더불어 크게 분포 지역을 확대하여 현재 아랍권 여러 나라의 공용어이다.

아랍어와 히브리어　　아프로아시아어족의 대표적인 언어가 바로 히브리어와 아랍어이다. 히브리어는 원래 팔레스타인을 중심으로 사용된 성경을 기록한 종교언어로서 오랫동안 유대교의 문헌언어로 유지해 오다가 19세기 말에 일상언어로 부활하였다. 히브리어는 약 2천여 년 동안 세계 각지에 분산되어 살았던 유대인들의 운명과 더불어 공식적으로 사용되는 국가 없이 오직 유대교의 종교 목적으로만 사용되었다. 따라서 실제 구어로서는 사라질 위기에 처해 있었다. 그러나 19세기 중반 시오니즘 운동으로 일상언어로서의 히브리어를 되살리기 위한 운동이 일어났고, 고전히브리어를 바탕으로 구어로서의 현대히브리어가 되살아났다. 그래서 1948년 이스라엘이 건국되면서 이스라엘의 공용어가 되었다.

아랍어는 이슬람의 성전 코란을 기록한 종교언어로 확립된 7세기부터 종교적 발전과 더불어 분포 지역을 크게 확대하였다. 그리하여 현재는 사우디아라비아를 비롯한 아라비아반도의 여러 나라와 이집트, 수단, 리비아, 알제리, 모로코 등 북아프리카 여러 나라의 공용어로 쓰인다.

같은 어족에 속하기 때문에 아랍어와 히브리어는 공통점이 많다. 이들 언어는 대체로 세 자음이 한 형태소를 이루고 그 안에 들어가는 모음에 따라 여러 단어로 파생되기도 하고 문법 기능을 수행한다. 예를 들어 아랍어에 k-t-b라는 어근이 있는데, 여기에 '-i-a-'가 들어간 kitab는 책이고, '-u-u-'가 들어간 kutub는 책의 복수이고, '-i-a-'가 들어간 kitab는 서기라는 뜻이다. 그리고 글자를 오른쪽에서 왼쪽으로 가로로 쓰는 특징도 두 언어가 같다.

종교적으로 또 정치적으로 싸움이 끊이지 않고 있어 늘 대립되어 있는 이스라엘과 아랍권의 언어가 같은 계통인 셈어에 속한다는 것은 흥미로운 일이다.

극동아시아 지역의 언어들

어느 어족에도 들지 않은 것으로 알려진 유럽의 바스크어처럼 극동아시아 지역에도 그런 언어들이 여럿 있다. 니브흐어, 유카기르어, 축치어가 그렇다. 이들을 묶어 고아시아어족이라 하기도 하지만, 친근 관계가 확립된 것은 아니다.

니브흐어또는 길리야크어는 아무르강 하류 지방과 사할린 북부 지방에 걸쳐 쓰이는데 2천 명 정도가 쓴다. 이 언어는 우리말 기원과 관련하여 관심을 끌고 있지만, 아직 분명히 밝혀진 사실은 없다. 다만 아주 옛날 우리말이 형성될 때 관여한 것으로 알려져 있다. '칼, 도끼, 길다'와 같은 단어들은 우리말과 같다.

그런데 이 언어의 수사는 꽤 흥미롭다. 6은 5+1이며, 7은 5+2이다. 8은 4의 두 배라 표현하여 8에 해당하는 mink는 mi(4)+nak(곱)에서 나왔다. 또 다른 예로 보트를 셀 때, 보트가 한 척이면 nim, 두 척이면 mim, 세 척이면 tem, 네 척이면 nem, 다섯 척이면 tom이라 하여 보트를 셀 때 독특한 고유한 수사가 쓰인다.

유카기르어와 축치어도 극동아시아 지역에서 쓰이는데, 니브흐어와 구조가 비슷한 점도 있지만, 같은 어족에 속하는지 속단하기는 어렵다. 유카기르어는 겨우 3백 명이 쓰고 있으며, 축치어는 1만여 명이 쓰고 있다. 축치어는 초등학교에서 교육도 하고 책도 발간하고 있다. 그러나 이들 세 언어들은 모두 러시아어 사용의 확산으로 현재 사라질 위기에 놓여 있다.

오스트로네시아어족

태평양과 그 연안의 넓은 지역에 흩어져 분포하고 있는 1천여 가지의 언어들은 오스트로네시아어족에 속한다. 말레이폴리네시아어족이라 부르기도 하였는데, 아프리카 동쪽 인도양에 있는 마다가스카르섬에서부터 남태평양의 동쪽 이스터섬에 이르는 지역에 2억7천만 명이 쓰고 있다. 개별 언어로는 말레이어, 자바어, 타갈로그어, 말라가시어, 피지어, 사모아어, 마오리어, 통가어, 하와이어 등이 여기에 속한다.

이들 언어들은 넓은 지역에 분포함에 따라 아프리카의 반투어, 아랍어, 그리고 과거 식민 통치에 의한 프랑스어나 영어의 영향을 받았으나 여전히 문법이나 어휘는 서로 비슷한 모습들을 지니고 있다. 몇몇 어휘를 비교해 보자.

	손	피부	뼈	여자
사모아어	lima	pau	ivi	fafine
하와이어	lima	illi	iwi	wahine
타히티어	rima	iri	ivi	vahine
마오리어	ringa	kiri	iwi	wahine

이 어족 가운데 가장 규모가 큰 언어가 말레이어인데, 말레이시아, 인

도네시아, 싱가포르, 브루나이 등과 그 이웃 지역에서 2억 명 이상이 사용한다. 말레이시아어와 인도네시아어는 물론 같은 말레이어이지만, 요즘 들어 단어나 문법 구조에서 약간 차이가 있다.

오스트로네시아어족에 속하는 몇몇 언어에 대해 더 살펴보자. 필리핀은 지금 영어를 주로 쓰지만, 그들의 토박이말은 오스트로네시아어족에 속한다. 그 가운데 대표적인 것이 타갈로그어인데, 영어와 함께 필리핀의 공용어이나 영어에 밀려 가정언어로 전락하고 있다. 그래서 현재 필리핀 학교교육에서 타갈로그어를 다시 강조하여 교육하고 있다.

뉴질랜드 하면 우리는 마오리족을 떠올린다. 이들이 쓰는 마오리어는 뉴질랜드의 토박이말로서 지금도 십만 명 가까이 쓰고 있다. 우리나라에서 '비바람이 치던 바다 잔잔해져 오면 오늘 그대 오시려나 저 바다 건너서'로 시작하는 '연가'라는 노래로 잘 알려진 po karekare ana는 바로 마오리어로 된 노래이다.

태평양 한복판에 있는 하와이섬에서 쓰이는 토박이말이 하와이어이다. 2천 명 정도가 영어와 함께 사용하고 있다. 하와이어는 다른 오스트로네시아언어처럼 말소리가 매우 단순하다. 모음은 다섯 개가 있고 자음은 h, k, l, m, n, p, w, 성대파열음 등이 있다. 하와이가 1898년에 미국의 한 주가 되자 학교에서 하와이어 대신 영어가 사용되기 시작하여 하와이어는 거의 사라질 위기에 놓였다. 그러나 1960년대에 이르러 폴리네시아의 여러 언어와 문화가 사라질 위기에 놓였다는 인식이 생기면서 이를 되살리려는 노력이 시작되었다. 훌라 춤, 고유 노래 등의 지역적 전통이 되살아났으며 하와어로 된 노래가 라디오를 통해 흘러나왔다. 또한 '알로하Aloha, 안녕, 마할로Mahalo, 고맙습니다' 등의 단어가 영어에 차용되기도 하였다. 마침내 1978년에 하와이어는 공용어로 인정되기에 이르러 학교에서 하와이어를 가르치기 시작하였다.

인도네시아의 언어

인도네시아는 13,466개의 섬으로 이루어진 다도해 국가인데, 1,128개 이상의 부족이 거주하고 있고 726 언어가 사용되고 있다. 그 가운데 세 언어를 수천만 명이 사용하는데, 자바어가 8,430만 명, 순다어가 3,400만 명, 마두라어가 1,360만 명이 사용한다. 그리고 139종의 언어는 사라질 위기에 놓여 있으며, 15종의 언어는 이미 사라졌다.

인도네시아어는 현재 1억 8천만이 넘는 인구를 지닌 인도네시아공화국에서 국어로 채택되어 쓰이고 있는 언어일 뿐만 아니라 인도네시아공화국의 헌법 제26장 제15조에는 "인도네시아공화국의 국어는 인도네시아어이다."라고 명시되어 있다.

파푸아 뉴기니의 언어

파푸아 뉴기니의 언어 대부분은 오스트로네시아어족에 속하지 않는다. 이들은 세계적으로 가장 알려지지 않은 언어들로 아직 많은 부분이 수수께끼로 남아 있다. 정확한 언어의 수를 가늠하기 어려우나 현재 약 1,200여 개의 언어가 이 지역에서 사용되고 있는 것으로 추정된다. 이 지역은 소수 언어들이 가장 밀집해 있는 언어적으로 가장 복잡한 지역이라 하겠다. 이 지역에서 이렇게 다양한 언어들이 보전될 수 있었던 이유는 지리적인 특성으로 서로 다른 언어를 사용하는 부족들 사이에 상호 접촉이 어려웠고, 오랜 시간 동안 중앙집권정부가 없었던 점 등을 들 수 있다.

워낙 다양한 언어가 존재하는 까닭에 언어들 사이의 공통된 특징은 거의 없다. 다만 주변을 둘러싸고 있는 오스트로네시아어족과 대조적으로 대개 '주어-목적어-동사'의 어순을 가지고 있으며, 많은 언어에서 "우리 둘" 또는 "너희 둘"과 같이 단수와 복수 외에 쌍을 가리키는 쌍수 대명사가 존재한다는 점이 공통점이다.

일본어

일본어는 계통이 확실하지 않다. 알타이언어의 요소가 있기는 하지만 다른 언어의 요소도 함께 가지고 있다. 유형론적으로는 문법 특성이 한국어와 비슷하다. '주어-목적어-서술어'라는 어순도 같고, 조사나 어미와 같은 문법형태에 의해 문법범주가 실현되는 특징도 같다. 그러나 음운 구조는 매우 다르다. 모음이 5개이며, 음절 구조는 기본적으로 받침이 없는 것이 특징이다. 그리고 자음에 유성-무성의 대립이 있는 점도 한국어와 다르다.

한편 일본 홋카이도에 아이누어라는 언어가 있는데, 일본어 문법과 비슷한 점이 있기는 하지만, 이 언어 역시 어느 어족에 속하는지 밝혀져 있지 않다. 계통적으로 고립된 언어이다.

아메리카와 아프리카의 토박이말

아메리카 대륙에는 여러 토박이말이 있다. 옛날에 아메리카 인디언말이라 불리기도 하였다. 그리고 아프리카에도 많은 언어들이 존재한다. 이들 언어에 대해 살펴보도록 하자.

북아메리카 토박이말

미국과 캐나다의 언어는 영어이다. 그러나 캐나다의 일부 지역에는 프랑스어도 공용어로 쓰인다. 미국은 영어 외에도 일상생활에서 여러 언어들이 쓰인다. 스페인어, 프랑스어, 독일어, 중국어를 쓰는 인구가 많으며, 우리 교포들은 한국어를 쓴다. 한때 펜실베니아주는 독일어를, 뉴멕시코주는 스페인어를 영어와 함께 공용어로 쓰기도 하였다.

그러나 지금은 사라질 위기에 놓여 있지만 아메리카 대륙의 토박이말이 많이 있다. 먼저 북극 가까운 지역의 이누이트알류트어족을 들 수 있다. 이누이트어는 한 문장이 한 단어로 되어 있는, 즉 언어유형론적으로 포합어인 매우 특징적인 언어로 알려져 있다.

아메리카 토박이말의 어족은 학자마다 분류하는 방법이 가지가지다. 언어의 숫자도 수백에서 수천 가지라 할 정도로 많거니와 문법 구조도 각각 다르고, 또한 서로의 친근 관계를 밝히기도 매우 어렵기 없기 때문이다. 간혹 이들을 아시아 지역의 언어들과 계통이 같다고 주장하는 학자들이 있기는 하지만 아직은 이에 대한 분명한 어떤 증거도 없다. 다만 중요한 것은 이들 언어가 영어에 눌려 거의 사라졌으며 몇몇 남아 있는 언어마저도 점차 사라져 간다는 것이다. 인류의 소중한 문화를 품고 있는 언어유산이 없어진다는 것은 참으로 안타깝다.

북아메리카 지역의 대표적인 토박이말에는 이누이트알류트어족, 알곤킨어족, 이로쿼이어족 등이 있다. 그리고 나데네어족도 있는데, 이 어족에 속하는 나바호어가 널리 알려져 있다.

체로키족의 문자

한글날은 세종대왕이 1446년 훈민정음을 창제하여 반포한 날을 기념하는 날이다. 훈민정음은 창제 원리가 과학적이며 문자구성이 체계적이다. 그래서 배우기 쉽고 사용하기에 편리하다는 점이 자랑스럽다. 또한 창제한 때와 창제한 사람, 창제한 원리를 적은 책이 분명하게 알려진 세계에서 하나뿐인 문자라는 점도 자랑스럽다.

미국 동남부이 흩어져 살고 있는 아메리카 토착인 가운데 체로키족이 있다. 체로키족은 체로키어를 쓰는 꽤 큰 민족이었다. 체로키어는 북아메리카의 이로쿼이어족에 속하는 토박이말이다. 이로쿼이어족에 속하는 언어에는 세네카어, 카유가어 등이 있다. 체로키족은 백인들에 의해 수난도 많이 겪었지만, 유럽 문명을 적극적으로 받아들여 다른 민족보다 세련되고 차원 높은 문화를 누렸다. 미국 노스캐롤라이나주 스모키산 자락에 있는 그들의 민족박물관을 찾는 방문객들에게 자기 민족은 만든 때와 만든 사람이 분명한 고유문자를 가지고 있다고 자랑한다.

그들의 조상 세쿼이아라는 영웅이 있었다. 그는 다리를 저는 장애인이었지만 이를 극복하고서 체로키어에는 85개 음절이 있다는 것을 알고 이를 하나씩 표현하는 음절문자를 만들어 문자생활을 가능하게 하였다. 1821년이었다. 그래서 그들은 체로키어로 된 책, 신문, 잡지를 발간하였다.

그러나 체로키문자는 음소문자인 로마자에 획을 더하거나, 고치거나, 뒤집어서 만든 음절문자이다. 마치 일본이 한자를 조금씩 변형하여 음절문자인 가나를 만든 것과 비슷하다. 따라서 독창적으로 만든 문자로 볼 수는 없다. 만든 때와 만든 사람이 분명한 고유글자를 가지고 있다고 자랑하여 꽤 긴장하면서 스모크산을 넘어 민족박물관을 방문하였던 필자는 박물관을 돌아 나오면서 역시 훈민정음뿐이구나 생각하였다.

남아메리카 토박이말

아메리카는 지역적으로 크게 미국과 캐나다가 있는 북아메리카, 멕시코를 포함하는 중앙아메리카, 그리고 남아메리카로 나뉜다. 현재 북아메리카에서는 프랑스어가 사용되는 캐나다 동부를 제외하고는 영어가 주로 사용되고 있으며, 라틴아메리카라고 불리는 중앙아메리카와 남아메리카에서는 명칭에서도 알 수 있듯이 라틴어에 뿌리를 둔 스페인어, 포르투갈어가 주로 사용되고 있다. 사실 유럽인들이 아메리카에 도착하기 이전의 아메리카 대륙에서는 먼 옛날부터 토착인들이 살고 있었고 이들은 수천 개의 토박이말을 사용하고 있었다. 북아메리카에만 해도 여러 개 어족으로 나뉘는 수많은 토박이말이 존재하였으나 현재는 북아메리카 대부분의 토박이말은 이미 사라졌거나 사라질 위기에 놓여 있다. 남아메리카와 중앙아메리카에서는 잉카제국의 언어인 페루의 케추아어, 볼리비아의 아이마라어, 파라과이의 과라니어, 아즈텍 문명의 언어인 나우아틀어 등이 그 명맥을 유지하고 있을 뿐이다.

파라과이의 언어

남아메리카의 파라과이의 언어 현상은 아주 독특하다. 파라과이는 오랫동안 스페인 식민지였기 때문에 스페인어가 행정언어, 교육언어로 쓰이고 있다. 그런데 스페인어의 오랜 사용에도 불구하고 토박이말인 과라니어가 그 세력을 잃지 않고 파라과이에서 널리 쓰이고 있다. 파라과이라는 이름도 과라니어로 큰물의 땅이라는 뜻에서 왔다. 과라니어는 현재 3백만 명 정도가 사용하고 있을 뿐만 아니라 사회 모든 계층에서 활발히 사용되는 남아메리카의 대표적인 토박이말이다. 또한 파라과이

마야문자의 모습. 문자가 매우 정교하고 장식적인 특징을 보인다. (wikipedia.org)

뿐만 아니라 아르헨티나, 볼리비아, 브라질 일부에서도 쓰인다.

그래서 파라과이 국민의 95%가 과라니어를 쓰고 있다. 남북아메리카 여러 토착인들이 고유 언어를 정복자 언어에 의해 잃어버린 현상과 비교한다면 매우 특이한 현상이 아닐 수 없다. 그러나 오랜 기간 행정언어, 교육언어로 쓰여 온 스페인어의 세력도 만만치 않다. 국민 전체로 보면 스페인어를 아는 사람이 절반에도 못 미치고, 또 두 언어를 다 구사하는 국민은 40%에도 못 미치지만 도시를 기준으로 보면 스페인어의 세력이 상당한 수준이다.

파라과이 사람들은 과라니어와 스페인어에 대해 양면적인 태도를 보인다. 하나는 자기들의 고유 언어인 과라니어를 모르는 사람은 진정한 파라과이인이라고 할 수 없다는 태도다. 과라니어 구사를 파라과이인이 되기 위한 필수 요건으로 생각하는 것이다. 그러면서 다른 한편으로는 과라니어만으로는 나라를 발전시킬 수 없고 스페인어까지 구사하는 이중언어 사용자가 많을수록 나라가 더 발전한다는 태도가 있다.

마야문자

오늘날 과테말라, 멕시코, 온두라스, 엘살바도르 지역에서 기원전 3세기부터 17세기 스페인에 의하여 무너질 때까지 매우 발달된 문화를 꽃피웠던 마야인은 매우 복잡한 마야문자를 가지고 있었다. 마야문자는 주로 돌에 새겨지거나 나무껍질, 비취, 도자기, 건축물 등에 쓰였는데, 약 800여 개의 마야문자를 해독하는 데에는 상당히 오랜 시간이 걸렸다. 왜냐하면 마야문자는 상형문자, 표의문자이기도 하지만 때로는 각각의 소리를 표시하는 음절문자로도 사용되었기 때문이었다. 실제로 550여 개는 상형문자 또는 표의문자, 150여 개는 음절문자이며, 백여 개는 지명이나 신의 이름이었다.

마야문자는 문자 자체가 예술이라고 할 수 있을 정도로 매우 정교하고 장식적인 특징을 보이며, 세계 다른 문자 체계와 비슷한 점이 없는 독특한 문자이다.

아프리카의 언어들

아프리카 북부에 있는 이집트, 수단, 리비아, 알제리, 모로코 등에서는 아랍어를 공용어로 쓴다. 그러나 아프리카 중부와 남부에는 무수히 많은 토박이말이 쓰인다. 그러나 식민 지배를 받으면서 이러한 토박이말이 점차 사라지고 프랑스어, 독일어, 영어가 그 자리를 차지하고 있다.

아프리카 토박이말은 세 개의 어족으로 분류한다. 니제르콩고어족, 코이산어족, 나일사하라어족이 큰 줄기이다. 이 가운데 니제르콩고어족의 반투어파에 속하는 스와힐리어, 줄루어, 요루바어가 대표적이다. 반투란 말은 사람들이라는 뜻이라 한다. 스와힐리어는 동부아프리카의 대표적인 언어로서 케냐와 탄자니아의 공식언어이며, 이 지역 여러 나라의 제2언어로서도 쓰여 분포가 넓은 편이다. 줄루어는 스와힐리어와 함께 반투어파에 속하는데, 남아프리카공화국에서 쓰인다. 요루바어는 주로 나이지리아에서 쓰인다.

코이산어족에는 수렵과 채집 생활을 하는 부시맨과 호텐토트의 언어가 대표적이다. 남부 아프리카에 분포되어 있다. 이 언어에는 흡착음이라는 말소리가 있어 유명하다. 숨을 들이키면서 소리 내는 독특한 자음이다. 흔히 혀를 차거나 입을 맞출 때 내는 '쯧쯧, 쪽쪽'하는 소리와 비슷하다. 코이산어에는 이러한 흡착음이 독자적인 음운으로 종류가 무려 80여 개나 된다고 한다. 흡착음은 원래 코이산어에만 있었으나 지금은 반투어에까지 영향을 주고 있다.

스와힐리어　스와힐리어는 동아프리카 십여 개 나라에서 국어 또는 공식어로서, 교통어로서 약 8천만 명 이상이 사용하고 있는 언어이다. 아프리카 대륙에서 사용 인구, 사용 국가 기준으로 볼 때 가장 중요한 언어로 할 수 있다. 사용 인구가 크다 보니 케냐, 탄자니아, 콩고민주공화국 동부는 스와힐리어를 국어로 채택하여 사용하고 있다.

스와힐리어는 역사적으로 인도양 무역로를 통해 동아프리카 해안과의 접촉으로 현지의 반투어 사용 원주민들과 아랍인, 페르시아인, 인도인의 교류가 이루어지면서 특히 아랍어의 영향을 많이 받아 발전하였다.

스와힐리어의 낮 시간은 해가 뜨는 아침 6시가 기준이 되어 해가 뜬 후 몇 시간이 흘렀는지에 따라 정해진다. 아침 7시는 해가 뜬 지 1시간이 된다. 마찬가지로 해가 진 후 몇 시간이 지났느냐에 따라 스와힐리어의 저녁 시간이 결정된다. 예를 들어 저녁 7시는 해가 진 지 1시간이 된다. 아침 8시를 해가 뜬 지 2시간이라고 표현하며, 밤 10시는 해가 진 지 4시간이라고 표현한다.

줄루어　줄루어는 남아프리카공화국의 11개의 공식어 중 하나로서, 2001년 조사에 따르면 전체 인구의 23%인 1천만여 명이 줄루어를 모어로 사용하고 있다고 한다. 남아프리카공화국은 아프리칸어, 줄루어, 영어 등 여러 다양한 언어가 뒤섞여 독특한 정체성을 형성하고 있기 때문에 1996년에 제정한 헌법 제108항에 11개 주요 언어를 국어로 명시해 놓고 있다.

쇼나어 쇼나어는 아프리카 사하라사막 이남의 대부분의 언어들처럼 성조를 가지고 있다.

낮은 소리　pàr　　화나게 하다
높은 소리　pár　　긁어내다

이러한 쇼나어의 성조는 단어 의미를 구별할 뿐만이 아니라 문법 기능으로도 사용된다. 다음 예를 보면, 첫째 단어에 성조가 놓일 경우와 둘째단어에 성조가 놓일 때 그 의미가 다르다.

vá no bik a　　그들은 요리를 한다.
va nó bik a　　요리를 하는 사람들

4

사라져 가는 언어

그 언어를 사용하는 마지막 사람

2012년 5월, 지구상에서 유일하게 쿠순다어를 말하는 75세의 기아니 마이야 센 할머니가 화제가 되었다. 언어학자들의 눈길이 네팔 서부의 한 마을에 쏠리고 있는 가운데 센 할머니는 "쿠순다어로 사람들과 이야기할 수 없어 매우 슬프다."며 사람들은 쿠순다어를 알아듣지도 못하고 말할 줄도 모르고 자신이 죽으면 쿠순다어도 사라질 것이라고 안타까운 심정을 드러냈다. 그래서 언어학자들

네팔의 쿠순다어의 마지막 화자인 기아니 마이야 센 할머니(bbc.co.uk)

은 쿠순다어가 사라지면 인류의 소중한 문화유산을 영원히 잃어버리게 될 것이라며, 센 할머니 자손들이 쿠순다어를 익혀 쿠순다어를 보전하길 바랐다.

단 두 사람만이 쓰는 멕시코 남부의 아야파네코어도 사라질 위기에 있다는 뉴스가 있었다. 아야파네코어를 스스로는 누움테 우테라 부르는데, '진실한 목소리'라는 뜻이라 한다. 마뉴엘 세고비아 씨(75세)와 이시드로 벨라스케스 씨(69세)가 그 두 사람이다. 이 두 사람은 500m쯤 떨어져 살지만 사이가 나빠져서 서로 만나 말할 기회가 없어 아야파네코어는 사실상 사용되지 않게 되었다 한다.

이렇듯 그 언어의 마지막 사용자들이 세상을 뜨면 사라질 언어들이 있다. 참으로 안타까운 일이다. 우리 눈앞에서 언어가 사라지는 것이다.

아카-보어

2010년 2월 4일자 영국 BBC 방송 인터넷 뉴스에 "Last speaker of ancient language of Bo dies in India"라는 제목의 기사가 실렸다. 아카-보어 또는 보어는 인도 안다만섬에서 사용되던 언어이다. 보아라는 이름의 85세 할머니가 2010년 1월 26일에 죽음으로써 적어도 30년간 혼자서만 간직해 오던 아카-보어가 마침내 이 세상에서 사라졌으며 이로써 "인류 사회의 독특한 한 부분이 기억으로만 남게 되었다."고 방송은 전했다.

에약어

에약어는 알래스카에서 사용되는 나데네어족의 한 언어였다. 마지막 화자인 마리 스미스 존스 할머니는 전통적인 방법으로 언어를 배운 사람, 즉 부모로부터 자연스럽게 언어를 배운 사람인데 또 한 명의 화자였던 그의 언니가 1990년대 초에 사망한 이후 단 한 명의 화자로 남아 있다가 2008년 1월 21일에 89세로 죽음으로써 에약어도 이 세상에서 함께 사라졌다. 마리 스미스 존스 할머니의 본래 이름은 우다치 쿠칵스아아치라고 한다. 그 뜻은 '멀리서 사람들을 부르는 소리'라 한다.

에약어의 마지막 화자였던 마리 스미스 존스 할머니
(telegraph.co.uk)

우브흐어

　러시아 남쪽 코카서스 지역의 우브흐어는 흑해 동부 연안의 소치 주변에서 1864년까지 사용되었다. 1864년에 우브흐족은 그 지역에서 러시아인에게 쫓겨났다. 우브흐족은 결국 터키에 정착하였다. 터키어와 체르케스어가 일상생활에서 쓰이게 되었고 이들 언어의 많은 단어가 우브흐어에 차용되었다. 우브흐어는 1992년 10월 7일에 마지막 유창한 화자인 테브피크 에센치 씨가 사망함으로써 사라졌다. 다행히 조르주 뒤메질을 비롯한 여러 언어학자들이 마지막 화자 몇 사람, 특히 테브피크 에센치 씨와 휘세인 코잔 씨의 도움을 받아 수천 쪽 분량의 언어 자료와 수많은 음성 기록을 수집하여 우브흐어의 자료를 보전하였다.

　한편 코카서스 지역은 다양한 언어와 문화가 공존하는 대표적인 지역이다. 40여 개가 넘는 언어가 있으며, 일반적으로 코카서스 지역 언어들은 매우 복잡한 격과 자음을 가지는 특징이 있다. 우브흐어는 자음이 84개로 세계에서 가장 많은 자음을 보유한 언어로 기네스북에 기재되기도 하였다.

맨어

　영국과 아일랜드 사이의 아일랜드해에 있는 영국 왕실 직할령인 맨섬에서 사용된 맨어는 아일랜드어, 스코틀랜드 게일어와 함께 인도유럽어족의 켈트어파에 속한다. 이미 1874년에 맨섬 전체 인구 41,084명의 30%인 12,340명만 맨어를 쓰는 것으로 추정되었으며, 1901년 인구조사에서는 맨섬 전체 인구의 9.1%만, 1921년에는 1.1%만 맨어를 사용하였다. 맨어를 구사하는 것은 품위가 떨어지는 것으로 인식되었기 때문에 부모들은 자녀들에게 맨어를 가르치지 않았다. 20세기 중엽에는 모어 화자가 몇 사람 안 남았고, 이 중에서 마지막 화자인 마드렐이라는 어부가 1974년 12월 27일에 사망함으로써 맨어 역시 이 세상에서 살아지게 되었다. 그 이후 다행히 맨어를 되살리려는 학계의 노력이 이루어져 많은 사람이 제2언어로 배웠다. 이제는 맨어를 구사할 수 있는 사람이 수백 명 되고, 이 중에는 맨어를 모어로 하는 어린이도 조금 있다. 2001년에는 맨섬 전체 인구의 2.2%인 1,689명이 맨어에 대해 어느 정도 알고 있다고 밝혔다. 오늘날 맨섬에서 유치원 다섯 곳에서는 맨어로만 교육이 이루어지고, 모든 초등학교와 중등학교에서는 맨어를 제2언어로 가르치고 있다.

게일어

영국의 스코틀랜드에서는 게일어가 오랫동안 사용되어 왔다. 그러나 이 지역에서는 현재 영어가 우세 언어로 큰 비중을 차지하고 있으며 영어를 사용하는 일이 사회에서 존경받거나 좋은 직업을 갖기 위해 꼭 필요하다. 반대로 게일어는 어부들과 그 가족만 쓰는 언어로 힘들고 위험한 어부생활에 대한 이미지 때문에 사회적으로 경멸받는 언어가 되었다. 또한 거의 모든 어부들은 그들만의 집단마을에서 생활하며 결혼도 그들끼리 하는 경우가 대다수이다. 그런데 어부 자녀들은 그 지역 학교에 가면 수업이 영어로 이루어지므로 차차 영어를 사용하게 되어 결국 영어만 사용하는 상황이 되었다. 이렇게 되면 게일어를 사용할 수 있는 사람은 나이든 어부들뿐이어서 다른 많은 사람들은 게일어를 전혀 못하기에 이르렀다. 이렇게 하여 게일어는 사라져 가는 것이다.

먼시어

먼시어는 북아메리카 토박이말이다. 먼시어 사용자들은 원래 미국 뉴욕시 일대, 뉴저지주 북부 및 펜실베이니아 동북부에 살았다. 유럽인들이 이주해 오자 먼시족은 고향을 떠나 다른 곳으로 옮겨갔다. 20세기에는 살아남은 먼시어 사용자들이 캐나다 온타리오주의 식스 네이션즈와 먼시타운에서 살았지만 이제는 이들 지역에서도 먼시어가 사라지고, 먼시어는 오직 온타리오주의 모라비안타운 보호구역에서만 사용된다. 1991년에 4백 명의 먼시족 중 7,8명의 사용자가 있었지만 최근에는 4,5명만 남았다고 알려져 있다. 이제 먼시족은 영어를 사용할 뿐이다.

오나어

오나어 역시 아메리카 토박이말로 남아메리카 남단에 있는 푸에고섬에서 사용하던 언어이다. 그러나 2003년에 사라졌다. 오나족은 유랑하고 사냥하며 살았다. 이들은 남아메리카에서 유럽인이 접촉한 마지막 토착인이다. 19세기 후반에 칠레와 아르헨티나 정부가 푸에고섬을 탐험하고 통합하는 노력을 시작하여 토착인의 식량원인 동물을 죽이고 푸에고섬에 대규모 양 목장을 만들었다. 양떼가 사유재산이라는 것을 이해하지 못한 오나족은 양을 사냥하였는데 이러한 행위를 목장 주인들은 산적 행위로 간주하였다. 그리하여 19세기 후반에 목장 주인들은 오나족 죽이기에 나섰다. 오나족은 유럽인의 식민 활동 이전에는 수천 명이었는데 1896년에는 3천 명, 1919년에는 겨우 279명만 남았다. 1945년에는 25명으로 줄었고 1974년 5월에는 마지막 오나인이 죽었다. 그렇게 하여 오나어는 지구상에서 사라졌다.

그 밖의 아메리카 토박이말

아메리카 토박이말은 이미 사라지기 시작했거나 실제로 사라져 버린 언어가 많다. 심지어 토박이말 가운데 가장 규모가 크다는 나바호어조차도 그 미래를 장담할 수 없다고 한다. 왜냐하면 나바호어 사용자들의 자녀들 대부분이 영어만 말할 수 있게 되었기 때문이다. 이처럼 거의 모든 아메리카 토박이말이 장차 사라지게 되는 것이다.

사라져 가는 언어들

사라져 가는 언어들

유네스코는 지금과 같은 상황이라면 현재 7천여 언어가 21세기말에 이르러 그 절반이, 아니 최악의 경우 90%가 사라질 것이라고 예측한다. 언어가 새로 생겨나는 경우도 있지만, 이처럼 언어는 사라지기도 한다. 우리말과 지리적으로 그리고 계통적으로 이웃하고 있는 만주어도 당장 사라질 위기에 놓여 있다. 그런데 한 언어가 사라진다는 것은 그 자체에 그치는 것이 아니고, 그 언어에 반영된 문화와 정신까지 사라져 인류의 소중한 자산이 없어지는 것이다.

인류에게 지난 20세기는 획일성의 시대, 다양성 말살의 시대였다. 세계 최대 다민족국가인 미국에 이어 강대국인 소련과 중국이 세워지면서 그들의 국민으로 편입된 소수 민족의 언어와 문화는 빠른 속도로 지배 언어인 러시아어와 중국어에 동화되어 갔다. 이들 강대국의 언어문화에 관한 정책은 겉으로는 소수 민족 언어를 유지 보호하는 것으로 되어 있지만 사실에 있어서는 거역할 수 없는 사회적 압력에 의해서 자신들의 고유한 언어를 자연스럽게 잃어갔다.

몇 해 전 러시아연방의 시베리아에 있는 사하공화국 야쿠티아공화국에서 만난 그곳 소수민족언어연구소의 로벡 소장의 다음 말은 되새겨볼 만하다.

"국가가, 사냥하며 고유한 말을 쓰며 살아가는 우리를 이곳 도회지로 데려와 교육시키고 문화생활을 할 수 있게 하고, 더 나아가서 나에게는 우리 민족의 언어와 문화를 연구할 수 있게 배려해 주었다. 그러나 이렇게 함으로써 결과적으로는 우리 민족과 문화, 언어는 이제 곧 사라지게 되었다."

인류 문화의 값진 유산인 언어의 소멸을 우리는 보고만 있어야 할까? 그렇다면 과연 우리말은 괜찮을까?

러시아연방 사하공화국 소수민족언어연구소의 로벡 소장

사라져 가는 언어를 지켜야 하는 까닭

사라져 가는 언어를 보전한다는 것은 이들 언어를 되살려 직접 쓰도록 하거나, 아니면 적어도 문서나 음성, 영상으로 기록하여 영원히 남기는 것이다. 그러면 이들 사라져 가는 언어를 우리가 보전해야 하는 까닭은 어디에 있을까?

먼저 문화인류학적 이유이다. 말 속에는 이를 사용하는 민족이 수세기 동안 환경과 접촉하면서 쌓은 자연과 사회 환경에 대한 풍부한 정보가 담겨 있다. 따라서 다양한 언어의 보전은 곧 인류의 문화유산을 보전하는 것과 같다. 북극의 이누이트족은 최악의 기후에서 살아가는 방법을 터득하면서 이를 그들의 언어에 반영하여 얼음과 눈에 대한 다양한 명칭을 발달시켰다. 북아메리카 토박이말인 미크맥어는 가을에 부는 바람소리에 따라 나무에 다양한 이름을 붙인다고 한다. 어떤 나무가 70년 전과 다른 이름이 지금 붙여져 있다면, 이 나무 이름의 변화를 통해 그 기간 동안 나타난 자연 변화를 짐작할 수 있다.

다음은 언어학적 이유이다. 개별언어가 지닌 다양한 어휘와 문법을 보전할 수 있다. 북아메리카 토박이말인 체로키어에는 씻는 행위에 대해 무려 14가지 어형이 있으며, 오스트레일리아의 토박이말 디르발어에는 뱀장어를 가리키는 수십 가지 명칭이 있으며, 아랍어에는 낙타를 표현하는 단어가 수천 개나 된다고 한다. 언어를 지킴으로써 인류는 이러한 다양성을 보전할 수 있다.

태평양 한 가운데 있는 나라 미크로네시아의 토박이말 폰페이어는 '한 개, 두 마리, 세 포기'의 '개, 마리, 포기'와 같은 세는 단위가 매우 다양하게 분화되어 있다. 그뿐만 아니라 보통 음식과 잔치 때 자기 몫으로 받은 음식을 세는 단위가 다를 정도로 문법이 분화되어 있다. 언어가 사라진다면 결국 이러한 어휘와 문법의 다양성과 섬세함을 동시에 잃고 마는 것이다.

한반도와 그리 멀지 않은, 러시아연방 하바롭스크주는 소수 민족이 많기로 널리 알려져 있다. 고아시아어족의 니브흐족, 알타이어족 퉁구스어파의 나나이족, 오로치족, 어웡키족, 어원족, 울치족, 우디허족, 네기달족이 그들이다. 이들의 언어 가운데 사라질 위기에 놓인 언어들이 여럿 있다. 그 가운데 매우 심각한 언어는 울치어, 오로치어, 우디허어, 네기달어이다. 이들 언어들을 인류의 문화유산으로 인식하고 보전하는 사업에 열중하고 있는 그곳 극동인문대학교 안토니나 킬레 교수는 서울을 방문한 자리에서 사라져 가는 언어를 지켜야 하는 까닭을 다음과 같이 분명하게 밝혔다.

> "지구에 살고 있는 모든 민족의 언어 문화유산은 인류 공통의 문화이자 세계 문화를 이룬다. 그리고 각 민족의 문화 내용이 다양하면 다양할수록, 고유의 문화가 깊이를 더하면 더할수록, 세계 문화는 더 풍부해지고 의미 있는 것이 된다."

자기 말을 지키는 젊은이, 쳉고츠 양

사라져 가고 있는 자기 말을 지키려는 한 젊은이를 소개하고자 한다.

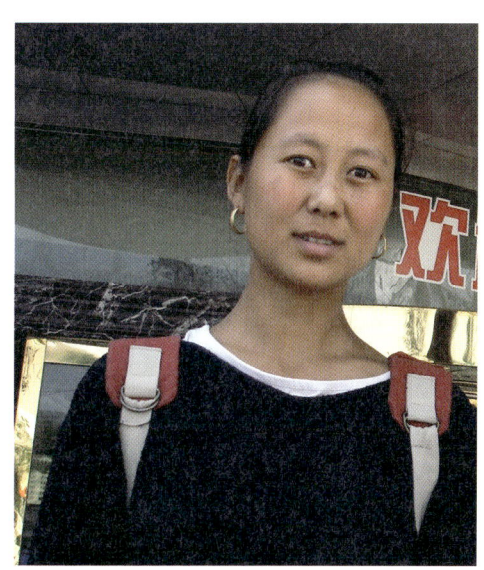

사라져 가는 자기 언어를 지키려는
젊은이 쳉고츠 양

중국의 보난어를 쓰는 쳉고츠 양이다. 자기 민족의 다른 젊은이와는 사뭇 다르게 모어에 대한 지극한 사랑을 바탕으로 사라져 가는 모어를 지키려는 그녀의 마음은 필자의 가슴을 뭉클하게 하였다.

쳉고츠 양, 쳉고츠는 새벽의 기쁨이라는 뜻이라 하는데, 그녀는 필자가 만났을 당시 2006년, 스물세 살의 보난족의 젊은이다. 보난족은 중국 칭하이성 시닝시 근처에 사는 소수 민족이다. 이곳 젊은이 대부분은 중국어와 티베트어를 쓰는데, 마을의 나이든 사람들과는 달리 보난어는 거의 모른다. 보난어란 알타이어족의 몽골어파에 속하는 언어이다.

쳉고츠 양은 대학 때까지 중국어나 티베트어로 교육을 받았고, 일상생활에서 주로 이 두 언어를 유창하게 사용한다. 필자는 짓궂은 질문으로 비칠까 두려워하면서 언어조사를 하던 중 그녀에게 조심스레 물었다.

"중국어와 티베트어로 모든 생활이 가능한데 왜 보난어에 그토록 애정을 가지고 쓰려고 하는가요?"

그녀의 대답은 짧고 단호했다.

"우리 민족의 독특한 말이니까요."
"친구들은 어떤가요?"
"우리말을 꺼려해요."
"친구들을 설득해 볼 생각은 없는가요?"
"해도 소용없어요. 친구들은 전혀 관심이 없어요."

이렇게 가다가는 자기 또래들이 나이 들게 되면 자기네 말이 저절로 사라질까 봐 걱정이란다. 그래서 그녀는 골똘히 생각한다. 자기네 말을 널리 퍼뜨릴 수 있는 좋은 방법이 없을까? 고유한 글자를 만들면 말을 더 잘 지킬 수 있을까? 이렇게 필자에게 진지하게 물어 오지만, 그리 대답할 말을 찾지 못하였다.

사라져 가는 언어에는 어떤 것이 있는가?

유네스코 자료에 따르면, 7천여 언어 가운데 1천 명 이하 사람들이 사용하는 언어가 23%에 해당한다고 한다. 이러한 언어들이 사라져 가는 언어라고 볼 수 있다. 사라져 가는 언어는 지구상의 어느 한 지역에 국한

되지 않고 전 세계에 분포하고 있다. 이를 지역별로 살펴보기로 하자.

먼저 아메리카 대륙을 살펴보면, 북아메리카 대륙에는 165개의 토박이 언어가 사용된다고 한다. 이 가운데 45%인 74개 언어는 소수의 노인들만 사용하는 거의 절멸 상태에 있으며, 35%에 해당하는 58개 언어는 1천 명 미만이 사용하고 있다고 한다. 중앙아메리카와 남아메리카의 경우는 4백여 언어의 27%인 110개 언어가 사라질 위기에 놓여 있다고 한다. 코아이아어는 한 가정만 사용하고 있으며, 멕시코 베라크루즈의 올루테코어는 10여 명의 노인들만 사용한다고 한다. 남아메리카에서 토박이말을 국어로 사용하는 나라는 파라과이를 제외하고 어느 나라도 없는 실정이다.

천 년 전까지만 해도 위력을 떨치던 유럽의 아일랜드어, 스코틀랜드어, 게일어, 브르타뉴어도 이제는 이 세상에서 사라질 위기에 놓여 있다. 아일랜드어는 학교에서 적극적으로 교육하여 지키려고 노력하지만, 이제는 젊은이들이 더 이상 배우기를 원하지 않아 가정에서도 쓰이지 않는다.

태평양 지역, 즉 타이완, 필리핀, 말레이시아의 섬 지역, 인도네시아, 파푸아 뉴기니, 솔로몬, 바누아투, 뉴칼레도니아, 피지, 미크로네시아, 폴리네시아, 오스트레일리아를 아우르는 지역, 그리고 아프리카에서도 수백, 수천 개의 언어가 절멸의 위기에 놓여 있다. 오스트레일리아는 1년에 한 언어씩 사라진다고 한다.

아시아 지역에서 사라질 위기에 놓인 언어는 대부분 알타이어족의 만주-퉁구스어파에 속하는 여러 언어들이다. 그 가운데 만주어가 대표적이다. 만주어에 대해서는 바로 다음 장에서 다시 살펴보도록 하자. 한편 일본의 아이누어도 1천 명 미만이 사용한다고 한다.

언어 다양성에 대한 인식의 전환

"국제인권규약"은 1966년 제21회 유엔 총회에서 채택된 규약으로 노예제의 폐지, 소수 민족의 권리 인정 등이 포함되어 있으며, 국제법상의 법적 구속력이 있는 규약이다. 이 규약이 채택됨으로써 소수 민족의 권리에 대한 관심이 커졌다. 그 가운데 한 예로 미국에서는 '인디언'이라고 부르던 토착인을 '토착 아메리카인'으로 바꾸어 지칭하게 되었으며 초등학교 교육에서도 이들의 문화와 삶에 대해서 긍정적인 시각에서 적극적으로 교육을 하고 있다.

2007년 유엔에서는 모두 46개 조항으로 이루어진 "토착인 권리에 관한 선언"을 채택했는데, 이 선언 이후 여러 다민족 국가에서 수십 년 동안 시행되었던 토착인 동화 방침을 정중하게 사과하게 되었다.

일본은 메이지 유신 이후 강력한 소수 민족 동화 방침으로 북방 지역을 개발하고 아이누족의 문화를 말살시키면서 공용어 교육을 강제적으로 시행하여서 일본어를 교육하였다. 일본 정부는 최근까지도 이러한 소수 민족의 정체성을 무시하고 인정하려고 하지 않았다. 그러나 2007년의 유엔 선언 이후 2008년이 되어서야 일본 의회에서 "근대화 과정에서 다수의 아이누족이 차별을 받고 어려움에 처했던 역사적 사실을 겸허히 받아들이고 아이누족을 독자의 언어, 종교, 문화를 보유한 토착인으로 인정해야 한다."는 결의문을 통과시켰다.

캐나다에서는 19세기부터 1970년대까지 15만 명의 토착인 어린이들을 국가에서 운영하는 기독교학교로 보내서 그들의 언어와 문화를 캐나다 사회에 동화시키려는 강력한 동화 방침을 시행하였다. 2008년 6월 캐나다의 스티븐 하퍼 총리는 전국에 생방송으로 중계된 국회 연설에서 이러한 과거를 다음과 같이 사과했다.

> "우리는 이제 인정합니다. 풍요롭고 생동감 있는 문화와 전통으로부터 어린이들을 떼어놓은 것은 잘못이었습니다. 그것은 많은 이들의 삶과 공동체를 텅 비게 만들었습니다. 이에 대해 사과합니다."

이 동화 방침에 따라 교육을 받은 토착인 출신 학생들 가운데 현재 8만 명 이상이 생존해 있으며, 그들 중 수백 명이 국회로 초청되어서 이 연설을 들었는데, 총리는 이들에게 다음과 같이 정중히 사과했다.

> "이러한 제도는 학대와 무시를 낳았고 적절히 제어되지 못했습니다. 여러분을 지켜드리지 못해서 죄송합니다."

오스트레일리아에서도 토착인 동화 방침의 일환으로 시행한 교육에 대해 이들에게 사과했다. 오스트레일리아는 1869~1969년 사이에 토착인 어린이들을 가족으로부터 분리시켜서 정부에서 운영하는 학교와 기독교학교로 보내서 강제로 동화 교육을 시켜왔다. 이렇게 가족으로

토착인들의 언어와 문화를 없애려 했던 과거 정책에 대해 캐나다 총리가 국회에서 사과하고 있다.

부터 분리되어 동화 교육을 받은 세대를 도둑맞은 세대라고 부르는데, 2008년 2월 13일 케빈 러드 총리는 국회에서 공식적으로 과거사를 반성하고 사과한다는 연설을 하였으며 이 연설은 텔레비전을 통해 생중계되었다. 그들은 그 날을 '사과의 날'이라 하였다.

튀기말의 생성, 피진과 크레올

언어가 사라지기도 하지만, 때로는 새로 생겨나기도 한다. 언어가 새로 생겨나는 예로 피진과 크레올을 들 수 있다. 두 언어가 뒤섞여 이루어진 말을 튀기말이라 하는데, 튀기말의 대표적인 형태가 피진이다. 피진은 주로 바다를 건너 장사하는 사람들 사이에 사용되던 말이다. 대개는 영어나 프랑스어, 스페인어, 포르투갈어에 바탕을 두고 현지 토박이 말을 섞어 형성되는데, 어휘의 수도 한정되어 있고 문법도 매우 단순화되어 있다. 물건을 사고파는 데에 꼭 필요한 만큼의 어휘와 문법 구조로만 이루어진 튀기말이다.

피진에는 중국의 피진영어가 대표적이다. 피진이란 말 자체가 영어의 business의 중국 발음 '페이치안'에서 유래한 이름으로 추정된다. 그 밖에도 아프리카나 태평양에 여러 토박이말과 서양 언어 사이에서 생겨난 피진들이 여럿 있다. 대개 어휘는 영어를 비롯한 프랑스어, 스페인어, 포르투갈어, 네덜란드어와 같은 서양 언어에서 왔고 문법은 토박이말에서 따왔다.

피진은 친밀하지 않은 상대방과 의사소통을 하기 위해서 생겨나는 것으로 의사소통의 필요성이 있는 한 계속 유지된다. 집단 사이의 관계가 매우 긴밀해져서 한 집단이 다른 집단의 언어를 완전히 배울 수 있게 되면 피진이 더이상 필요하지 않게 된다. 그러나 어느 쪽도 상대방의 언어를 온전히 배울 마음이 없는 한 피진은 사라지지 않는다. 삼백 년 동안이나 유지된 중국의 피진영어가 바로 여기에 해당된다.

그런데 피진이 한 민족의 모어로 뿌리내리게 되어 어린이가 태어나면서부터 이를 정식으로 습득하는 언어가 될 때 이를 '크레올'이라 한다. 임시변통이던 튀기말이 정식 언어로 태어나는 셈이다. 우리에게 잘 알려진 크레올에는 하와이 크레올, 아이티 크레올 그리고 파푸아 뉴기니의 톡피신 등이 있다. 참고로 톡피신의 몇 단어와 영어를 대조해 보면 다음과 같다.

톡피신	영어
gras	grass
nek	neck
bun	bone
inap	enough
lewa	liver
laik	like
pikpik	two pigs
sindaun	sit down

사라져 가는, 또는 살아나는 말, 만주어

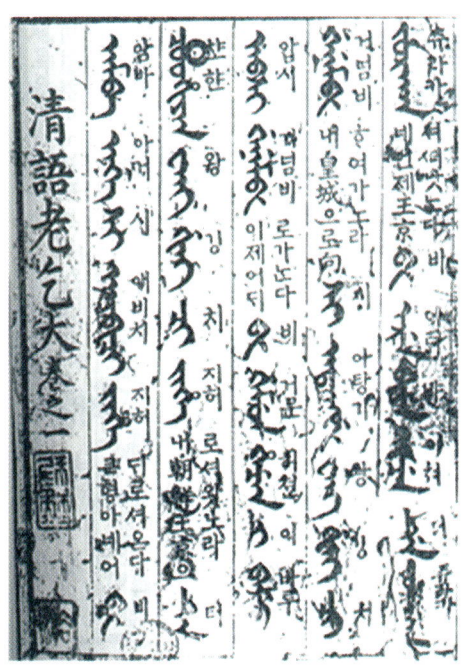

조선시대 만주어 교재인 청어노걸대 첫째 장의 모습

'암바 아거 시 아이비치 지허?'

필자가 대학에 입학하여 처음 배운 외국어는 바로 옛 만주어였다. ≪청어노걸대≫라는 조선시대에 만주어를 배우기 위한 교재가 있었는데, 그 책을 가지고 만주어를 배웠다. 그 책 첫머리는 위에 적은 문장으로 시작한다. 우리말로 옮기자면, '대형, 당신은 어디에서 왔습니까?' 이다. '암바 아거'가 '큰 형'이라는 뜻이고, '시'는 '당신', '아이-비-치'는 '어느-곳-부터', '지-허'는 '오-았-(ㄴ냐)'의 뜻이다.

사라져 가는 말, 만주어

물밀듯 밀려오는 외국어에 어지러워진 우리말을 걱정할 때 흔히 다음과 같이 표현한다. "자칫 잘못하면 우리말도 저 만주어처럼 사라질지 모른다."

청나라를 세워 한때 중국 대륙을 지배했던 만주족의 언어, 만주어는 이제 이 세상에서 사라질 위기에 놓였다. 만주족은 현재 자기네 말을 버리고 중국어를 사용하고 있다. 만주어는 알타이어족의 만주-퉁구스어파에 속하는 말이다. 같은 어파에 속하는 언어들은 대부분 중국 헤이룽장성과 러시아 시베리아 지역에 흩어져 있는 소수 민족 언어들이다.

원래 만주어는 중국의 마지막 왕조 청나라의 공식 언어였다. 청을 세운 만주인들은 그 이전에는 여진으로 불렸던 사람들로서 헤이룽강과 백두산 사이의 넓은 지역에 거주하던 사람들이다. 이들은 16세기 말엽에 누르하치를 중심으로 일어나서 주위의 여진족 부족을 통합하고 1616년에는 금나라의 뒤를 잇는다는 것을 표방하는 후금을 세우게 된다. 이어서 명나라를 무너뜨리고 중원에 들어가게 되는데 이 때 만주족의 수는 중국인, 즉 한족의 1%에 해당하는 적은 숫자였다.

만주어와 가장 비슷한 말은 지금 중국 서부의 신장 웨이우얼자치구 지역에서 쓰이는 시버어이다. 시버어는 18세기 중엽에 중국의 동북 지방에 거주하다 서북 지역으로 파견된 시버족 군인의 후손이 쓰는 언어이다.

만주어 현지 조사

현재 만주어가 쓰이는 유일한 곳은 중국 헤이룽장성 푸위현에 있는 조그마한 마을, 싼자쯔촌이다. 현대적인 목축업이 발전하여 가정마다 수입이 꽤 높은 부유한 마을이라고 우리 조사단이 마을에 들어가니 촌장이 소개했다. 그래서 그런지 가지런히 지은 개량주택도 인상적이며 마을 사람들의 표정도 한결같이 밝았다. 이 마을에는 280여 집, 1천여 명이 살고 있다. 이 가운데 절반 정도가 만주족이며, 그 밖에 한족을 비롯한 여러 민족이 어울려 살고 있다. 그런데 만주족 가운데 만주어로 대화할 수 있는 사람은 겨우 스무 명에 불과하며, 그저 몇 마디 정도 알아들을 수 있는 사람까지 합쳐도 200명을 넘어 서지 못하는 실정이다. 그러니 그 스무 명, 또는 200명이 이 세상을 등지고 나면 만주어는 영영 이 세상에서 사라져 버릴 것이다.

필자가 참여하고 있던 알타이언어 조사단은 2005년 만주어 현지 조사를 다녀왔다. 옛 문헌에 적힌 만주어를 문어 만주어라 하고 현재 사용되고 있는 만주어를 구어 만주어라 하는데, 우리가 조사한 것은 바로 구어 만주어이다.

우리 조사단은 최근 몇 년 사이에 꽤 많은 알타이언어들을 직접 조사하였다. 그 가운데는 널리 사용되는 큰 언어들도 있지만, 사용 인구가 겨우 몇 백 명에 지나지 않는 사라질 위기에 놓인 언어들도 있다. 사라질 위기에 놓여 있는 언어들을 조사하여 음성과 영상 디지털 자료를 확보해 두는 것은 인류 문화유산을 보전하는 뜻 깊은 일이기도 하다. 특히 알타이언어들은 우리말과 유형론적으로, 계통론적으로 그리고 지리적으로 이웃하고 있기 때문에 더욱더 의미 있는 일이다.

우리는 지난 1997년 여름, 구어 만주어를 조사하기 위하여 현지에 간 적이 있다. 이 세상에서 거의 유일하게 구어 만주어가 사용되는 지역, 중국 헤이룽장성의 중심지 하얼빈시에서 서북쪽으로 기차로 다섯 시간 달려가는 싼자쯔촌이다. 그러나 그때 우리는 여러 사정으로 만주어 화자와 접촉이 허락되지 않아 마을을 한 번 둘러보는 것으로 되돌아오는 수밖에 없었다. 조사를 실패하여 무척이나 아쉬웠다. 언어의 보물을 바로 눈앞에 두고 되돌아왔기에 늘 눈에 아른아른하였다.

그러던 중 우리는 외부인들과 접촉하는 것이 제한된 싼자쯔촌에 가서 만주어를 조사할 수 있는 방안을 어려운 경로를 통해 마련하였다. 이번에는 실패하지 않아야겠다는 각오를 하면서.

2005년 5월, 서울을 떠난 지 하루 만에 우리는 싼자쯔촌에 닿았다. 지난번 1997년 방문 때와는 달리 마을 모습이 현대화되었다. 나지막한 토담집은 거의 보이지 않고, 반듯한 개량주택이 가지런했다.

7,80대의 고령의 노인들의 언어를 조사하였는데, 이들은 꽤 유창한 만주어를 아직도 구사하고 있었다. 이들은 중화인민공화국 성립1949년 이전에 태어난 세대이므로 만주어를 모어로 하는 마지막 세대이다. 이들이 사망하면 이제 만주어는 절멸 언어가 된다. 그 이후의 세대는 학교에서 중국어 교육이 강화되고 사회적으로 만주어를 사용할 필요성이 거

의 없어졌으므로 다른 지역의 만주인들처럼 자연스럽게 자신의 언어를 잃어버렸다.

우리 조사단은 촌장으로부터 제보자를 소개 받았다. 주제보자는, 어쩌면 이 세상에서 만주어를 가장 잘 구사하는 분이라 할 수 있는, 조사 당시 74세 멍셴샤

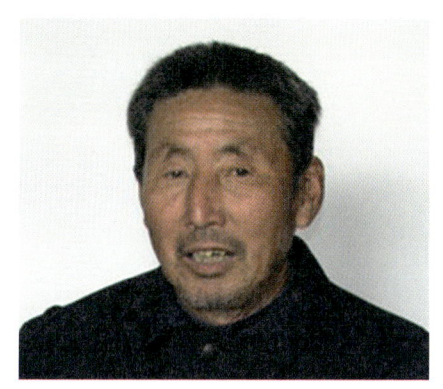

만주어 제보자 멍셴샤오 할아버지

오 할아버지였다. 할아버지는 만주어에 관심을 가지고 찾아온 우리들에게 거듭거듭 고마워했다. 단어를 하나씩 물을 때는 가끔씩 머뭇거리곤 했지만, 일상 대화나 문법 사항을 위한 기본 문장을 조사할 때는 거침없이 만주어를 풀어 내 놓았다.

보조 제보자로 80대, 70대, 60대 할머니 자오펑란, 우허윈, 타오좐란, 세 분이 참여했다. 주제보자가 머뭇머뭇할 때, 합심하여 도와주었다. 조사 기간 내내 이 할머니들은 긴장하면서 진지했다. 물론 주제보자 할아버지를 비롯하여 할머니들의 일상생활에서는 중국어를 사용한다. 한 할머니에게 어떨 때 만주어를 쓰는지 물어 보았다. 자녀들이나 다른 손님 앞에서 그들이 못 알아듣도록 말할 때 가끔 쓴다고 하였다.

만주어 지킴이 스쥔광 청년

우리 조사에 참여한 또 한 사람이 있었다. 청년 한 사람이 만주어를

사라져 가는 언어 223

만주어 지킴이 스췬광 청년과 필자

할 줄 안다고 촌장이 소개했다. 그는 27세 청년 스췬광 씨이다. 농사일로 손은 거칠고 얼굴은 검게 타 있다. 순박한 모습에 열정이 가득찬 눈빛이 매우 인상적이었다. 그는 젊은 세대 가운데 유일한 만주어 화자이다.

그는 1977년 이 마을에서 태어났다. 부모는 50대로 만주어를 아주 조금 알아들을 뿐 말은 하지 못한다. 형제자매는 넷인데, 단어 몇 개 아는 정도이지 만주어를 못한다. 이 마을의 대부분 가족들이 그런 것처럼.

그러나 이 청년은 만주어로 간단한 일상 대화가 가능하다. 조사 당시에는 예산 문제로 과목이 폐지되었지만, 그는 초등학교 시절 학교에서 만주어 수업을 받았다. 그때 그는 자기 민족의 언어가 따로 있다는 사실이 너무 감격스러웠다. 그래서 할머니께 청하여 만주어를 익히기 시작했다. 고등학교를 마치고 지금은 농사를 짓고 있다.

점차 자기 민족의 언어인 만주어가 바로 곁에서 사라져 가는 것을 보고 이 청년은 가슴이 답답했다. 이 세상에서 만주어가 사라지게 할 수는 없다고 생각했다. 그래서 그는 농사짓는 틈틈이 만주어 어휘를 조사하여 기록에 남기겠다고 마음먹었다. 만주어를 알고 있는 동네 어른들로부터 단어를 조사했다. 그래서 그때까지 1천5백여 단어를 기록했다. 그러고 나서 문어 만주어를 배우기 시작하였다. 문어 만주어란 지금 구어 만주어의 옛말이다. 그는 우리가 준비해 간 언어조사집의 단어 항목과 문법 항목을 보고 크게 감격했다. 이 조사항목에 따라 모두 조사해 자기네 말을 보전하고 싶다고 하였다. 그리고 한국에서 문어 만주어의 연구 수준이 상당하다는 것을 듣고 한편 기뻐하며, 한편 부러워했다.

그는 자기가 공부한 만주어를 자라나는 초등학교 학생을 비롯하여, 마을의 모든 젊은이들에게 가르치는 것이 가장 큰 소망이라고 하였다. 만주족으로서 만주어가 사라져 가는 것을 막아 보고 싶은 것이다. 교육을 통해 만주어가 오래오래 지속되기를 간절히 바라는 마음이다.

그러나 이 꿈은 현실에서는 너무 어렵다. 예산이 없기 때문에 학교 교육은 엄두를 못 낸다. 그리고 다른 젊은이들의 호응도 없다. 중국어로 의사소통이 다 되는 터에 따로 만주어에 관심을 가질 필요가 없다는 것이다. 그는 이 대목에서 억누르고 있던 흥분과 격정을 참지 못하고 초등학교에서 만주어를 가르칠 수 있고, 마을의 친구들이 도와주기를 간절히 소망했다. 조사 마지막 날, 청년 스쥔광 씨는 의미심장하게 말했다.

"만주어라는 큰 풍선이 있었습니다. 묶었던 끈이 풀리자 바람이 스르르 빠져 나왔습니다. 이제는 공기가 거의 남지 않은, 완전히 쭈그러진 풍선이 되고 말았습니다. 다시 바람을 넣어 주면 그 풍선이 둥글둥글 커질 텐데. 그러나 아무도 바람을 불지 않습니다. 제 혼자라도 힘겹게 바람을 불겠습니다. 그러다 보면 언젠가는 다시 커지겠지요. 저는 그렇게 믿습니다."

힘겹게, 그러나 꿈을 가지고 풍선을 부는 만주어 지킴이 스쥔광 청년의 풍선 이야기는 그의 강렬한 눈빛과 함께 필자의 머릿속에 지금까지 맴돈다.

만주어를 살리려는 꿈

스쥔광 씨의 소박한 꿈은 2010년에 이르러 전혀 새로운 국면을 맞이한다. 그와 푸위현 정부의 힘겨운 노력이 중국 정부를 감동시켰는지 중국 정부와 대학 연구소에서 본격적으로 만주어 살리기에 나선 것이다.

2010년 8월 3일부터 3일간 푸위현 싼자쯔촌에서 중앙민족대학 중국소수민족언어문학연구소, 헤이룽장대학 만주족언어문화센터, 푸위현 인민정부가 공동 주관하여 '중국 싼자쯔 만주족 언어문화 논단'이라는 행사를 열었다.

이 회의에서 푸위현 정부는 두 대학과 각각 '만주족 언어문화 학습 연구기지'를 설립하기로 협정을 맺었으며, 아울러 16명을 '만주족 언어문화 전승인'으로 임명하며 매월 200위안을 주기로 하였다. 이후에 '싼자쯔 만주족의 언어문화 살리기 및 보호'라는 주제의 토론회를 가졌으며 싼자쯔촌으로 가서 언어와 문화를 조사하였다. 그 다음 조치로는 280만 위안을 들여 만주어학교를 세우고 교재와 역사 전설 자료집 등을 만들 계획을 세우고 있다. 그리고 푸위현과 싼자쯔촌이 합작하여 만주족 역사박물관 등을 세워 관광객을 유치하여 그들의 언어와 문화에 대해 지속적인 관심을 유도하기로 하였다.

 이로써 싼자쯔촌의 만주어는 절멸의 속도를 조금이나마 늦출 수 있게 되었다. 만주어가 살아날지 사라질지는 이제 싼자쯔촌 주민들에게 달려 있다. 스쥔광 청년처럼 모든 주민들이 자신의 언어와 문화를 살리려는 노력이 계속되는 한 만주어는 사라지지 않을 것이라고 믿어 본다. 몇 년 후, 필자는 이러한 믿음을 확인하러 다시 싼자쯔촌에 가 보리라.

5

문자의 세계

문자의 탄생과 발전

문자란 사람들 서로서로의 의사소통을 위하여 사용되는 시각적인 기호 체계이다. 언어가 뜻과 소리라는 두 요소로 구성되어 있듯이 문자의 발생도 이 두 요소와 관련을 맺는데, 이에 따라 문자를 표의문자와 표음문자로 나눈다. 표의문자는 언어의 두 요소 가운데 뜻을 기준으로 만든 문자이다. 이 표의문자는 기본적으로 상형문자에서 발생하였는데, 사물의 형상이나 의미는 무한하기 때문에 이를 기준으로 하는 문자의 수도 역시 무한해야 한다는 제약을 가지고 있다. 한자가 대표적인 표의문자인데, 한자 하나하나에는 의미가 담겨 있다. 한자의 수는 옥편의 두께를 통해 볼 수 있듯이 수십만 자에 이르고 있어서 문자 자체를 익히기 위해서 많은 노력을 들여야 한다는 문제점을 안고 있다. 반면 표음문자는 언어의 두 요소 가운데 소리를 기준으로 만든 문자이다. 사물의 수가 무한한 것과는 달리, 사람이 말을 하기 위해서 내는 소리는 유한하다. 표음문자는 소리가 겉에 드러나 있는 문자이므로, 글자를 보면 그 소리를 알

수 있다. 한글이 바로 표음문자이다.

표음문자에는 다시 두 가지가 있는데, 소리의 단위가 음절인 문자 체계를 음절문자라 하고, 소리의 단위가 음소인 문자 체계를 음소문자라 한다. 일본의 가나가 음절문자의 예이며, 한글이나 로마자가 음소문자의 예이다.

문자의 발생

인류가 눈으로 볼 수 있는 기호의 필요성을 생각하게 된 것은, 언어가 가지는 단점 때문이었다. 언어는 시간을 뛰어넘어 전달할 수 없고, 또한 공간을 뛰어넘어 멀리까지 전달할 수도 없는 것이어서 불편한 것이었다. 이러한, 언어가 가진 시간적 공간적 제약을 극복하기 위해 인류가 생각해 낸 것이, 바로 문자이다. 조금 다른 이야기이지만 위에서 말한 언어의 단점은 장점이기도 하다. 만약 지금 삼국시대나 조선시대 사람들이 말하는 것이 내 귀에 다 들리고 아프리카나 유럽에 사는 사람들이 말하는 것이 내 귀에 다 들린다면 이 세상은 소음의 소용돌이 속에서 살게 될 것이다. 따라서 언어가 시간적 공간적 제약이 있다는 것이 역설적으로 장점이기도 하다. 아무튼 문자란 언어의 시간적 공간적 제약을 극복하기 위해 인류가 발명하여 발전시켜 온, 언어를 눈으로 볼 수 있도록 하는 의사소통을 위한 규약의 체계라 하겠다.

문자의 앞 단계인 매듭과 그림

중국 고대 기록에 의하면, 결승이라는 말이 있는데, 이 결승이란 일정한 약속 아래 끈으로 표시한 매듭으로, 서로서로의 약속이나 여러 사람의 의견으로 결정된 사항들을 남겨 두는 방법이었으리라 추측된다.

허웅 교수의 ≪언어학개론≫(정음사, 1963년)의 설명에 따르면, 우리나라 고대에서도 이와 비슷한 사실이 있었던 듯하다 하였다. 옛 중국 문헌인 양서梁書 제이전諸夷傳 신라조新羅條에는, 無文字 刻木爲信이란 기록이 보인다. 신라 초기에는 문자가 없어서, 신라 사람들은 약속한 사실을 기록으로 남겨 둘 도리가 없기 때문에, 나무에 눈을 새겨서, 그것으로써 서로의 기억을 돕는 수단으로 삼았던 것으로 생각된다.

서기 10세기쯤에 남아메리카의 잉카제국에 있어서도 결승 방법이 있었는데, 이것을 quipu라 하였다. 페루어로 매듭이라는 뜻이라 한다.

이러한 방법이 한 걸음 더 나아간 것이 그림이다. 매듭이나 나무에 새기는 것은 표현하는 방법이 표현하려는 내용과는 전혀 관련성이 없다. 그러나 그림은 그 둘 사이의 관계에 관련성이 있기 때문에, 내용을 이해하기가 훨씬 쉽다.

다음 그림은 케나다 카프 강둑 바위에 새겨진 그림이다. 그 내용은 추장의 업적을 찬양한 것이라 한다. 호수에 다섯 척의 배가 가고 있다. 각각 16명, 9명, 10명, 8명, 8명의 용사가 타고 있다. 이들은 배 위에 있는 새 모양의 토템에 의해서 지휘된다. 세 개의 태양은 3일간 탐험이 계속된다는 것을 나타낸다. 말을 탄 사람은 주술가로 이 탐험대를 돕고 있다. 앞의 독수리 모양은 용감하게 탐험했다는 것을 표현하며, 거북이는 육지에 다다랐음을 표현한 것이다.

그런데 이 그림은 한 사건을 총체적으로 표현하고 있는 것이지, 어떠한 '언어'를 표기하는 것은 아니다. 그래서 이러한 그림은 아직 문자라 할 수 없고 문자의 앞 단계라 할 만하다.

캐나다 카프 강둑 바위에 있는 그림. 이러한 그림은 아직 문자라 할 수는 없고 문자의 앞 단계라 할 만하다.

중국의 상형문자

중국의 고대 문자는 대표적인 그림문자이다. 지시물을 거의 완전히 그린 것이다. 그러나 문자가 관습화되면, 그 지시물과 표시 방법 사이의 완전한 일치는 불필요하다. 그리하여 그림은 간략하게 되면서, 그 모습은 지시물에서 차츰 멀어지기 시작한다. 글자의 모습이 지시물을 바로 표시하지 않아도 좋게 된 단계에 이르면 드디어 人, 牛, 天, 星, 日, 水, 木과 같은 한자가 나타나게 된다. 이와 같이 지시물의 모습을 본떠 글자를 만드는 것을 상형象形이라 한다.

그러나 한 단어의 지시물이, 위의 상형처럼 구체적인 물체를 가진 경우에 있어서는 그것을 지시하기가 쉽지만, 그렇지 못한 경우, 이를테면 '위, 아래'와 같은 말은 표시하기에는 쉽지 않다. 그래서 '위'는 지평선 위에 한 점을 치고[上], '아래'는 그 아래 한 점을 치는[下] 방법을 생각해 냈는데, 이를 지사指事라 한다.

상형과 지사는 중국 문자의 기본이 된다. 그러나 이러한 방법으로는 무수히 많은 단어의 지시물을 일일이 표기할 수 없다. 그래서 한 단어를 표시하기 위해 둘 이상의 문자를 합성하는 회의會意라는 방법이 생겨났다. 풀과 해와 반달을 그려서, 해가 풀밭에서 올라오면서 아직 달이 남아 있는 아침을 표시하고[朝], 밝다는 의미는 달과 해를 모았다[明].

추상적 개념의 단어를 표시하는 또 다른 방법으로, 그와 동음이어가 이미 문자로 표기되었을 때는 그것을 빌려 썼는데, 이를 가차假借라 한다. '보리'와 '오다'가 동음어여서 '보리'를 지시하던 문자로 '오다'[來]를 표시하게 되었다.

동음어 자체가 의미의 혼동을 초래하는데, 거기에다 문자마저 같다면 혼란은 더 심하게 된다. 그래서 이 동음자를 피하는 방법으로, 그 한편에다가 뜻을 암시하는 기호를 첨부하는 방법이 나오게 되는데 이 방법을 형성形聲이라 한다. 한자의 대부분이 여기에 속한다. 손마디를 뜻하는 寸과 마을을 뜻하는 말이 동음어여서 같은 글자를 빌려 썼지만, 혼동을 피하기 위해서 '마을'에는 그 뜻을 암시하기 위해서, 木을 더 첨가하여 村을 만들었다. 이 경우 발음을 표시하는 寸을 표음부, 뜻을 암시하는 木을 표의부라 한다.

	중국	수메르	이집트
사람			
소			
하늘			
별			
해			
물			
나무			

고대 상형문자의 예. 중국의 상형문자는 한자로 발전하였다.

고대 이집트의 상형문자

중국 문자 외에 상형문자의 다른 종류로는 쐐기문자와 이집트 문자를 더 들 수 있다. 쐐기문자는 아카드인이 만들어 아시리아와 바빌로니아로 전달되었다. 진흙으로 판을 만들어서 거기에 쐐기 모양으로 기록했다.

상형문자 가운데 중요한 것은 고대 이집트 문자이다. 고대 이집트 상형문자는 처음에는 사물이나 현상의 직접적인 묘사에서 시작되었으나 점차 구체적이고 추상적인 의미를 가진 단어를 표현하였다. 고대 이집트 상형문자에서 추상적인 의미는 대체로 다음과 같이 표현되었다. 첫째는 묘사인데, 단어 '사람'은 사람의 모습을 그려서, '황소'는 황소를 그렸으며, '태양'은 점을 가진 원으로, '물'은 파도 모양의 선을 그렸다. 둘째는 환유인데, 의미 대신에 그것을 수행하기 위하여 쓰이는 도구를 그리는 방법이다. '전쟁, 싸우다'는 한 손에는 방패 한 손에는 창을 가진 두 손을 그렸고, '가다'는 걷는 두 다리를, '보다'는 두 눈을 그렸다. 셋째는 비유인데, 뜻을 연관시켜서 그렸다. '추위, 춥다'는 흐르는 물을 가진 관을 그렸고, 또 '공평'은 타조 깃을 그렸다. 이집트인들은 타조 날개의 모든 깃은 모두 크기가 같다고 생각하였기 때문이다. 이와 같이 뜻을 나타내는 표의문자인 이집트 문자는 나중에 음을 나타내는 표음문자로 발전하게 된다.

음절문자

상형문자인 표의문자는 뜻과 소리의 연결인 단어를 표기하는 것이기 때문에, 반드시 이 둘은 관련을 맺고 있다. 이러한 문자가 뜻과 소리의 관련을 끊고, 오직 소리의 어떠한 단위만을 표기하게 되는 단계에 이르면 표음문자가 된다. 한 문자가 표기하는 소리의 단위가 음절인 것을 음절문자라 하고, 그것이 음소인 것을 음소문자라 한다.

가장 오래 된 음절문자로 수메르 쐐기형 음절문자를 들 수 있다. 수메르 쐐기형 음절문자는 수메르 표의문자로부터 발전하였다. 수메르 쐐기형 음절문자는 4가지 음절을 표기하였다. 즉 '모음, 자음+모음, 모음+자음, 자음+모음+자음'. 이 밖에도 아시리아 바빌로니아 쐐기형 음절문자, 크레타 음절문자가 있다. 크레타 음절문자는 크레타섬에서 생겨난 문자인데 90여 개의 음절문자와 50여 개의 표의문자로 구성되고 있다. 아메리카 토착인의 마야문자도 음절문자의 특성을 가졌다.

한편 중국에서는 표의문자가 표음문자로 발전하지 못하였다. 중국어는 단음절어였기 때문이다. 그러나 한자가 우리나라에 표음문자로 차용되는데, 음절문자로 나타났다. 그것은 한자 한 글자가 한 음절을 표시하고 있기 때문이다. 이른바 이두식 한자의 용법은, 한자를 표의문자로 사용하는 한편, 표의문자로써는 표기하지 못하는 조사나 어미는 표음문자로 사용하는 것이다. 예를 들어 신라시대 노래인 향가의 心未筆留는 '무슨미부드루'로 해독되는데, 心과 筆은 중국의 표의적 용법을 그대로 따른 것이나, 未와 留는 그 본래의 뜻과는 전혀 관련 없는, 단순한 음절 '미, 루'를 표기한다.

한자를 사용하여, 우리의 이두식 한자와 같은 방향으로 발전시켜서, 완전한 음절문자로 성공한 것이 일본 문자이다. 한자의 음을 가지고, 일 음절에 일 문자를 대응시켜 사용하였다. 이러한 방법으로 일본어를 표기하기는 그리 어려운 일이 아니었다. 그것은 일본어 자체의 음절 조직이 매우 간단했기 때문이다. 일본어의 음절은 원칙적으로 '모음'형과 '자음+모음'형이고, 모음이 다섯밖에 안 되기 때문에 그리 음절 수가 많지 않다. 음절마다 한 글자씩 배정하여도 글자 수가 많지 않다. 이리하여 그들은 한자의 약체를 써서, 또는 그 흘림체를 극도로 간략화해서, 그들의 음절문자인 가나 문자를 만들어 냈다.

약체를 발달시킨 것의 예로 보면, 加-カ(ka), 幾-キ(ki), 久-ク(ku), 計-ケ(ke), 己-コ(ko)와 같은 것이 있는데 이것을 가타카나라 한다. 그리고 흘림체를 쓴 것으로는 加-か(ka), 幾-き(ki), 久-く(ku), 計-け(ke), 己-こ(ko)와 같은 것이 있는데, 이것을 히라가나라 한다.

자음 중심 음소문자

앞에서 이집트의 상형문자가 표음문자로 발전하였다고 하였는데, 현재 세계적으로 가장 넓게 쓰이고 있는 로마자와 같은 음소문자가 여기서부터 생기게 되었다. 음소문자에는 자음 중심의 음소문자가 있는가 하면, 자음-모음의 음소문자가 있다.

자음 중심의 음소문자는 자음 음소만을 표기하는 문자 체계를 말한다. 이 체계는 고대 이집트에서 최초로 발생한 것으로 현재까지 자음 중심 문자로 쓰이고 있는 것은 아랍문자이다. 처음에 단음절 단어를 표시했던 표의문자가 점차 단어의 뜻과는 상관없이 그 어떤 임의의 모음과 결합될 수 있는 자음을 표기하기 위해서 이용된 것이다. 페니키아문자는 완전한 자음 중심의 문자라고 할 수 있었는데, 22개의 자음과 반모음을 표기하는 기호로 구성되었으며 오른쪽에서 왼쪽으로 썼다. 그리스문자, 키릴문자, 라틴문자 등은 모두 여기에서 발달한 문자들이다.

자음-모음 음소문자

자음-모음문자란 문자가 자음뿐만 아니라 모음도 같은 자격으로 표기할 수 있는 문자를 말한다. 이 문자는 그리스인들이 페니키아문자를 차용하여 쓰면서 그리스어 특성에 맞게 모음을 표기하는 문자를 새로 포함시킴으로써 발생하였다.

그리스인들은 페니키아 문자를 기원전 11, 10세기경에 차용하였다. 차용한 페니키아 문자는 자음만을 표기하고 모음을 표기하는 문자가 따로 없었다. 그런데 그리스어는 자음뿐만 아니라 모음도 중요한 역할을 하였으며 모음을 표기하지 않고서는 온전한 표기가 불가능하였다. 그리하여 그리스인들은 페니키아문자 중에서 그리스어를 위해서는 필요 없는 6개의 문자를 그리스어에 필요한 모음을 표기하는 문자로 바꾸었다.

예를 들어 A의 원형은 '성대파열음+모음'을, O는 '후두마찰음+모음'을, I는 'j+모음'을 표기하고 있었다. 그런데 이러한 자음은 그리스어에는 없는 것이어서 이 문자들을 모음만을 표시하는 데에 사용하고, 나머지 문자들은 페니키아에서와 같이 자음을 표기하는 것으로 차용하여, 여기에 거의 완전한 음소문자를 만들어 내게 되었던 것이다. 이렇게 하여 그리스인들은 페니키아문자를 차용하면서 그 문자 형태를 자기들의 상황에 맞게 고치고 세련되게 만들어 나갔다. 또한 오른쪽에서 왼쪽으로 써나가던 쓰기 방향을 왼쪽에서 오른쪽으로 써나가도록 바꾸었다.

그리스문자는 동그리스문자와 서그리스문자로 나뉜다. 서그리스문자는 동그리스문자에 의하여 밀려나게 된다. 그러나 서그리스문자는 기원전 7세기말에서 6세기 초에 형성된 라틴문자의 기초가 되었다. 동그리스문자는 오늘날의 그리스문자로 발전을 하였으며, 또한 오늘날의 러시아문자인 키릴문자로 발전하게 되었다.

라틴문자는 그리스문자에서, 그리스문자는 페니키아문자에 기초하고 있고 페니키아문자는 표의문자인 상형문자에 기초하여 발생하고 발전한 만큼 그것은 상형문자로부터 오늘날과 같은 형태를 가진 문자로 발전하였다고 말할 수 있다. 오늘날 라틴문자는 세계 여러 나라들에서 차용되었다. 이탈리아어를 비롯한 로만스어는 물론, 독일어, 영어와 같은 게르만어를 표기하는 문자이다. 차용한 나라들에서는 자기 나라 언어의 음운 체계에 맞게 수정하고 보충하였다.

아람문자와 그 후예

페니키아인과 같이 이집트문자를 계승한 것이 아람인이었다. 아람문자는 히브리문자, 아랍문자의 모체가 되었으며, 또한 이란인을 통해 고대 터키인인 위구르인에 전승되어 위구르문자가 만들어졌다. 이것이 다시 몽골인이 차용하여 몽골문자를 만들었고, 몽골문자는 다시 만주인이 받아 만주문자로 쓰게 되었다.

몽골문자와 만주문자도 모두 음소문자이다. 몽골문자나 만주문자는 같은 소리를 표기하더라도 단어 첫머리, 가운데, 끝머리에 따라 자형이 서로 다르다. 다음 글자는 만주어 동사 ilimbi일어나다. 일어서다를 쓴 것인데, 같은 소리 /i/라 하더라도 첫머리 /i/, 가운데 /i/, 끝머리 /i/의 자형이 각각 다른 것을 볼 수 있다.

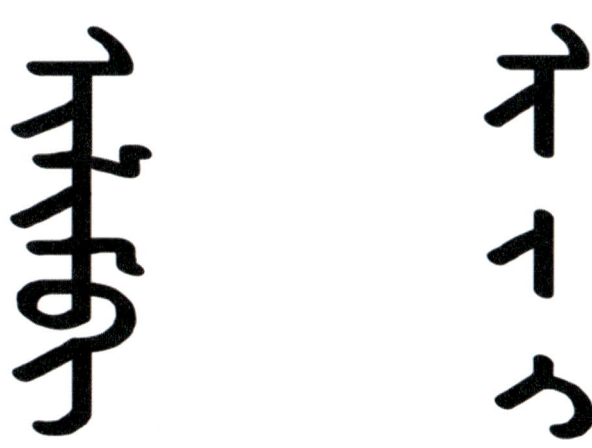

만주문자는 같은 /i/ 소리라 하더라도 위치에 따라 자형이 서로 다르다.

한국어를 적는 문자, 훈민정음 역시 음소문자이자, 자음-모음문자이다. 훈민정음에 대해서는 바로 다음 장에서 따로 살펴보기로 하자.

문자를 쓰는 방향

바로 위에서 살펴본 몽골문자나 문자문자는 위에서 아래로 내리쓰며 왼쪽에서 오른쪽으로 써 간다. 이러한 문자의 쓰기 방향을 대체로 네 가지 유형이 있다. 첫째는 위와 같은 몽골문자 유형이다. 즉 위에서 아래로 내리쓰며, 왼쪽에서 오른쪽으로 써 나아가는 방향이다. 둘째는 위에서 아래로 내리쓰되, 오른쪽에서 왼쪽으로 써 나아가는 방향이다. 중국 한자의 전통적인 글쓰기 방향이며, 일본의 한자+가나 혼용체도 역시 그러하다. 셋째는 옆으로 가로로 쓰되, 왼쪽에서 오른쪽으로 써 나가는 방향이다. 라틴문자, 그리스문자, 키릴문자를 비롯하여 우리 현대의 한글 표기 역시 그러하다. 넷째는 옆으로 가로로 쓰되, 오른쪽에서 왼쪽으로 써 나가는 방향이다. 아랍문자가 대표적이다.

훈민정음

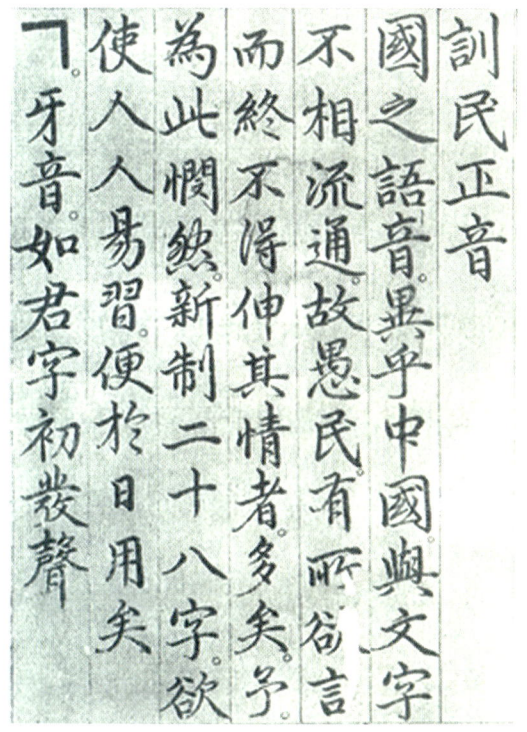

훈민정음 해례의 첫 장. 세종대왕의 서문이다.

한국어의 문자, 훈민정음

훈민정음은 세종대왕이 세종 25년 1443년 음력 12월에 창제하여 세종 28년 1446년 음력 9월 상순에 반포한 문자이다. 잘 알다시피 훈민정음은 창제한 사람, 창제한 날짜가 정확하게 알려져 있으며 창제한 원리를 적은 기록이 전해 오는 이 세상에서 유일한 문자이다. 그 기록인 ≪훈민정음 해례≫는 국보 제70호이며 1997년에는 유네스코 세계기록유산으로 지정되어 있다.

세계에는 수천 가지의 언어들이 있지만, 그 가운데는 자기 언어를 표기하는 문자를 가지고 있지 못한 경우도 있고, 또 문자를 다른 언어에서 쓰는 것을 빌려다가 쓰는 경우도 있다. 그러나 우리는 우리말과 더불어 우리 고유의 문자인 훈민정음, 즉 한글을 가지고 있다.

문자가 언어 그 자체는 아니지만, 언어가 문자를 가지지 않으면, 그 언어는 벌거벗은 언어에 지나지 않는다. 이러한 문자는 될 수 있으면 쓰기에 편해야 하며 동시에 합리적이어야 한다. 한글은 세계 여러 문자 가운데서도 가장 합리적으로 만들어졌으며 쓰기에도 편하다는 것은 다시 말할 필요가 없다. 이러한 점이 바로 우리가 한글에 대해 긍지를 가지고 높이 받들어야 하는 이유이다.

훈민정음 창제 이전의 문자생활

옛날 기록에 따르면 우리 조상들이 독특한 문자를 쓰고 있었던 듯한 흔적이 있으나, 학술적으로 인정하기는 어렵다. 따라서 훈민정음 창제 이전에 우리 조상들이 우리말을 적기 위하여 가장 먼저 사용했던 문자는 한자였다. 일찍이 중국 문화의 영향을 받아 한자가 들어왔고, 우리 조상들은 이것을 우리말을 적는 데에 이용하였다. 그러나 우리말 구조와 전혀 다른 중국의 한자를 가지고 제대로 된 문자생활을 하기란 어려웠다. 그래서 이 한자를 응용해서 우리말을 적으려는 노력으로 여러 가지 방법이 고안되었는데, 대체로 한자의 뜻을 빌려 쓰기도 하고, 한자의 소리를 빌려 쓰기도 하였다.

≪삼국유사≫에 실려 있는 향가 처용가의 한 구절 '東京明期月良 夜入伊遊行如可'의 예를 들어 보자. 이는 "東京 불긔 ᄃᆞ래 밤 드리 노니다가" 정도로 해독된다. '불긔'의 '밝-'은 '明', '달'은 '月', '밤'은 '夜', '드리'의 '들-'은 '入', '노니다가'의 '노니-'는 '遊行'과 같이 한자의 뜻을 이용하여 적었다. 그러나 중국어에 없는 우리말의 문법형태는 주로 한자의 소리를 이용했다. '불긔'의 '-의'는 '긔'로 읽어 '期'로 표기했는데, 이 때 '期'가 가진 본래의 뜻과는 전혀 무관하다. 'ᄃᆞ래'의 '-애'는 '良'으로, '드리'의 '이'는 '伊'로, '노니다가'의 '-다가'는 '如可'로 적은 것도 모두 소리를 빌려 적은 것이다. 나중에는 이러한 문법형태를 적기 위해 한자의 형태를 줄여서 阝=은隱, 尓=며彌, ヒ=니尼, 㐱=든等, 夕=다多 등과 같은 새로운 줄임 문자를 만들어 내기에 이르렀다.

이렇게 줄임 문자가 되면, 이들은 완전히 새로운 음절문자가 되는 셈이다. 일본의 가나 역시 이러한 과정을 거쳤는데, 일본어의 경우 음절 수가 적어 이러한 음절문자가 정착할 수 있었으나, 음절 자체가 많을 뿐 아니라 음절 구조가 복잡한 우리말에서는 이러한 표기가 정착할 수 없었다. 지극히 제한된 범위에서만 쓰여 우리말의 일반화된 표기법에 이르지 못했던 것이다.

결국 한자 사용의 어려움에다, 음절문자가 실패함으로써 우리 조상들은 새로운 음소문자를 절실히 필요로 하게 되었다. 이것은 바로 훈민정음이 나타나게 된 배경이기도 하다.

훈민정음 창제의 배경

한자를 빌려 쓰는 데 실패한 우리의 문자생활이 나아갈 길은 다음과 같은 두 가지 가운데 하나를 택하는 수밖에 없다. 하나는 한자가 아닌 이웃의 다른 음소문자를 빌려 쓰든지, 아니면 새로운 음소문자를 만들어 내든지 하는 것이다. 그런데 중국 문화에 젖은 당시 우리나라 지식인들이 한자 아닌 다른 문자를 빌려온다는 것은 생각하기 어려운 일이었다.

훈민정음을 창제하게 된 것은 근본적으로 이와 같은 배경과 세종대왕의 새로운 인식의 결과라 할 수 있다. 세종은 조선 건국과 함께 민족에 대한 자의식을 높일 필요성을 강하게 인식하였으며, 나라의 부강을 위한 경제적, 사회적 발전에는 백성들에게 지식을 보급하는 것이 선행조건임을 실감하였을 것이다. 세종은 학문을 사랑하고, 백성들 생활에 지대한 관심을 가졌을 뿐만 아니라, 독창적인 사고와 진취적인 성격을 가졌었기 때문이다. 훈민정음 서문에서 세종은 다음과 같이 말하고 있다.

"우리나라의 말소리는 중국과 달라서 중국어를 적는 글자인 한자로써는 우리말을 적을 수가 없다. 그러므로 우리 백성은 말하고자 하는 일이 있어도 자기의 뜻을 발표하지 못하는 사람이 많다."

여기서 우리는 훈민정음의 창제 배경이 세종의 민족 자주 정신과 민본 정신에 있음을 확인할 수 있다. 세종은, 우리말은 중국말과 달라 중국 글자로써는 우리의 문자생활을 해 나갈 수 없으므로 훈민정음을 만들게 되었다고 하였으니, 이는 강한 민족 자주 정신을 나타낸 것이다. 그리고 세종은 어리석은 백성을 위해 이 문자를 만든다고 하였으니, 이는 그간 문자 생활을 누리지 못해 사람으로서 살아갈 권리를 제대로 누리지 못했던 백성들을 위한 강한 민본 정신을 나타낸 것이다.

훈민정음의 창제 원리

세종대왕은 훈민정음을 창제한 후 이어서 집현전 학자들로 하여금 이에 대한 해례풀이와 보기를 짓게 하였다. 그래서 훈민정음의 창제 원리는 훈민정음 해례에 상세히 소개되어 있다.

대다수의 문자는 대개 다른 문자를 차용하여 거기에 약간의 개정을 더한 것으로서, 문자의 독창이란 좀처럼 없는 일이다. 그러나 우리 한글은 500여 년 전에 세종대왕이 창조해 낸 문자이다.

앞에서도 말한 바와 같이, 우리 선조들은 한자를 차용하여 음절문자를 만들기에 실패하고 말았는데, 그것은 우리의 음절 구조가 음절문자로 표기하기에는 너무나 복잡하였기 때문이다. 이리하여 세종대왕은 드디어 아주 조직적인 음소문자를 창조해 내기에 이른 것이다.

이 문자는 초성자음 17자, 중성모음 11자, 모두 28자로 된 것이다. 초성의 창제 과정을 살펴보면, 먼저 아牙, 설舌, 순脣, 치齒, 후喉 다섯 계열의 소리들 중에서 기본자 다섯 자를, 그 음을 낼 때의 발음기관을 상형하여 만들고(ㄱ, ㄴ, ㅁ, ㅅ, ㅇ), 그 기본음과 동일 계열의 음은 각 기본자에 다 한 획씩을 더 붙이도록 하여 만들었다(ㄱ-ㅋ, ㄴ-ㄷ-ㅌ, ㅁ-ㅂ-ㅍ, ㅅ-ㅈ-ㅊ, ㅇ-ㆆ-ㅎ). 그리고 ㆁ, ㅿ, ㄹ은 각각 ㅇ, ㅅ, ㄴ의 세 글자를 변체하여 만들어 내었다.

중성 11자의 제자 방법은, 먼저 하늘, 땅, 사람을 상형한 ㆍ ㅡ ㅣ 세 글자를 만들고, 다음으로 이 세 글자를 합성하여 ㅗ ㅏ ㅜ ㅓ 네 글자를 만들고, 또 다시 ㅣ와 ㅗ ㅏ ㅜ ㅓ와의 거듭소리는 그 점을 둘로 하여 ㅛ ㅑ ㅠ ㅕ의 네 글자를 만들었다. 이 28자를 운용하여 국어의 모든 음소뿐 아니라, 외국어음 특히 중국어음을 표기하는 데 성공하게 되었다. 이러한 조직적이고 독창적인 음소문자 창제는 세계의 문자 역사에서 그 유례를 볼 수 없다.

훈민정음 창제의 의의

2009년 훈민정음학회가 인도네시아의 한 소수 민족 언어인 찌아찌아어를 한글로 표기하도록 한 일은 한국어가 아닌 다른 언어를 한글로 표기하게 되었다는 점에서 뜻 깊은 일이다. 2011년부터는 남아메리카의 토박이말, 태평양 솔로몬제도의 토박이말 등에도 한글을 보급할 여건이 마련되어 관련 학계에서 연구를 진행하고 있다. 창제 원리가 독창적이고 과학적이어서 배우기 쉬운 문자임에도 불구하고 지금껏 한국어만의 문자라는 한계를 넘어서지 못하였던 한글이 드디어 세계로 진출한 것이다. 이것이 성공적으로 지속된다면 장차 한국의 소중한 문화유산 한글을 지구촌 사람들과 함께 나누어 쓰는 길이 열릴 것이며 또한 문맹 타파라는 세종대왕의 한글 창제 이념을 널리 펼치는 길이 될 것이다.

세종대왕은 직접 15세기에 당시의 한국어 특성을 잘 파악하여 한국어를 표기할 수 있는 가장 적합한 문자 체계를 창안하였다. 중국의 성운학을 바탕으로 하되, 당시 중국 성운학에 없던 개념을 창안하여 전혀 새로운 문자 체계를 창제하였다. 이러한 훈민정음의 언어학사적, 문자학사적인 의의를 몇몇 들어 보면 다음과 같다.

첫째, 문자 발달의 최고 단계인 자질문자를 창안하였다. 영국 리스대학교의 샘슨 교수는 인류가 사용해 온 각종 문자 체계를 분류해 기술하면서 훈민정음은 기본적으로 알파벳 문자이지만 다른 알파벳 문자와 한 부류로 묶을 수 없음을 밝히고 있다. 한글은 'ㄷ-ㅌ-ㄸ'처럼 기본 글자에 획을 더하거나 같은 글자를 반복함으로써 음소 자질을 체계적으로 나타내 주고 있고 이러한 특징은 다른 문자 체계에서는 찾을 수 없다. 이러한 사실을 근거로 샘슨은 한글을 따로 자질문자로 분류하고 있다.

둘째, 발음기관을 상형하여 인류보편적인 문자로 창제하였다. 이에 대해서는 바로 위에서 소개한 내용이기에 다시 설명하지 않겠다.

셋째, 훈민정음은 자음과 모음이 처음부터 따로 만들어진 문자이다. 상형문자에서 발달한 문자는 자음글자만 있는 것이 일반적이다. 페니키아문자도 자음글자만 있었으며 현재 아랍문자도 자음글자만 있고, 영어를 비롯하여 현재 여러 언어의 문자로 쓰이는 로마자에서 보는 모음글자는 페니키아문자에서 그리스문자로 정착될 때 비로소 추가된 것이다.

이러한 문자의 발달 단계를 고려하면 처음부터 자음글자와 모음글자를 분리하여 분명한 원리에 의해서 창제한 것은 놀라운 사실이 아닐 수 없다. 이렇게 자음글자와 모음글자를 구별하여 만든 문자는 세계 문자사에서 매우 드문 일이다.

넷째, 훈민정음은 초성-중성-종성의 음절 3분법을 창안하였다. 중국의 음성 표기법을 보면 하나의 음절을 두 부분으로 나누고 있는데, 즉 한 글자(음절)의 음을 성모와 운모로 나누는 것이다. 예를 들어 '동'이란 음절을 'ㄷ'과 '옹'으로 나눈다. 그런데 훈민정음은 이러한 성운학의 원리를 답습하지 않고 한 음절을 세 부분으로 나누는 새로운 원리를 발견하였다. '동'을 'ㄷ', 'ㅗ', 'ㅇ'으로 나누는 즉, 하나의 음절이 초성, 중성, 종성으로 이루어져 있는 것으로 파악하였다. 이것을 당시의 성운학에서는 볼 수 없던 개념이었다.

다섯째, 훈민정음은 모음조화 현상을 이해하고 문자에 반영하였다. 모음의 기본 글자를 이 세상의 중요한 세 가지, 즉 하늘, 땅, 사람을 기본으로 잡고 그 글자를 각각 ㆍ, ㅡ, ㅣ로 형상화하였으며 한 부류의 모음은 ㆍ를 각각 ㅡ와 ㅣ의 위쪽과 오른쪽에 두었으며(ㅗ, ㅏ) 다른 한 부류의 모음은 ㆍ를 각각 ㅡ와 ㅣ의 아래쪽과 왼쪽에 두어(ㅜ, ㅓ), 모음글자끼리 어울릴 때도 'ㅘ, ㅝ'처럼 같은 부류끼리 어울리는 글자를 만들었다.

여섯째, 훈민정음의 또 하나의 언어학적으로 주요한 사실은 당시 언어인 중세 한국어 음운의 운율 실현을 정확히 파악하고 그것을 표기에 반영한 점이다. 즉 당시 언어의 소리의 높낮이를 기술하고 표기한 것인데 낮은 소리인 평성은 점이 없으며 높은 소리인 거성은 점이 한 개, 낮았다가 높아지는 소리인 상성은 점이 두 개이다. 이처럼 소리의 높낮이를 정확하게 표기한 문자 또는 문자 체계는 세계 어디에도 찾아보기 어렵다.

지금까지 훈민정음의 창제에 대해 살펴보았는데, 결론적으로 말하자면, 훈민정음 안에는 언어학의 중요 개념들이 모두 서술되어 있다는 점에서 놀랍고도 훌륭한 언어학적 성과로 평가할 수 있다.

외국 학자가 바라본 훈민정음이란?

국립국어원의 "디지털 한글 박물관"에 소개하고 있는 외국 학자가 바라본 훈민정음에 대해 소개하고자 한다(www.hangeulmuseum.org). 외국 학계가 한글의 우수성과 독창성에 주목하기 시작한 것은 1960년대에 들어서면서부터이다. 1960년 미국 하버드대학교 교과서로 출판된 라이샤워와 페어뱅크의 공저 *East Asia: The Great Tradition*의 제10장은 한국에 대해 소개하고 있다. 여기에서 라이샤워는 15세기 한국의 문화에 대하여 논하면서 한글이 오늘날 사용되는 문자 체계 중 가장 과학적이라고 할 수 있을 것이라고 언급하고 있다. 한글에 대한 예찬에 날개를 달아 준 것은 시카고대학교의 맥콜리 교수가 1966년 미국 언어학회지 ≪언어≫에 실은 서평이었다. 맥콜리 교수는 동양 삼국의 언어와 문자에 대한 논문 모음집에 대한 평을 하는 가운데 한글이 조음음성학적 분석을 바탕으로 만들어진 알파벳이며 소리의 음성적 특징을 시각화하는 데 있어 우수함을 인정했다. 또한 영국 리스대학교의 샘슨 교수는 인류가 사용해 온 각종 문자 체계를 분류해 기술하면서, 한글을 따로 자질문자로 분류하였다. 1994년 6월 ≪디스커버리≫ 15권 6호에는 지리학자 다이아몬드 교수가 한글이 얼마나 과학적인 체계를 갖춘 문자인지 조목조목 따져 놓았다. "한글의 자음과 모음 글자가 한 눈에 구별되며 모음은 점과 수직선, 수평선의 조합으로 이루어지고 자음은 조음위치와 조음방법을 정확히 본뜬 기하학적 기호로 이루어진다. 이들 자음과 모음은 사각의 공간 안에 잘 조합되어 한 음절을 표기할 수 있다. 그래서 28개의 글자만 기억하면 아주 빠른 속도로 글을 읽고 이해할 수 있다."

외국 학자로서 한글에 대해 가장 정확한 평가는 일본의 도쿄외국어대학 교수였던 노마 히데키 교수의 저서 ≪한글의 탄생 - 〈문자〉라는 기적≫(2010년 도쿄 출판, 2011년 한국어 번역 출판)에 제시되어 있다. 저자는 민족주의의 맥락이 아닌 보편적인 관점에서 한글의 구조를 통찰하여 '소리가 글자가 되는' 놀라운 시스템을 찾아내고, 하나의 문자 체계를 뛰어넘은, '말과 소리와 글자'가 함께하는 보편적인 모습으로 한글을 그려 냈다. 노마 교수는 한글의 탄생은 앎과 글쓰기 생활의 새로운 혁명이며 또한 새로운 미를 만들어 내는 형태의 혁명이라고 선언하였다.

6

삶과 언어

인간과 언어

언어는 인간만의 것임은 앞에서 이야기한 바 있다. 이렇게 인간만이 가지는 언어를 인간, 또는 인간의 심리, 뇌와 관련하여 살펴보도록 하자. 구체적으로 사람은 언어를 어떻게 습득하며, 언어와 사고는 어떠한 관계를 맺고 있으며, 사람의 뇌와 언어의 관계는 어떠한 것인지에 대해 살펴보기로 한다.

언어의 습득

흔히 인간은 생리적으로 언어를 사용할 수 있도록 되어 있다고 말한다. 그렇다면 인간은 언어를 배울 필요도 없이 저절로 사용하게 된다는 것일까?

어려서부터 야생동물들에 의해 키워진 늑대아이와 같은 야생아나 고립아들을 살펴보면 이 문제에 대한 답을 찾을 수 있다. 1797년 프랑스에서 열두 살 난 '아베이론의 야생아'가 발견되었다. 여러 학자들은 이 아이가 무슨 말을 할지에 대해 관심을 기울이고 있었다. 인간에 의해 길들여지지 않은 자연 상태에서 하는 말이 인류 최초의 언어일 것이라고 기대하면서. 그러나 이 아이는 아무런 말도 하지 못 했다. 프랑스의 한 의사가 이 아이의 이름을 '빅터'라고 지어 주고 5년 동안 교육하였다. 그러나 어려운 노력 끝에 그 의사가 내린 결론은 빅터가 많은 것을 배울 수 있는 능력을 가지고 있기는 하지만, 말은 배울 수가 없다는 것이었다. 빅터는 겨우 몇 개의 단어와 구를 알아내고, 글을 읽을 수는 있었지만, 말을 할 수는 없었다. 그러나 1930년대에 미국의 오하이오에서 발견된 여섯 살 난 고립아는 2년 동안 말을 배운 끝에 여섯 살 난 어린이 수준에 이를 수 있었을 뿐 아니라 아홉 살이 되었을 때에는 자기 또래 다른 어린이들과 다를 바 없이 말을 할 수 있게 되었다.

 왜 빅터는 말 배우는 것이 거의 불가능했는데, 오하이오의 고립아는 말 배우는 것이 가능했을까? 인간의 뇌가 가지는 특징은 이 문제를 푸는 열쇠를 제공해 준다. 이것은 뇌의 측면화가 이루어지는 시기가 언어를 배울 수 있는 결정적인 시기라는 것이다. 뇌의 측면화란 사람이 성장함에 따라 오른쪽 뇌와 왼쪽 뇌가 담당하는 기능이 분화되는 것을 말한다. 뇌의 측면화가 진행되면 왼쪽 뇌는 언어 기능을 담당하고 오른쪽 뇌는 일반적인 인지 기능을 담당하게 된다.

 빅터는 발견될 당시 벌써 열두 살이었고, 이 시기는 이미 뇌의 측면화가 완성된 시기이다. 따라서 이 시기에는 말을 배우는 것은 아주 어려운 일이다. 그러나 오하이오의 고립아는 여섯 살에 발견되었고, 이 시기는 뇌의 측면화가 이루어지는 시기이기 때문에 말을 배우는 것이 가능한 시기이다. 인간은 언어를 배울 수 있는 능력을 가지고 태어나지만, 여기에는 뇌의 측면화가 이루어지는 시기와 일치되는 결정적인 시기가 있다는 것이다. 따라서 이 시기에는 언어를 배우는 것이 아주 자연스럽고 쉽게 진행이 되지만, 이 시기를 지나고 나서는 언어를 배우는 것이 다른 지식을 배우는 것처럼 어려운 일이 되고 만다.

그러면 언어 습득의 결정적 시기에 있는 어린이들은 어떻게 언어를 배우게 될까? 가장 쉽게 생각할 수 있는 것은 모방 이론이다. 어린이들은 어른들이 하는 대로 모방하면서 언어를 습득하게 된다는 것이다. 그러나 어린이들이 쓰는 말을 연구해 보면 어린이 언어에서는 어른들이 절대로 사용하지 않는 말들이 발견된다. 미국의 어떤 어른도 goed 나 hisself 같은 단어를 사용하지 않지만, 어린이 언어에서는 이런 형태가 사용되는 시기가 있고, 어떤 어른도 '울으는 사람'이나 '양말을 입다'와 같은 말을 사용하지 않지만, 어린이 언어에서는 이런 형태들이 발견된다. 따라서 언어 습득은 단순히 모방 이론에 의해서는 설명될 수 없는 부분이 있다.

또 다른 이론은 적합한 말을 하면 잘했다 하고 잘못된 말을 하면 아니고 이렇게 하라고 하여 언어를 교정해 나간다는 강화 이론이다. 이것이 대부분의 자녀들이 언어를 배우면서 겪게 되는 과정임에는 분명하지만, 실제 언어 자료들을 보면 강화 이론으로는 설명할 수 없는 예들이 많이 있다. 실제로 영어를 사용하는 어린이가 아무도 자기를 좋아하지 않는다는 뜻으로 "Nobody don't like me."라는 문장을 사용한 것을 어머니가 여덟 번이나 "Nobody likes me."라는 문장으로 고쳐 주었지만, 그 후에도 이 어린이가 사용한 문장은 "Nobody don't likes me."이었다는 연구 결과가 있다. 이러한 자료들은 언어 습득은 강화 이론만으로는 설명할 수 없는 부분이 있다는 것을 보여 준다.

언어 습득에 대한 마지막 이론은 규칙 지배 이론이다. 어린이들은 규칙을 통하여 언어를 습득하게 된다는 것이다. 어린이들이 goed라는 형태를 사용한 것도 과거 시제에는 −ed를 붙인다는 규칙을 적용하였기 때문이고, hisself를 사용한 것도 myself, yourself, herself와 같이 재귀대명사는 '소유격+self'라는 규칙을 적용하였기 때문이다. 어머니가 여덟 번이나 교정해 주어도 이중 부정 구조를 사용한 것도 부정문에는 don't가 사용되어야 한다는 규칙을 적용하였기 때문이다.

어린이들은 타고난 언어를 배울 수 있는 능력을 바탕으로 언어의 규칙을 배우는 것으로 언어를 습득하게 된다. 똑똑한 어린이나 바보 같은 어린이, 조기 교육을 받은 어린이나 그렇지 않은 어린이가 모두 똑같은 문법을 배운다. 피아노를 배우는 어린이는 똑같은 선생님께 똑같은 시간을 배운다고 하여도 타고난 재질에 따라 한 어린이는 대가가 될 수도 있고 다른 어린이는 그렇지 않을 수가 있지만, 언어를 습득하는 데 있어서는 모두 똑같은 재질을 가지고 있다.

그렇다면 어린이들이 가지고 있는 언어를 배울 수 있는 능력은 어떤 언어에 대한 것일까? 어린이들은 모두 자기의 모어를 자연스럽게 배운다. 그렇다면 한국에서 미국으로 입양된 어린이들은 왜 한국어가 아니라 영어를 말하게 되는 것일까? 어린이들이 가지고 있는 언어를 배울 수 있는 능력은 언어 자료들을 통해 규칙을 찾을 수 있는 능력, 다시 말해서 그 나라 말의 문법을 배울 수 있는 능력이다. 어린이들이 만들어 내는 규칙은 주어진 자료를 바탕으로 한다. 따라서 한국에서 태어난 어린이지만, 미국에 입양되어 영어 자료들을 접하게 되면 영어 문법을 배워서 사용하게 되는 것이고, 한국어 자료들을 접하게 되면 한국어 문법을 배워서 사용하게 되는 것이다.

언어 습득의 결정적 시기가 있다는 이론은 외국어를 학습하는 데에도 적용이 된다. 외국어는 모어와 동시에 같은 비중으로 교육을 하거나, 모어 습득이 일차적으로 완성되어서 모어를 통하여 의사소통하는 일에 어려움을 느끼지 않는 시점부터 시작하는 것이 가장 이상적이라는 것이 널리 받아들여지는 견해이다.

언어와 사고

언어와 사고 가운데 어떤 것이 더 앞서 존재하는 것일까? 언어보다는 사고가 중요하다는 통념에 대해 행동주의자들은 사고보다는 언어가 더 중요하다고 반박했고, 인지주의자들은 다시 사고가 언어보다 앞선다는 것을 주장했다. 언어와 사고 가운데 어떤 것이 앞서는가를 가리는 것은 지금까지도 언어철학의 중요한 과제이다. 아무튼 사고 능력이 언어 능력보다 선행하는 것이든, 언어가 사고를 지배하는 것이든 간에 분명한 것은 사고와 언어는 깊이 연관되어 있다는 것이다.

사고 없이 언어를 사용할 수 있을까? 우리는 잘못 말한 것을 사과하면서, "생각 없이 말을 해서 죄송합니다."라는 표현을 사용한다. 일시적인 실수가 아니라 항상 생각 없이 말을 하는 사람이 있다면 그는 아마 사고와 언어가 일치하지 않는 사람일 것이다. 우리는 사고를 할 때 언어를 사용한다. 초등학교 저학년 어린이들은 수학 문제를 풀면서도 입 밖으로 소리를 내는 언어를 사용한다. 어른들은 이처럼 소리를 내지는 않지만, 사고를 하면서 머릿속 언어를 사용한다. 이런 의미에서 사고란 자기 자신에게 하는 언어라 할 수 있다.

창세기 기록에 의하면 천지창조의 도구는 언어이다. 세상에 존재했고, 존재하고 있고, 존재할 수 있는 모든 일이 언어와는 분리될 수 없다는 생각에 대해 근대 사상가들은 많이 고심을 하였다. 훔볼트는 "인간은 언어가 제공해 주는 대로 그 주위에 있는 세계를 인식하며 산다."고 하였고, 비트겐슈타인은 "언어의 한계가 곧 세계의 한계"라고 하였다. 언어와 사고가 이처럼 밀접한 관계를 유지하고 있다면 결국 한 사람의 언어는 그의 사고방식을 결정짓는 것뿐만 아니라, 궁극적으로는 세상을 인식하는 방법, 곧 세계관까지도 결정짓게 된다.

한 민족의 삶과 긴밀한 관계에 있는 것을 나타내는 어휘는 전문화되어 있음은 이미 앞에서 살펴본 바 있다. 예를 들어 이누이트어에서는 눈의 종류를 표현하는 어휘가 발달해 있고, 아프리카의 마사이어에는 소의 종류를 나타내는 어휘가 16가지나 있고, 아랍어에는 낙타와 관련된 어휘가 수천 개나 있다. 우리의 주식이 되고 있는 쌀은 벼, 모, 나락, 볍씨, 쌀, 밥, 뫼, 수라, 진지' 등과 같은 여러 어휘로 분화되어 있지만, 영어에서는 rice라는 한 단어로 불린다. 반대로 영어의 roll, cupcake, croissant, muffin, waffle, biscuit과 같은 어휘를 우리는 모두 '빵'이라고 부를 뿐이다.

시대적인 문화 차이도 언어에 반영된다. 고대 영어 시대에서는 전쟁에 관한 어휘나 전쟁 문학이 발달하였다. 컴퓨터가 중요한 도구로 등장한 현대 사회에서는 컴퓨터와 관련된 복잡한 용어들이 많이 생겨나고 있다.

뇌의 특징과 언어

인간만이 언어를 사용할 수 있다는 것은 뇌의 특징에 의해서도 뒷받침된다. 인간의 모든 사고 기능을 담당하는 사령탑은 뇌에 있고, 인간의 뇌는 유난히 크다는 특징을 가지고 있어서 두개골의 용량이 언어와 밀접한 관련이 있다고 생각해 왔다. 특히 진화론의 관점에서는 뇌의 용량이 일정량에 도달했을 때 비로소 언어가 시작되었다고 주장한다. 실제로 침팬지의 뇌가 0.45kg인데 반해 어린아이의 뇌는 1.1kg이고 성인의 뇌는 1.35kg이나 된다. 그러나 뇌의 크기가 크다고 언어 능력이 더 뛰어난 것은 아니다. 난장이의 뇌는 0.4kg밖에 되지 않지만 언어를 사용하는 데에는 아무런 문제가 없다.

렌네버그는 뇌의 크기와 언어 사용 능력은 무관하다고 주장한 학자이다. 문제의 핵심은 뇌의 크기에 있는 것이 아니라 뇌의 질에 있다는 것이다. 렌네버그에 의하면 인간이 태어날 때 대뇌의 반구는 좌우 대칭의 구조로 되어 있다. 뇌피질은 뇌피질 지도가 보여 주는 것처럼 좌우 대칭의 구조이다. 대뇌의 반구도 태어날 당시는 피질과 마찬가지로 오른쪽에 있는 것은 왼쪽에도 있어서 중복되는 기능을 가지고 있지만, 성장함에 따라 오른 쪽 뇌와 왼쪽 뇌가 담당하는 기능이 분화된다. 이것을 앞에서 뇌의 측면화라고 하였는데, 측면화가 진행되면 왼쪽 뇌가 언어 기능을 담당하고 오른쪽 뇌는 일반적인 인지 기능을 담당하게 된다. 따라서 인간의 일반 인지 능력과 언어 능력은 서로 상관이 없다. 뇌의 측면화는 인간에게서만 나타나는 현상이고, 태어나면서부터 진행되어서 사춘기 초반이 되면 완성이 된다. 이것이 인간만이 언어를 사용할 수 있도록 하는 근거가 된다.

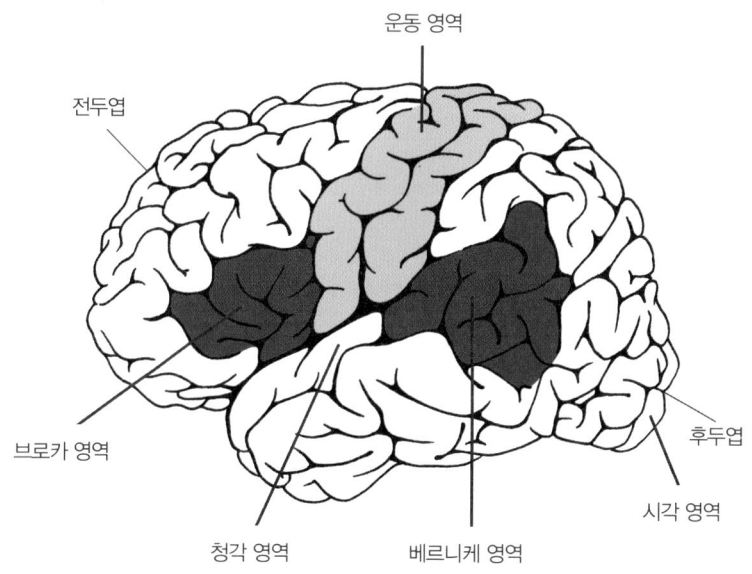

뇌의 모습. 브로카 영역과 베르니케 영역이 언어 사용에 중요한 역할을 한다.

여러 가지 사고를 당해 말을 못하게 되는 사람들이 있다. 어떤 사람은 사고로 높은 건물의 꼭대기에서 떨어져서 머리에 쇠기둥이 박힌 채로 살아남았지만, 언어를 사용하는 데는 문제가 전혀 없었다. 그러나 어떤 사람은 교통사고로 훨씬 가벼운 부상을 당했지만, 언어를 사용하는 데 큰 문제가 있었다. 1861년 프랑스의 외과의사 브로카는 왼쪽 뇌의 어떤 부분이 손상되면 실어증에 걸리게 된다는 사실을 알아내었고, 그 이후 그 부분을 브로카 영역이라고 부른다. 1874년 독일의 의사 베르니케는 브로카 영역에서 약간 떨어져 있는 어떤 영역이 손상되어도 실어증에 걸린다는 사실을 알아내었다. 이 영역은 베르니케 영역이라고 부른다. 1959년 캐나다의 의사 펜필드와 라버츠는 이 영역뿐만 아니라 대뇌 꼭대기에 있는 운동 영역도 언어 사용에 있어서 중요한 역할을 한다고 주장하였다. 이러한 주장들은 인간은 생리적으로 언어를 사용하도록 만들어져 있다는 것이다.

여기서 아주 재미있는 사실이 있다. 좌반구의 전두엽에 있는 브로카 영역의 이상으로 실어증에 걸린 사람은 말을 유창하게 하지 못한다. 어휘 선택이나 어순 등에는 별다른 문제가 없지만 발음이 부정확해서 알아듣기 어렵고, 관사나 전치사 같은 기능어들이 사용되지 않는다. 이에 반해서 브로카 영역의 조금 뒤에 자리 잡고 있는 베르니케 영역의 이상으로 실어증에 걸린 사람은 발음상으로는 아무런 문제가 없지만 도무지 무슨 말인지 알아들을 수 없다. 이와 같은 것으로 미루어 브로카 영역에서는 음운 조직이나 문법 조직의 일부를 담당하고 있고, 베르니케 영역에서는 의미 조직을 담당하고 있음을 알 수 있다. 이것은 언어의 연구

분야를 음운론, 문법론, 의미론으로 나누는 근거가 될 수 있다.

최근에는 대뇌 중심부에 있는 시신경상의 역할에 대해 관심을 기울이고 있다. 시신경상이 언어 영역과 기억 구조를 연결해 주는 곳이라는 사실이 조금씩 밝혀지게 되었기 때문이다. 시신경상에 손상을 입은 사람도 실어증에 걸린다. 놀라운 사실은 오른쪽 시신경상을 다쳤을 때보다 왼쪽 시신경상을 다쳤을 때 실어증의 정도가 더 심하다는 것이다. 시신경상에 손상을 입은 사람은 단어를 제대로 사용하지 못하고 사물을 보고도 이름을 정확하게 대지 못한다는 점을 통해 이 조직이 어휘 정보를 중계하는 곳임을 알 수 있다.

지금까지 살펴본 인간 뇌의 특징은 비록 부분적이기는 하지만 왜 인간에게 언어가 필수적이고, 어떻게 인간이 언어를 사용할 수 있는지를 밝혀 준다. 인간은 생리적으로 언어를 사용할 수 있도록 만들어져 있는 존재이기 때문이다.

사회와 언어

사회와 언어 변이

언어는 사회 구성원 사이에 의사소통을 가능하게 하는 도구이기 때문에 동일한 기호 체계를 지향한다. 그러나 실제 언어를 자세히 들여다보면 같은 기호 체계임에도 불구하고 다양한 양상을 띠고 있다. 즉 사회 속에서 언어는 다양한 변이를 드러낸다. 다음 예는 같은 지역, 같은 시기인데도 불구하고 연령 차이에 의해 말소리 현상이 서로 다르게 나타나는 모습을 보여 준다.

긴소리와 짧은소리의 구별이 있는가 없는가 하는 언어 현상인데, 표준발음의 경우, '말을 한다, 벌이 쏜다, 밭을 간다' 등은 긴소리로 발음나고, '말이 달린다, 잘못하여 벌을 받는다, 먼 길을 간다' 등은 짧은소리로 발음난다. 이러한 현상을 충북 충주 지역을 대상으로 연령별로 조사해 보면, 80대는 95.8%가 구별하고, 70대는 94.4%, 60대는 68.8%, 50대는 19.3%, 40대는 8.3%, 30대는 6.9%, 20대는 2.8%, 10대는

0.6%가 구별하는 것으로 나타났다. 방언학자 박경래 교수의 이러한 보고에 따르면, 적어도 60대 이상 할아버지 세대에서는 긴소리와 짧은소리를 잘 구별하나, 50대 이하 세대에서는 거의 구별을 못하고 있다. 실제 이 자료는 1990년대 조사한 것이니 지금은 80대 이상과 70대 이하로 구분될 것이다. 결국 연령, 또는 세대라는 사회적 요인에 의하여 동일한 언어에서 다양한 변이가 나타난 것이다.

이와 같이 사회 속에서 언어를 다양하게 하는 요인은 무엇일까? 대체로 연령, 성별, 그리고 사회계층이 그 주요 요인이다. 경우에 따라서는 직업, 인종, 종교 등도 언어 변이의 사회적 요인이 된다.

그뿐만 아니라, 언어는 사회 속에서 다양한 현상을 보인다. 사회적인 관계를 언어를 통해 반영하기도 하고, 한 사회에서 여러 언어가 사용되어 이와 관련한 문제가 제기되기도 한다. 이제 이러한 사회 속에서 나타나는 언어의 다양한 모습에 대해 살펴보기로 하자.

계층과 언어 변이

앞서 여러 사회적 요인에 의하여 언어는 다양한 변이를 보인다고 하였다. 그러한 변이를 사회방언이라 한다. 사회방언은 성별에 의하여 분화된 것, 연령에 의하여 분화된 것, 또는 직업, 인종, 종교 등에 의하여 분화된 것이 있지만, 그 중에서도 무엇보다도 사회계층에 의하여 분화된 것이 가장 전형적인 것이라 할 수 있다.

이 문제에 대하여 최초로 관심을 가진 학자는 미국의 윌리엄 라보브라는 언어학자이다. 그는 언어 사회가 결코 동질적이지 않고 다양한 언어 변이들로 이루어져 있다는 것을 밝히고자 하였다. 이를 위해 뉴욕에 있는 백화점 점원들로부터 자료를 수집했다. 백화점 점원의 말이 그 백화점 고객의 말투를 반영하리라는 가정을 세우고, 그 점원들에게 고객인 것처럼 가장하여 한두 마디 질문하고, 또 마치 그 말을 못 알아들은 듯이 하여 같은 대답을 되풀이하게 하여, 일상적인 말투와 주의를 기울여 하는 말투 두 경우를 한꺼번에 조사하였다. 우선 세 그룹의 사회계층을 대표하는 상, 중, 하 세 백화점을 대상으로, 각 백화점 점원에게 다음과 같은 대답이 나오도록 질문을 하였다. "fourth floor." 예를 들어 "여기가 몇 층인가요?", "숙녀화 매장은 어디에 있어요?"라고 처음에는 일상적으로 질문하고, 곧 이어 그 말을 못 알아들은 척하고 다시 물어, 점원이 더 똑똑한 발음으로 대답하게 하였다. 이 조사의 초점은 fourth floor에 나타나는 두 번의 /r/ 발음 실현율에 있다. 두 번 대답했으니까 /r/의 최대 실현은 4회인 셈이다. 조사 점원 수는 상-백화점 68명, 중-백화점 125명, 하-백화점 71명이었는데, 4회 모두 /r/을 발음한 경우는, 상-백화점 30%, 중-백화점 20%, 하-백화점 4%이었으며, 적어도 1회 이상 /r/을 발음한 경우는, 상-백화점 62%, 중-백화점 51%, 하-백화점 21%로 나타났다. 즉 상류계층일수록 /r/을 유지하여 발음하며, 하류계층일수록 /r/을 탈락시키고 발음하였다. 이러한 결과는 사회계층에 따라 언어 변이가 존재함을 보여 주는 좋은 예이다. 사회계층은, 인도의 카스트 제도처럼 태어나면서 확연히 구분되는 경우도 있지만, 그렇지 않은 일반 사회에서도 있다는 것을 보여 주었다. 그리고 언어는 사회계층과 확고한 상관관계를 가지고 있음도 보여 주었다.

비슷한 연구 결과를 더 살펴보자. 미국 디트로이트 시민을 상대로 영어의 3인칭 단수 현재 동사의 -s 탈락 비율을 보면, 상위 중산층은 1%, 하위 중산층은 10%, 상위 노동층은 57%, 하위 노동층은 71%로 나타났다. 영국 노리치 지역의 -ing에서 g 탈락 비율을 보면, 중위 중산층은 31%, 하위 중산층은 42%, 상위 노동층은 40%, 하위 노동층은 100%로 나타났다.

사회계층과 관련한 언어 변이의 재미있는 예를 경북 안동의 한 마을에서 찾아 볼 수 있다. 인류학자 정종호 교수의 보고에 따르면, 이 마을은 전통적으로 두 사회집단이 살고 있는데, 한쪽은 남인의 후손이고, 또 다른 한쪽은 노론의 후손이다. 이들은 서로 다른 친족명칭을 사용하고 있으며, 또한 그것이 집단의 차이라고 인식하고 있다고 한다. 이들은 친족명칭을 통하여 화자가 남인 집안인지 노론 집안인지를 자연스럽게 확인한다고 한다. 따라서 이들에게 친족호칭은 남인과 노론이라는 사회집단의 정체성을 유지시켜 주는 표지라고 한다. 즉 [할아버지]에 대하여 한쪽은 '큰아배', 다른 한쪽은 '할아버지'라 호칭하고, [큰아버지]에 대하여 한쪽은 '맏아배', 다른 한쪽은 '큰아버지'라 호칭한다.

연령과 언어 변이

연령이 언어 변이를 일으키는 주요 사회적 요인이라는 것은 이미 앞에서 살펴보았다. 할아버지의 말과 아버지의 말이 다르고, 아버지와 아들의 말이 같지 않다는 것은 우리 일상생활에서 쉽게 확인하는 사실이기도 하다. 이것이 곧 연령차, 또는 세대차에 의한 언어 변이이다.

언어는 변화한다. 15세기 말과 현대말의 음운 체계, 어휘 체계, 문법 체계가 서로 다른 것은 바로 언어가 역사적으로 변화해 온 결과이다. 이러한 언어의 변화는 결국 세대 간 언어 차이가 쌓이고 쌓인 결과라 하겠다. 음운 현상의 예를 앞에서 살펴보았던 충북 충주 지역을 통해 다시 보도록 하자. 사람에 따라 단모음 /에/와 /애/를 구별하는 경우도 있고 구별하지 못하는 경우도 있다. '게-개, 베-배, 떼-때'의 경우에 그러하다. 이 짝의 발음에 대한 조사에 의하면, 80대, 70대는 100%, 60대는 83.3%, 50대는 72.7%, 40대는 45.5%, 30대는 29.6%, 20대, 10대는 0%가 구별하는 것으로 나타났다. 같은 시대, 같은 지역이지만, 연령이라는 사회적 요인에 의하여 굉장히 큰 차이를 드러낸다. 특히 50대, 40대를 경계로 분명한 선이 그어진다. 역시 1990년대에 조사한 것이니 지금으로 보면 70대와 60대가 경계인 셈이다.

이러한 음운 현상뿐만 아니라 문법 현상에서도 연령차는 드러난다. 우리말 특징 가운데 하나인 청자높임법의 경우, 세대에 따라 등급의 수가 달리 나타남을 볼 수 있다. 일반적으로 한국어 청자높임법의 등급은 격식체인 경우는 '합니다-하오-하네-한다'의 순서로, 비격식체인 경우는 '해요-해'의 순서로 실현되는데, 어른 세대에서는 이 등급이 거의 존재하지만, 젊은 세대에서는 '하오, 하네'는 이미 사라졌으며, 더 나가서 '합니다, 한다'도 '해요, 해'에 밀려나고 있다. 이러한 현상 역시 연령차에 의한 언어 변이이다.

언어 변이는 궁극적으로 언어 변화를 가져온다. 당장 언어 변화라 할 수 없지만, 우선 변이의 양상을 띠다가 한쪽이 차츰 세력을 얻어 확산되고 다른 한쪽이 쇠퇴의 길을 걸으면 드디어 변화에 이른다. 그래서 연령 간, 세대 간에 나타나는 언어 변이를 진행 중에 있는 언어 변화라고 한다.

성별과 언어 변이

다음으로 성별이라는 요인에 의한 언어 변이를 살펴보기로 하자. 성별에 의한 언어 차이는 누구나 쉽게 관찰할 수 있다. 남성과 여성은 목소리부터 다르며, 말투에도 차이가 있다. 남성어의 음질은 굵고, 탁하다면 여성어의 음질은 가늘고 맑게 느껴진다. 여성은 남성보다 상승어조를 많이 사용한다. 상승어조는 친밀감, 부드러움, 공손함을 나타낸다. 남성은 서술문을 더 선호한다. 이것은 단정이나 선언과 같이 자기주장이 강한 표현방식이다. 여성은 주장을 할 경우에도 직접적인 단정보다는 질문 형식의 표현방식을 사용하기 때문에 의문문을 더 많이 선호한다.

성별에 따른 언어 차이가 가장 잘 드러나는 것은 남성들이 쓰는 어형과 여성들이 쓰는 어형이 완전히 별개로 분리되어 있는 경우일 것이다. 화자의 성별에 따라 동일 대상을 다른 단어로 표현하는 것이 그 예이다. 다음 예는 일본어에서 성별에 따라 단어가 어느 정도 분화되어 경우이다. '물'이나 '술'을 뜻하는 mizu, sake를 여성들이 겸손하게 말할 때는 ohiya, sasa라 하기도 한다. '맛, 먹다'를 뜻하는 oishii, taberu를 남성들이 좀 거칠게 말할 때는 umai, kuu라 하기도 한다. 역시 일본어에서 비침이기는 하지만 1인칭 대명사 '나'가 화자의 성별에 따라 여성어는 atasi, 남성어는 boku로 분화되어 있다.

남성과 여성 간에는 대화 방식에 있어서도 차이가 나타난다. 흔히 대화는 독립과 유대관계라는 서로 다른 욕구를 조정하는 과정이라 한다. 누구나 이 두 가지의 욕구를 가지고 있지만, 남성은 주로 독립의 틀을 가지고 대화를 하고, 여성은 주로 유대관계의 틀을 가지고 대화를 한다. 이에 대해서는 다른 자리에서 구체적인 예를 살펴보기로 한다.

언어정책의 이모저모

지난 2010년 12월 서울에서, '세계 언어정책의 현황과 과제'라는 주제로 국제 학술대회가 열렸다. 국립국어원이 개원 20주년을 기념하여 개최한 학술대회였다. 학술대회를 마치고 각 나라에서 참석한 대표자들과 저녁식사를 하면서, 그 당시 국립국어원장으로서 필자는 다음과 같이 폐회인사를 한 바 있다. 길지도 짧지도 않아 그대로 옮겨 본다.

먼저 두 가지 말씀을 드리겠습니다.
첫째 이야기는 한국 사람과 인도네시아 사람의 대화입니다. 인도네시아 사람이 한국 사람에게 물었습니다.
"한국에는 언어가 몇 가지나 있습니까?"
한국 사람이 속으로 생각하기를
'나라에 언어가 하나이지 무슨 질문이 저럴까'
하면서 대답하였습니다.

"한국어 하나입니다."
그러자 인도네시아 사람이
'무슨 나라에 언어가 하나뿐일까?'
라고 생각하면서
"인도네시아에는 수백 가지의 언어가 있습니다."
한국 사람은 이 말을 이해하지 못하였습니다.

둘째 이야기입니다. 한 시민이 국립국어원 상담실에 전화하였습니다.
"중국음식 '짜장면'을 정말 '자장면'이라 발음해야 합니까?"
"예, 지금 규정이 그렇습니다."
그 시민은 다음과 같이 생각하며 참으로 궁금해 하였습니다.
'모든 사람들이 다 짜장면이라 말하는데 왜 규정은 자장면일까'

한국 사회는 요즘 다언어 사회에 대해 깊이 생각하고 있습니다. 한국 사회는 요즘 언어 현실과 규범의 차이에 대해 깊이 생각하고 있습니다. 이러한 언어 문제는 한국만의 문제가 아니라 현재 세계인 모두 직면하고 있는 문제입니다.

우리는 어제 오늘 열린 언어정책 국제 학술회의에서 이러한 문제들에 대해 함께 생각해 보았습니다. 언어정책에 대한 매우 유익하고 흥미로운 논의가 전개되었으며, 새로운 언어정책 수립을 위한 발전 방향도 모색되었다고 믿습니다.

국립국어원이 개최한 언어정책 국제 학술대회. 앞줄 오른쪽 두 번째가 세계적인 언어정책학자 버나드 스폴스키 교수이다.

언어정책의 과제

언어정책이란 국민들, 또는 사회 구성원들이 의사소통을 원활하게 하기 위해 국가가 펼치는 정책이다. 의사소통을 위한 도구는 이해하고 표현하는 데 있어서 쉽고 그리고 정확해야 한다. 또한 한 국가에 사는 사람들이 서로 다른 여러 언어들을 사용한다면 의사소통에 문제가 될 것이다. 이를 위해 하나의 언어 체계를 규범으로 정하여 이를 지켜 의사소통하도록 하는 것이 중요한 정책 과제이다.

위의 폐회인사에서 보았듯이, 이렇게 언어정책의 주요한 두 과제는 언어규범을 관리하는 일을 포함한 언어 사용 환경 개선과 다언어 문제를 잘 극복하는 일이라 하겠다. 먼저 어문규범을 비롯한 언어 사용 환경 개선에 대해 살펴보기로 하자.

표준어의 필요성과 방언의 가치

같은 언어를 쓰는 사람들은 공통된 언어 구조에 이끌려 공통된 정신과 생각을 가지게 되고 이를 바탕으로 고유한 문화를 창조한다. 그러므로 언어는 이를 사용해온 사람들의 오랜 경험과 지혜를 고스란히 담고 있는 무형문화재이다. 역사 이래로 우리의 정신을 이어 주고 문화를 이끌어 준 것이 바로 우리말이다. 각 지역마다 써 내려온 방언도 마찬가지다. 방언의 가치는 바로 그 지역의 고유한 역사가 숨 쉬고 얼이 스며 있는 문화유산이라는 데 있다. 우리가 방언의 가치를 높이 받들고 사라지지 않도록 지켜야 하는 까닭이 바로 여기에 있다.

또한 언어는 우리의 생각과 느낌을 전달하는 의사소통의 도구이다. 언어가 의사소통의 효과적인 도구가 되기 위해서는 사회 구성원 모두에게 공통적이어야 한다. 그러나 언어의 말소리와 뜻의 관계는 상황에 따라 얼마든지 바뀔 수 있다. 시간의 흐름에 따라 말소리와 뜻이 맺어진 관계도 바뀔 수 있어 언어는 역사적으로 변화를 계속한다. 또한 지역의 다름에 따라, 사회적 요인에 따라 언어는 다양한 모습을 드러낸다. 그러나 언어가 시간적으로, 지역적으로, 사회적으로 서로 다른 모습을 보인다면, 의사소통의 도구로서 기능은 크게 떨어진다. 그래서 이 세 조건을 각각 어느 한 가지로 공통되게 기준을 정하게 되는데, 이것이 바로 표준어이다. 표준어의 필요성은 국민들이 하나의 같은 도구로 의사소통을 효과적으로 할 수 있도록 하는 데에 있다.

그런데 우리는 이 둘의 관계를 잘못 이해하는 경우를 흔히 본다. 광복 후 표준어의 폭넓은 보급은 우리의 공통된 의사소통에 크게 기여했다. 그러나 표준어의 필요성을 지나치게 앞세워 지역방언의 가치를 폄하한 결과 방언은 버려야 할 것으로 인식되어 사라질 위기에 이르렀다. 이는 방언에 대한 올바른 가치를 모르는 데서 비롯된 것이다. 그러나 반대로 방언의 정서적 가치만 강조한 나머지 표준어의 필요성을 인정하지 않으려는 극단적인 주장도 있다. 마치 표준어는 고유문화와 언어의 평등성을 해치는 없애야 할 존재로 바라본 것이다. 그러나 이러한 두 생각은 모두 옳지 않다. 표준어는 국민의 올바른 의사소통을 위해 필요한 도구이며, 방언은 우리 삶의 생생한 모습과 정신이 담긴 문화유산이다.

최근에 방언을 체계적으로 수집하고 보전하려는 노력이 곳곳에서 나타나 무척 다행한 일이다. 국립국어원에서 지역어 조사를 본격적으로 실시하여 해마다 그 성과를 발표하였으며, 남북공동의 ≪겨레말큰사전≫ 편찬에서는 남북 방방곡곡은 물론 국외 동포들이 쓰는 방언도 캐내고 있다.

앞에서 말한 바와 같이 언어는 시간의 흐름에 따라 변화한다. 따라서 규범인 표준어도 시대에 따라 조정할 필요가 있다. 이미 우리 사회에서 널리 쓰고 있는데도 표준어를 처음 정할 때 지정되지 못했다고 계속 비표준어로 묶어 둘 수는 없다. 이것은 우리말의 어휘의 폭을 줄이는 결과도 되며, 그 단어를 사용하는 모든 국민을 규범을 어긴 사람이 되게 한다. 따라서 표준어에 대한 합리적인 평가와 연구를 통해, 어느 한 단어만 표준어로 고정해 둘 것이 아니라, 둘 이상을 표준어로 허용하는 방안을 고려해야 할 것이다. 또한 지역방언에서도 필요한 말을 살려 써야 할 것이다.

언어 사용 환경 개선

언어 사용 환경 개선이란 국민들이 쉽고 정확하게 그리고 품격 있게 언어생활을 할 수 있는 다양한 환경을 마련해 나가는 정책이다.

한국의 언어정책이 그동안 규범을 보급하는 데에 힘썼다면 앞으로의 과제는 국민들이 한층 더 편하게 언어생활을 할 수 있도록 규범을 정비하고 보완하는 합리적인 관리에 주력하는 것이다. 국민의 실제 언어 사용 실태를 조사하고 규범을 현실에 맞게 조정해 나가는 것이다. 국어기본법에는 어문규범 영향 평가를 실시하도록 규정하고 있다. 어문규범에 대한 국민들의 인식 정도, 불합리한 규정 등에 대한 실태를 조사하는 것이다. 2009년부터 정부에서는 연차적으로 국어의 로마자 표기법, 외래어 표기법, 표준어 규정, 표준발음법, 그리고 한글맞춤법 등의 평가를 실시하고 있다. 표준어 규정에 대한 영향 평가를 바탕으로 현실 언어를 반영하여 2011년 8월에 39개의 단어를 새롭게 표준어로 인정한 바 있다. 예를 들어 '날개, 냄새, 뜰, 손자'에 대하여 '나래, 내음, 뜨락, 손주'가 비표준어로 되어 있었으나, 언어 현실을 반영하여 '나래, 내음, 뜨락, 손주'도 모두 표준어로 인정하였으며, '먹을거리'에 대해 '먹거리'도 표준어로 인정하였다. 그 동안 국민들이 현실 언어와 표준어 규정 사이의 불일치로 불편을 가장 많이 겪었던 '자장면'에 대해서도 '짜장면'도 표준어로 인정하여 복수표준어를 허용하였다. 이 경우 '자장면'을 함께 복수표준어로 유지한 것은 지금까지 이 말을 써 온 사람들, 어쩌면 규범에 충실한 모범적인 사람들을 존중하고 현재 출판된 서적, 간판 등을 다시 제작해야 하는 혼란을 덜기 위해서이다.

이와 같이 어문규범 영향 평가를 지속적으로 실시하여 어문규범을 합리적으로 관리하려는 것이 바로 언어 사용 환경을 개선하는 한 과제가 될 것이다.

다음으로는 국가의 언어 경쟁력을 높이면서 국민들이 쉽고 편리하게 쓸 수 있는 언어 지식 체계를 구축하는 디지털 한국어 대사전을 편찬하는 일이다.

국립국어원은 2008년부터 ≪표준국어대사전≫을 웹상에서 제공하고 있다. 이를 바탕으로 2010년부터 3년간 제1단계 개방형 한국어 지식대사전 편찬 사업을 수행하여 "우리말샘"이라 이름하여 2013년부터 부분적으로 공개하였다. 이 사전은 올림말 100만 항목 규모의 국어 어휘 자료를 집대성하며, 사용자가 편찬에 직접 참여할 수 있는 위키피디아형 언어 지식 체계 구축을 지향하였다. 뜻풀이를 쉽게 다듬고 용례, 그림 및 동영상 자료를 보완하고, 어휘의 역사적 변화 과정을 기술하는 한편, 새롭게 생활용어, 방언을 발굴하고 전문용어를 표준화하였다. 또한 한국어를 배우려는 외국인들이 활용할 수 있도록 올림말 5만 항목 규모의 한국어 학습용 기초사전과 5개 언어 다국어사전도 함께 구축하였다. 이러한 사전 구축 사업을 통해 국가의 언어 경쟁력을 높이면서 다언어, 다문화 사회에서 의사소통 능력을 향상하고자 하는 것이다.

언어 사용 환경 개선과 관련하여 또 하나의 중요한 정책은 공공언어에 관한 정책이다. 행정기관의 언어, 신문, 방송, 인터넷 등의 매체언어, 교육언어의 품질을 향상하고자 하는 정책이다.

행정기관에서 사용하는 용어를 국민이 잘 이해하지 못한다면 아무리 좋은 정책이라도 공감을 얻기 어렵다. 행정기관에서 사용하는 언어는 국민의 권리와 의무에 직접 관계를 맺고 있다. 따라서 훨씬 더 쉽고 정확해야 한다. 공문서, 보도자료 등에 어려운 말, 잘못된 말을 쓰지 않도록 힘써야 할 것이다. 불필요한 외국어를 섞어 쓴 일은 없는지, 지나치게 어려운 한자말을 섞어 쓴 일은 없는지 되돌아보고 제대로 된 행정용어를 사용하여 국민에게 다가가도록 국어정책이 앞장서는 것이다.

대표적인 공공언어인 방송언어도 그러하다. 방송언어는 생활의 생생한 언어 그대로를 반영한다 하더라도 언어예절이 실종되고 막말과 비속어가 일상화된 품격 없는 말을 방송에서 계속하여 내보내는 것은 바람직하지 않다. 방송에는 우리 사회의 언어 사용을 이끌어 가야 하는 의무도 있기 때문이다. 적어도 청소년에게 이런 언어 환경이 노출되지 않아야 할 것이다. 언어는 인격 형성과 밀접한 관계를 맺고 있기 때문에 청소년의 언어 사용은 그 어느 것보다도 중요하다. 방송뿐만 아니라 교육기관에서도 청소년의 올바른 언어 사용을 위해 노력하도록 언어정책은 그 책임을 다해 나가야 하는 것이다.

소외 계층의 언어 사용 환경 개선을 위해, 북한이탈주민의 발음, 어휘,

화법 능력을 향상시키기 위한 프로그램을 개발하여 교육을 하는 일, 청각장애인과 시각장애인을 위한 수화와 점자와 같은 특수언어를 표준화하여 보급하는 일, 역시 중요한 언어정책의 대상이다. 사라져 가는 지역 방언과 민족생활어를 조사하여 보전하는 일, 남북 언어 통합을 위한 다양한 연구와 교류를 수행하는 일도 역시 중요한 언어정책의 대상이다.

국어정책과 국어기본법

우리나라는 국어의 진흥과 발전을 위하여 국어기본법을 2005년에 제정하여 시행하고 있다. 이 법은 국어의 사용을 촉진하고 국어의 발전과 보전의 기반을 마련하여 국민의 창조적 사고력의 증진을 도모함으로써 국민의 문화적 삶의 질을 향상하고 민족문화의 발전에 이바지함을 목적으로 하고 있으며제1조, 국가와 국민은 국어가 민족 제일의 문화유산이며 문화 창조의 원동력임을 깊이 인식하여 국어발전에 적극적으로 힘씀으로써 민족문화의 정체성을 확립하고 국어를 잘 보전하여 후손에게 계승할 수 있도록 함을 기본 이념으로 삼고 있다제2조. 이를 실천하기 위하여 국어 발전 기본 계획 수립, 국어심의회 설치, 국어문화원 설치, 그리고 정부 각 부서에 국어책임관 지정을 비롯한 다양한 규정을 포함하고 있다.

다언어 사회의 모습

몇 해 전에 보도된 기사 한 토막을 들어 보기로 하자. 이 기사는 우리가 지금 다문화 사회의 한가운데 살고 있음을 보여 준다.

충북 옥천군에 사는 70대의 A씨는 최근 태어난 손자 머리맡에 날카로운 칼이 놓여 있는 것을 보고 소스라치게 놀랐다. 칼은 베트남에서 시집온 며느리가 놓은 것으로 밝혀졌고, A씨는 불같이 화를 내며 며느리를 정신이상자로 몰아붙였다. 반면 며느리는 시어머니가 화를 내는 이유를 도저히 납득할 수 없었다. 고국 베트남에서는 나쁜 기운을 타지 않고 무탈하게 성장하도록 하는 기원을 담아 아기 머리맡에 칼을 놓는 것이 풍습이기 때문이었다. 설명을 하려 해도 말이 통하지 않으니 베트남 며느리는 답답한 가슴만 칠 수밖에 없었다.

다문화 사회의 길목에서

"연합뉴스" 2006년 4월 25일자인 위 기사는 서로 다른 문화 속에서 그리고 의사소통이 원만하지 못하여 답답한 가슴만 치면서 가정생활을 하고 있는 결혼이주여성의 현실을 보여 준다. 오랫동안 단일민족으로 지내왔던 우리는 최근 들어 외국 여성과의 국제결혼이 증가하여 이주여성이 늘고 있으며, 한국 기업에 취업하기 위해 들어와 있는 외국인 노동자 수도 수십만 명을 넘어서고 있다. 이러한 현실은 이제 우리가 다문화 사회에 들어와 있음을 보여 준다.

다문화 사회란 서로 다른 문화 배경을 가진 사람들이 함께 어울려 사는 사회를 말한다. 문화란 언어를 배경으로 하고 있기 때문에 다문화 사회는 당연히 다양한 언어가 함께 사용된다. 언어를 의사소통의 도구라 할 때, 서로 다른 도구를 사용한다면 그 안에서는 의사소통이 어렵게 된다. 적어도 어느 한 편이 다른 한 편의 도구를 이해할 수 있어야 원만한 의사소통이 이루어지고, 그래야만 서로의 문화 차이를 이해하고 함께 생활할 수 있을 것이다.

이제 다문화 사회에서 제기되는 언어 문제에 대해 생각해 보자. 먼저 다문화 사회 속에서 제기되는 다언어 현상을 살펴보고, 현재 우리가 부딪치고 있는 다언어 사회의 현실을 통해, 앞으로 우리가 극복해 나가야 할 방향도 함께 생각해 보자. 필자의 글 '다문화 사회와 언어'(≪다문화 사회의 이해≫, 동녘, 2009년) 참조.

단언어 사회와 다언어 사회

한 사회 또는 한 국가에 언어가 쓰이는 모습 또한 다양하다. 예를 들면 한국이나 베트남처럼 대부분 하나의 언어를 사용하며, 하나의 언어를 모어로 삼고 있는 경우가 있다. 영국, 독일, 프랑스 등도 대체로 그렇다. 이렇게 하나의 언어를 사용하는 사회를 단언어 사회라 한다.

그러나 하나의 사회나 국가가 둘 또는 그 이상의 언어를 사용하는 경우가 있다. 우리 이웃 나라 중국이 그러하다. 중국에는 한족과 함께 55개의 소수 민족이 산다. 이들 소수 민족들은 대부분 자신들의 고유 언어가 있으며, 이들은 이 고유 언어를, 우리가 흔히 중국어라 일컫는 한어와 함께 사용하고 있다. 따라서 중국에는 몽골족이 사는 지역에는 한어와 몽골어가 함께 쓰이며, 퉁구스족이 사는 지역에는 한어와 퉁구스어가 함께 쓰인다. 연변처럼 우리 동포인 조선족이 많이 모여 사는 지역에서는 조선어라 불리는 한국어가 한어와 함께 쓰이고 있다. 이처럼 둘 또는 그 이상의 언어를 사용하는 사회를 다언어 사회라 한다.

러시아에도 여러 민족이 함께 살고 있다. 언어 역시 여럿 사용되고 있다. 대부분 자기 민족의 고유 언어를 러시아어와 함께 쓰고 있으며, 경우에 따라 자기의 고유 언어는 점차 잊어 가고 있다. 스위스는 독일어, 프랑스어, 이탈리아어 등을 함께 국어로 정하고 있다. 캐나다의 퀘벡주는 영어와 프랑스어를 사용한다. 세계 여러 나라의 언어를 살펴보면 실제 단언어 사회가 오히려 드물고 다언어 사회가 더 일반적이다.

다언어 사회는 어떻게 형성되는가

이민   이민은 어떤 국가를 다언어 사회로 만드는 중요한 요인이다. 서로 다른 언어를 쓰는 민족이 이민에 의해 뒤섞여 살게 됨으로써 그때까지 단언어 사회이던 것을 다언어 사회로 바꾸게 된다.

이민은 두 가지 형태로 나뉜다. 첫째는 어떤 대집단 민족이 자기들 영토를 확장하여 이웃 지역으로 옮기는 형태이다. 이 경우에 토착인들은 소수 민족으로 전락하여 이민자들이 세운 나라의 국민으로 편입되어 다언어 사회가 형성된다. 둘째는 소집단의 민족이 다른 나라로 옮기는 형태이다. 이때 소집단 민족이 자기 고유 언어를 계속 사용하게 되면 그 국가는 이민 오는 민족의 수만큼 언어가 늘어나 다언어 사회가 된다. 유럽, 아시아, 아프리카, 그리고 중남아메리카 등으로부터 이민이 계속되는 미국은 이러한 다언어 사회의 대표적인 예이다.

식민지화   식민지에서는 원래 쓰던 토착인의 언어와 침략국의 언어가 함께 쓰이게 되므로 식민지화는 다언어 사회를 형성하는 결정적 요인이 된다. 그런데 인구수는 적지만 침략국 언어는 행정언어, 교육언어로서 지위를 확보하게 되고 그 결과 식민지는 어쩔 수 없이 다언어 사회가 되고 만다. 인도에 영국 사람들의 수는 적지만 영어가 뿌리내렸다.

과거 식민지였던 아프리카, 남아메리카의 여러 나라들은 오늘날 대부분 독립국가가 되었다. 그리고 2차 대전 후에 소련의 식민지가 되었던 발트 삼국인 라트비아, 리투아니아, 에스토니아도 모두 독립하였다. 그런데 이들은 독립은 하였으나 여전히 옛 침략국의 언어를 함께 쓰고 있어 그대로 다언어 국가이다.

연방화 몇몇 민족을 연합하여 한 연방국을 만들어서 다언어 사회가 되는 수도 있다. 벨기에는 자의로 연방국이 된 나라인데 그 결과 이 나라는 크게 두 언어가 쓰이고 있다. 하나는 프랑스어로 남부에 거주하는 왈론족이 쓰고 있으며, 다른 하나는 플란다스어로 북부에 거주하는 플란다스족이 쓰고 있다. 카메룬도 다른 두 언어 지역이 연합하여 나라를 세웠다. 두 지역이란 하나는 과거 프랑스 식민지, 다른 하나는 과거 영국 식민지였던 지역이다. 그리하여 연방국이 된 이후 프랑스어와 영어, 그리고 그들의 토박이말이 함께 쓰이는 다언어 사회가 되었다.

언어 접촉 각기 다른 언어를 쓰는 두 나라의 접경지대가 다언어 사회로 되는 수가 있다. 국경은 엄격히 구분되어 있지만 문화적으로는 상대편 지역에 소속되어 있는 경우가 그러하다. 캐나다 퀘벡 지역에 접해 있는 미국 북동부 지역은 프랑스어도 함께 통용되는 다언어 사회이다. 또한 전쟁에 의해 그 소속이 이 나라 저 나라로 바뀌었던 지역도 다언어 사회가 된다. 프랑스와 독일 쪽을 넘나들던 알사스로렌 지역은, 지금은 프랑스가 되었으나, 독일어를 사용하는 주민들과 함께 다언어 사회이다.

다언어 사회의 층위

개인 다언어 사회라면 주로 국가 층위를 생각할 수 있지만, 다언어 현상은 순전히 개인적인 현상일 수도 있다. 우리나라는 국가 층위로 보면 단언어 사회다. 그렇다고 하여 한국인은 누구나 한국어 하나만 구사하는 것은 아니다. 한국어를 모어로 하면서도 영어나 중국어에 능통한 사람도 있고, 나아가서는 영어, 중국어를 동시에 잘 하는 사람도 있다. 이러한 개인을 다언어 사용자라 하는데, 특히 두 언어를 함께 사용하는 개인을 이중언어 사용자라 한다.

민족 다언어 현상은 개인 층위와 국가 층위의 다언어 현상이 복합된 양상을 띨 수도 있다. 한 사회가 다언어 사회이면서 그 구성원들이 한결같이 다언어 사용자인 경우가 있다. 예를 들면, 브라질과 콜롬비아 접경지대인 아마존강 지역에 거주하는 투카노족은 동일 언어를 사용하는 사람과는 결혼할 수 없다고 한다. 따라서 어떤 마을이든 자연스럽게 다언어 사회가 된다. 자식은 태어나면서 아버지 말, 어머니 말을 배우고, 또한 이웃의 다른 말을 들으며 자라게 된다. 결국 그 사회 전체가 다언어 사회이면서 그 민족의 개인도 모두 다언어 사용자인 셈이다.

국가 일반적으로 어떤 나라가 다언어 사회라고 하여 그 국민 모두가 다언어 사용자는 아니다. 가령 스위스 국민 중 독일어권에서 태어난 사람은 일생 동안 독일어 하나만으로 생활할 수 있다. 따라서 국가 층위의 다언어 현상은 국가 전체로 보았을 때 해당되는 현상이지 개개인에 적용하였을 때는 해당되지 않을 수 있다.

언어 선택

다언어 사회에서는 상황에 따라 사용 언어를 선택하게 되는데, 코드 바꾸기가 그 대표적인 현상이다. 코드 바꾸기란 직장에서 공용어를 쓰다가 집에 와서는 토박이말을 쓰는 것과 같은 경우를 말한다. 한국 학생들과는 한국어를 쓰고 자기 나라에서 함께 온 학생하고는 자기 나라 말로 대화하는 유학생들의 언어생활도 전형적인 코드 바꾸기이다.

코드 바꾸기는 한 사람에게만 나타는 것이 아니라 두 사람 사이에서도 일어날 수 있다. 아들은 계속 영어로 말하고 엄마는 계속 한국어로 대화를 이어가는 경우를 미국에 사는 교포 가정, 중국의 조선족 가정에서 흔히 보게 되는데 이것도 코드 바꾸기의 한 형식이다.

다층언어 사회

다언어 사회는 서로 다른 언어가 공존하는 사회이다. 그런데 그처럼 공존하는 언어가 다른 언어가 아니고 동일 언어의 변이 관계에 있으면서 일종의 다언어 사회를 이룰 수도 있는데, 이를 다층언어 사회라 한다. 한 언어 공동체 안에서 한 언어의 두 종류 변이형이 그 공동체 전역에 뿌리내리고 있을 때가 다층언어 사회이다. 이때 한 변이형은 일상생활에 쓰이며 다른 하나는 방송, 신문, 교육, 행정 등에 쓰이는 변이형이다. 이 경우 전자를 하위어, 후자를 상위어라 한다. 아랍에서 코란의 언어인 고전 아랍어가 상위어이고 현대 쓰이는 일상 언어가 하위어이다.

다층언어는 한 언어 안에서뿐만 아니라 여러 언어 사이에서도 상위어와 하위어가 있을 수 있다. 탄자니아는 영국의 식민지였던 관계로 아직까지도 영어가 쓰이고 있고, 한편으로는 스와힐리어가 국어로 정착되어 가고 있다. 그런데 스와힐리어는 다시 두 종류로 나뉘어 있다. 하나는 태어나면서 제1언어로 습득하는 각 지역의 토박이 스와힐리어이며 다른 하나는 초등학교에 들어가서 비로소 배우게 되는 표준 스와힐리어이다. 토박이 스와힐리어는 초등학교 2학년까지는 교육언어로 쓰이나 3학년부터는 표준 스와힐리어가 교육언어로 쓰이는데 토박이 스와힐리어가 하위어, 표준 스와힐리어가 상위어가 된다. 그러나 탄자니아에서는 중학교부터는 영어를 교육언어로 쓴다. 이번에는 스와힐리어가 하위어로 되고 영어가 상위어로 되는 것이다. 그렇게 되면 삼층언어가 된 셈이다.

그러나 더 복잡한 다층언어도 있다. 말레이시아에 사는 중국사람으로서 영어 교육을 받은 사람들은 중국어, 말레이시아어, 영어를 쓰는 다언어 사용자들인데 그 세 언어는 각각 상위어와 하위어로 나뉘어 있다고 한다. 중국어는 이들이 태어나면서부터 부모로부터 배운 중국어와 말레이시아 전역에서 통용되는 중국어가 각각 하위어와 상위어를 이루고 있고, 말레이시아어도 상위어와 하위어로 나뉘어 있는가 하면 말레이시아 영어도 격식 영어와 구어 영어로 나뉘어 역시 상위어와 하위어의 관계를 형성한다. 이 여섯 개 언어에서 가장 윗자리에 격식 영어, 그 다음에 상위 말레이시아어가 자리 잡으면서 상위어의 자리를 지키며, 중위어 자리에 구어 영어와 상위 중국어가 차례로 자리를 잡고, 마지막으로 하위 중국어와 하위 말레이시아어가 하위어를 형성한다. 영어, 중국어, 말레이시아어가 각각 상, 중, 하의 자리를 잡아, 서로 뒤엉켜 서열이 매겨지는 독특한 체계이다.

한국의 다언어 사회

공부도 잘하고 반 친구들한테 인기가 좋았던 한 어린이가 어느 날 필리핀 출신 어머니가 학교를 다녀간 뒤부터 완전히 따돌림을 당했다는 뉴스가 있었다. 한국인 아버지와 베트남 출신 어머니 사이에서 태어난 초등학교 6학년 학생이 최근 같은 반 친구들에게 "네 나라로 돌아가."라는 말을 들었다. 리틀 싸이 황민우 군이 다문화가정 어린이라는 사실이 알려지면서 사이버 공격을 받은 직후의 일이었다. 반 친구들은 이렇게 말하였다. "리틀 싸이 설레발치는 거 정말 꼴도 보기 싫어. 너도 다문화라며? 눈앞에서 꺼져." 그는 갑자기 돌변한 친구들의 태도에 깊은 상처를 입었다. "저는 한국에서 태어났는데, 어디로 돌아가야 하나요? 친구를 잃은 일도 슬프지만 저는 진짜 조국이 없는 것 같아 더 슬퍼요." 이것이 바로 오늘날 다문화 가정의 자녀들이 학교에서 부닥치는 현실이다.

최근 들어 결혼이주여성과 외국인 근로자 수가 늘어나면서 이들 가정의 어린이도 15만 명을 넘어섰다. 이러한 현실은 이제 우리가 다문화 사회에 들어와 있음을 보여 준다. 국가인권위원회 조사에 따르면 이들 가운데 42%가 우리말 발음이 서툴러 따돌림을 받았고, 25%가 피부색 때문에 놀림 받은 경험이 있다고 한다. 우리의 무관심 속에서 이들이 겪는 심리적 갈등은 생각보다 훨씬 크다.

다문화 사회란 서로 다른 문화적 배경을 가진 사람들이 함께 어울려 사는 사회를 말한다. 문화란 언어를 바탕으로 하고 있기 때문에 무엇보다 언어 문제가 다문화 사회에서 해결해야 할 가장 큰 과제다. 원만한 의사소통이 이뤄져야만 서로의 문화 차이를 이해하고 함께 생활할 수 있다. 과연 지금 우리는 다문화 사회에 대한 준비가 제대로 되어 있는가?

국립국어원에서는 조사한 다문화 가정의 국어사용 실태를 보면, 결혼이주여성들은 한국생활을 하면서 가장 힘든 경우로 공공기관에서 의사소통이 어려울 때와 전화 내용이 이해되지 않을 때를 꼽았다. 이들은 은행, 우체국과 같은 곳에서 국어사용을 매우 힘들어했다. 따라서 공공기관에서 이들을 위한 언어적 배려가 무엇보다도 절실하다.

이들이 한국 사회의 구성원이 되기 위한 필수적이고 기본적인 조건은 적절한 수준의 국어사용 능력을 향상시키는 것이다. 의사소통 기능 가운데 쓰기 능력은 시간이 지나더라도 가장 힘들어하는 것으로 나타났으며, 말하기도 초급단계에서는 쉬워했으나 고급단계로 가면 쓰기에 못지않게 어려워하는 것으로 나타났다. 이제는 결혼이민자가 초급 한국어를 배우는 것에서 멈추는 게 아니라 중급 이상의 한국어 실력을 쌓을 수 있도록 동기를 부여하고, 이를 지속할 수 있는 교육과정과 교육시설, 교사의 보강이 필요하다. 그렇게 하여 우리 모두가 이들의 사회적·문화적 갈등을 풀어 주어야 할 것이다.

결혼이주여성들에게 한국어 학습은 한국 사회에 적응하기 위해 대단히 중요하다. 그러나 더 중요한 것은 엄마 등에 업힌 저 아기가 한국어와 엄마의 언어를 함께 구사하도록 하는 것이다.

아울러 다문화 가정과 한국어 교육과 관련해서 한 가지 덧붙이고자 한다. 지금 현실을 보면 다문화 가정의 언어 교육은 오로지 한국어 교육에 제한하고 있다. 어떻게 보면 이것은 다문화 교육이 아니라 일방적인 한국화 교육이라 하겠다. 한국의 문화, 한국의 언어가 소중한 만큼, 다양한 그들의 문화, 언어도 존중되고 교육되어야 할 것이다. 그래야만 진정한 의미에서 다문화 사회가 이루어진다. 이것은 문화 상호주의와도 맥이 통하는 것이다. 다문화 가정의 자녀들이 장차 베트남-한국어, 또는 몽골-한국어와 같은 이중언어 전문 구사자가 되어, 언어를 통해 두 문화를 잇고, 두 나라의 교류를 담당하는 우리나라의 대표적인 인재로 양성되어야 바람직할 것이다.

토박이말을 지키려는 노력

토박이말을 지키려는 부탄

　필자가 국립국어원에 근무하던 2010년 말, 국립국어원에 특별한 손님이 찾아왔다. 히말라야산맥 가운데 위치한 부탄왕국의 국어발전위원회 위원장 일행이 그들이다. 외교권을 인도에 위임한 채 오랫동안 부탄은 외부 세계에 알려진 것이 거의 없다. 가난하지만 국민 100명 가운데 무려 97명이 '나는 행복하다'고 대답할 정도로 행복이 가득한 나라로 첫손에 꼽힌다. 불교의 영향을 깊게 받은 부탄 국민은 자연과 삶의 가치관에 대한 자신감이 가득하여 행복지수가 높다고 위원장이 소개하였다.

　부탄은 종카어라고 하는 토박이말이 있지만, 명목상의 공용어 위치를 차지하고 있을 뿐 실제 의사소통은 대부분 영어로 이루어지고 있다. 부탄은 20세기 초에 영국의 보호령이 되었다가 1947년 인도의 독립과 함께 영국의 지배를 벗어났지만, 사회 지도층의 언어는 여전히 영어였다. 1960년대 이후 영어를 기반으로 한 교육제도가 채택됨으로써 현재 지

국립국어원을 방문한 부탄왕국 국어발전위원회 위원장 일행

도층은 대부분 영어를 사용한다. 심지어 교육 받은 사람들 가운데 종카어로 자기 이름을 쓸 줄 아는 사람은 1% 미만이라고 한다.

부탄 정부는 뒤늦게 문제의 심각성을 깨닫고 1986년에 부탄 국어발전위원회를 설립하여 토박이말인 종카어를 살리기 위한 노력을 펼치고 있다. 그러나 이미 많은 추상적 개념어나 전문용어들이 영어로만 통용되고 있어, 종카어로는 학문이나 예술 활동을 할 수 없는 지경에 이르렀다. 이에 부탄의 국어발전위원회 위원장은 고유언어의 발전과 보급 활동이 특별히 활발하다고 생각되는 한국을 방문하여 언어정책의 현안을 함께 논의하고 해결책에 대한 조언을 듣고자 찾아왔던 것이다.

점차 세력이 커져 가는 영어에 대해 자국어의 존립을 고민하는 나라는 비단 부탄만이 아니다. 2010년 국립국어원은 세계 여덟 나라의 언어정책기관 대표를 초청하여 국제학술대회를 개최한 바 있는데, 프랑스, 말레이시아, 태국 등 참여했던 여러 나라 대표들이 비슷한 고민을 털어 놓았다. 세계화와 정보화에 힘입어 영어의 영향력이 커지면서 언어의 다양성이 빠르게 사라져 가고 있다. 이미 많은 나라에서 영어 공용어화가 진행되고 있으며 형식적으로는 고유언어가 공용어의 위치를 차지하고 있더라도 앞선 기술이나 학문 분야에서는 영어를 사용하는 경우가 늘고 있다. 심지어 대학 교육을 더 이상 고유언어로 하지 못하는 나라들도 늘어나고 있다. 결과적으로 기술과 학문 분야의 종속 현상이 일어나고 민족의 고유한 문화가 아름답게 피어날 토양을 잃어 버리게 되어 문화는 피폐해지고 민족은 소멸의 길로 들어서게 될 것이다.

마오리어 지키기

이미 앞에서 뉴질랜드의 토박이말 마오리어에 대해 살펴본 바 있다. 그 마오리어는 점차 사라져 가고 있다. 그러나 이를 지키려는 노력이 상당히 활발하다.

세계적인 언어정책학자인 버나드 스폴스키는 다음과 같이 말한다. 언어정책의 주요 결정 사항의 하나는 어린이들에게 어떤 언어를 사용하게 할 것인가이다. 일차적으로 가정에서 부모가 어린 자녀들에게 말할 때 어떤 언어를 사용하느냐 하는 것이 중요하다. 이는 1960년대에 거의 사라질 위기에 이르렀던 마오리어 사용을 회복시키려는 노력에서 가장 잘 나타났다. 이를 위해 세 가지 프로그램이 있었다. 첫째는 마오리어로 언어의 둥지라는 뜻의 코항아 레오라는 것인데, 마오리족 어린이들을 마오리어를 구사하는 할아버지 세대와 결연해 주는 학령 이전 프로그램이다. 둘째는 부모 세대에게 마오리어를 가르치려는 의도로 마오리어로 그림자라는 뜻의 테 아타랑이의 설립이다. 셋째는 마오리어 몰입학교 설립이다. 이러한 활동들을 지원하기 위해 1987년 마오리언어법에 의한 마오리언어위원회가 설립되었다.

2012년 가을에 한국을 방문한 마오리언어위원회 대표 글레이스 필립바버라 여사는 언어의 재생이라는 개념을 제시하면서 마오리어를 지키려는 의지를 표명하였다. 공동체의 언어를 쓰고 싶어 하는 사람들에게 언어의 생명력을 회복시키는 것이 마오리어 지키기이며, 언어의 생명력이란 공동체의 토착인이 그 토박이말을 사용함으로써 언어로 유지되는 지위를 얻는 것이라 하였다.

아프리카 토박이말 지키기

남아프리카공화국 언어위원회의 전 위원장인 시하우켈레 응구바네 선생은 2012년 가을 한국을 방문한 자리에서 남아프리카의 토박이말을 보전하려는 노력에 대해 다음과 같이 발표하였다.

아프리카의 많은 국가들처럼 남아프리카공화국도 토박이말이 날이 갈수록 지위가 흔들리고 있다. 토박이말은 식민지 시대 이전 아프리카에서 대다수 사람들이 구사였는데, 식민지 시대에는 식민 종주국 언어가 지배언어가 되었다. 1961년 남아프리카가공화국으로 독립하였을 때, 아프리칸어와 영어만이 공용어였다. 오늘날 남아프리카공화국에는 11개 공용어가 있다. 줄루어가 23%로 가장 광범위하게 사용되고, 코사어가 16%, 아프리칸어가 13.3%로 그 다음이다. 영어를 제1언어로 사용하는 사람들은 8.2%로 나타났다. 영어는 사용자 수로 보면 6위를 기록하고 있지만, 남아프리카공화국의 대부분 사람들은 영어를 제2언어로 사용하는 것으로 나타났다. 이러한 상황에서 남아프리카공화국은 물론 아프리카 전역에서는 자기 토박이말을 지키려는 노력이 지속되고 있다.

문자와 언어를 기념하는 날

10월 9일은 한글날이다. 한글날은 훈민정음 반포를 기념하는 날, 우리 글자 한글을 기리기 위하여 법으로 정한 날이다. 일제에 국권을 빼앗기고 있던 1926년, 조선어연구회지금의 한글학회가 음력 9월 29일에 '가갸날'이라 이름해서 기념하기 시작했다. 그 이후 한글날이라 이름을 바꾸고 날짜도 10월 9일로 확정하였다. 광복 후 1946년, 한글 반포 500돌을 맞이하여 공휴일로 정하였다. 1991년에 이르러 한글날을 공휴일에서 제외하기도 하였으나, 2006년부터는 국경일로 지정되었으며, 2013년부터는 다시 공휴일이기도 하다.

우리나라 한글날처럼 세계 몇몇 나라에서는 그 나라의 언어나 문자를 기념하는 날이 있다. 이제 이들에 대해 살펴보기로 하자.

북한에도 한글날이 있을까

북한에는 한글날이 없다. 훈민정음 창제기념일이 있다. 훈민정음은 세종 25년 음력 12월에 창제되어, 몇 해 지난 세종 28년1446년 음력 9월

상순에 반포되었다. 그래서 훈민정음을 반포한 날을 기려 우리는 10월 9일을 한글날로 삼아 기념한다. 그러나 북한은 우리와 다르다. 북한은 훈민정음을 창제한 날인 세종 25년 12월을 양력으로 바꾼 1월 15일을 훈민정음 창제기념일로 정해 기념한다. 북한은 해마다는 아니지만 이 날에 훈민정음의 우수성, 민족어의 발전 방향 등을 주제로 평양시 기념보고회를 베푼다.

세계 문해의 날

세계 문해의 날 포스터(2012년도)
(www.unesco.org)

해마다 9월 8일은 1965년 유네스코에서 정한 '세계 문해의 날'이다. 문해란 문자를 읽고 쓸 수 있는 것을 말한다. 따라서 세계 문해의 날에는 이 세상에서 문맹 퇴치와 성인 교육의 의미를 일깨우기 위해 유네스코가 다양한 행사를 펼치는 날이다.

또한 이 날 유네스코에서는 세계 곳곳에서 문맹 퇴치에 이바지한 개인이나 단체를 격려하기 위해 1989년 '유네스코 세종대왕 문해상'을 제정하여 시상한다. 이 상은 한국 정부가 훈민정음 창제를 통해 모든 백성들이 쉽게 문자생활을 할 수 있게 한 세종대왕의 한글 창제정신을 전 세계에 알리고자 지원하는 것이다. 지금까지 인도, 요르단, 튀니지, 에콰도르, 중국, 사우디아라비아, 이집트, 필리핀, 토고, 나이지리아, 잠비아, 세네갈 등 전 세계 곳곳 40여 개인과 단체가 문맹 퇴치 공로로 유네스코 세종대왕 문해상을 받았다.

세계 모어의 날

해마다 2월 21일은 세계 모어의 날이다. 세계 곳곳에서 언어와 문화 다양성을 기념하는 날이다. 1952년 2월 21일 방글라데시에서 모어인 벵골어를 공용어로 채택하라는 시위를 벌이다 죽은 대학생 4명을 기리는 날에서 유래되었다.

방글라데시의 인구는 약 1억6천만 명으로 세계 8위의 인구 대국이다. 벵골어 화자가 1억천만 명으로 가장 많으며 공식어이다. 그런데 방글라데시는 분리되기 전에 원래 동파키스탄이었다. 그리고 벵골어는 파키스탄의 공식어가 아니었다. 그래서 주민들은 크게 반발했고, 1952년 2월 21일에는 다카대학교 교정에서 벵골어를 파키스탄의 공식어로 함께 지정할 것을 요구하는 대규모 민중봉기가 일어났다. 이때 파키스탄 정부에서 이들을 무력으로 진압하여 학생과 교수, 시민 등 수많은 사람이 목숨을 잃었다. 그러나 동파키스탄 사람들은 이에 굴하지 않고 정치적인 힘을 결집하여, 마침내 1971년 아홉 달에 걸친 독립전쟁 끝에 독립을 얻어낼 수 있었다. 이러한 역사를 거쳐 독립한 방글라데시는 독립 직후부터 2월 21일을 언어 수호 운동 기념일인 국경일로 정했고, 이를 국제적으로 알리는 데에도 힘을 쏟았다. 그 결과 2001년부터 유네스코에서는 2월 21일을 세계 모어의 날로 지정하여 기념하고 있다.

프랑스어 사랑주간

우리나라에도 여러 가지 주간이 있다. 겨울철이 되면 불조심 강조주간이 있고, 봄이 되면 식목주간도 있다. 이처럼 프랑스에는 프랑스어 사랑주간이 있다. 3월 중순부터가 바로 그 주간이다. 우리가 한글날을 정해 우리말과 글에 대한 자긍심을 높이는 것과 비슷한 취지인데, 우리가 하루라면 프랑스는 일주일간이다. 일주일 동안 프랑스어에 사랑을 표현하도록 하는 각종행사를 연다. 예를 들어 프랑스어 사랑을 위한 열 개 단어를 선정하여 뽑은 이유, 어원, 쓰임새에 대한 정보를 인터넷에 올려놓고, 이를 바탕으로 누구든지 직접 수필, 시, 노래, 이야기들을 짓게 하거나 단어 놀이에 참여하게 한다.

영국사람들도 바른 영어에 대한 자부심이 강하기로 이름나 있다. 공석 상에서 품위 있고 고상한 바른 영어를 사용하는 것은 당연한 일이다.

프랑스 역시 이에 못지않다. 초등학교부터 고등학교에 이르기까지 바른 프랑스어 사용을 위한 교육이 철저한 것으로 알려져 있다. 바른 어휘, 바른 문장을 구사하는 표현의 측면뿐만 아니라 생각한 내용을 구성하여 효과적으로 대화하는 방식에 이르기까지 훌륭한 프랑스인을 만들기 위한 철저한 언어 교육에 힘쓴다.

여러 나라의 언어의 날

각국은 자국어의 위축을 극복하고자 국어 능력이 국가 경쟁력의 기초라는 신념 아래 자국어 보호 진흥에 힘쓰고 있다. 그래서 자국어의 날을 정하여 기념하고 있다. 카자흐스탄은 9월 22일을, 헝가리는 11월 13일을 자국어의 날로 정하여 기념한다.

독일은 9월 둘째 토요일을 독일어의 날로 정하여 기념한다. 독일어의 자립성과 주체성을 보호하고 국민들에게 독일어의 중요성을 알리고 있다. 독일어연합회가 중심이 되어 독일어의 사회적 위치와 외래어로부터의 보호를 주장하면서 그와 관련된 다양한 프로그램들을 매년 진행하며 시민들의 모어에 대한 관심을 높였다.

말레이시아는 해마다 10월을 국어의 달로 정하여 기념한다. 전국적으로 언어 관련 행사를 벌린다. 정부 기관, 모든 주 정부 기관, 금융 기관 및 민간 분야 등이 참여하는, 단일 규모로는 최대의 연례행사라 한다.

한편 언어의 날은 아니지만 남아메리카의 볼리비아에서는 다민족과 다언어를 기념하는 날을 정해서 행사를 펼친다. 1월 22일이 바로 다민족국가 창립기념일이다. 이 날은 공휴일인데, 케추아어, 아이마라어를 비롯한 30여 언어와 민족을 높이 받드는 날이다. 필자가 언어 조사를 위해 마침 볼리비아를 방문하였을 때가 1월 22일이었는데 대통령궁을 비롯한 여러 곳에서 다채로운 행사를 펼치고 있었다.

세계 언어의 해

유네스코는 2008년을 세계 언어의 해로 지정하여 기념한 바 있다. 2007년 5월에 개최된 제61차 유엔총회에서는 2008년을 세계 언어의 해로 선포하고, 국제 행사의 주관 기관으로 유네스코를 지정하였다. 이렇게 선포한 이유는, 언어는 개인이나 집단의 정체성 형성과 사회 통합, 평화 공존을 가능하게 하는 중요한 수단이며, 또한 언어는 지식의 교류와 축적을 바탕으로 인류의 지속적 발전을 가능하게 하는 핵심 요소이기 때문이라고 하였다.

그 해에 유네스코는 위기에 처한 언어를 보호하고, 언어 다양성 증진의 필요성을 알리는 동시에 교육, 문화, 행정, 법률, 통신, 통상 등 다양한 분야에서 다언어주의가 실천될 수 있도록 추진하였으며, 또한 유네스코는 각국 정부, 유엔기구, 시민단체, 교육기관 등 다양한 주체들이 언어의 다양성 보호를 위한 노력에 동참할 것을 촉구하였다.

한국어를 지키기 위하여

언어학자들은 미래에 언어의 소멸 속도가 급속도로 가속화될 것이라고 예측한 바 있다. 2주일에 하나 꼴로 세계의 언어가 사라져 가고 있다. 그렇다면 우리말도 소멸할까? 그러나 한국어는 우리나라가 국가를 유지하고 정치-경제적으로 안정을 유지하는 한 소멸하지 않을 것이다.

그렇지만 오늘날 언어 다양성이 사라지고 정보와 경제에 앞선 국가 언어를 중심으로 언어의 통합이 빠르게 진행되는 것을 그냥 보고만 있다면, 저 부탄의 종카어나 필리핀의 타갈로그어처럼 우리말도 멀지 않아 가정언어 또는 일상언어에 머물고 행정언어, 학술언어 등과 같은 전문언어, 즉 제1언어로서의 지위를 잃어버릴 수도 있을 것이다.

어제오늘의 일이 아니지만, 날이 갈수록 심해가는 우리말 푸대접은 한국어의 지위를 더욱 위태롭게 할 수 있다. 오늘도 다음과 같은 신문 기사는 이어진다. "최근 한 인터넷 사이트에 백화점의 여성복 브랜드 소개 문구를 찍은 사진이 올라왔다. 영어와 우리말, 프랑스어가 어지럽게 섞여 있는 이 문장은 '예술적인 감성을 바탕으로 맞춤복의 세밀함을 더해 여성스러움을 세련되고 예술적인 느낌으로 표현했다' 정도로 해석할 수 있다. 사진은 한글 파괴의 신이라는 제목을 달고 인터넷에 퍼져나갔다. 목걸이 대신 네크리스, 말굽 모양 대신 호스슈, 신발의 밑창과 안창 대신 아웃솔, 인솔이라고 쓰는 것은 이미 너무나 흔한 일이다. 한 백화점은 여성용 가방을 소개하며 '내츄럴한 터치의 탄 컬러 가죽을 콤비한 유러피안 스타일의 숄더백'이라고 썼다."

> 올리브데올리브
>
> 아티스틱한 감성을 바탕으로
> 꾸띠르적인 디테일을 넣어
> 페미닌함을 세련되고
> 아트적인 느낌으로 표현합니다.

인터넷 사이트에 올라온 백화점 매장의 소개 문구를 보도한 2013년 5월 동아일보 기사. 우리말의 현주소일지도 모른다.
(news.donga.com)

    그렇다면 이제 이러한 상황에서 우리는 어떻게 해야 할까? 무엇보다도 한국어를 지키려는 적극적인 노력이 필요하다. 그 가운데 하나가 바로 전문용어를 한국어로 정착시키는 일이다. 제1언어로서의 한국어를 보전하기 위해서는 영어에서 쏟아져 들어오는 행정용어, 학술용어와 같은 전문용어를 한국어로 정착시키는 노력이 절대적으로 필요하다. 세계 여러 언어가 일상용어로만 사용되고 전문 학술용어는 영어를 그대로 사용함으로써 그 언어의 위상이 낮아지고 사용 범위도 줄어들고 있다. 한국어도 예외가 아니어서 많은 전문용어가 영어 그대로 쓰이고 있다. 이러한 문제를 극복하고 한국어를 보전하기 위해 각 분야 전문용어를 표준화하고 뜻풀이하여 이를 국민들이 쉽게 활용할 수 있도록 웹사전에 실어 제공하는 일을 적극적으로 추진해야 할 것이다.

다음으로 영어로부터 들어오는 정보를 한국어로 이해하기 위한 영어-한국어 양방향 자동번역 프로그램의 개발이 절대적으로 필요하다. 정보의 세계화가 전개되면 그러할수록 영어에 대한 이해는 불가피하다. 특히 인터넷으로 공급되는 정보 자료가 영어로 되어 있는 한, 앞으로 정보화 시대에 노출될 다음 세대들은 영어 속에서 생활하고 영어로 생각해야 할 것이다. 영어를 모르면 쏟아지는 정보에 눈을 막고 살아야 할 판이다. 정보에 눈을 막을 수가 없다면 영어에 매달려 일상생활을 하지 않을 수 없다. 그렇게 될 경우, 영어 전용의 시대가 될 지도 모른다. 이를 극복하기 위한 길은 완벽한 영어-한국어 자동 번역 프로그램을 개발하는 데 관심을 가지는 일이다.

남북한 언어의 차이, 그 통합을 위하여

남북한 언어, 얼마나 다를까?

우리는 가끔 방송 뉴스에서 북한 사람의 말을 듣고는 한다. 남한말과 북한말의 차이가 의사소통에 지장이 될 정도일까? 그렇지 않다. 상당 부분 남북의 언어는 같고, 얼마간의 차이가 있을 정도라는 것이 정확한 표현이다.

다음 글은 북한의 대표적인 언어학자 문영호 선생이 학술토론회에서 발표한 말을 그대로 적어 본 것이다. 남한말과 얼마나 다를까?

"현시기 언어 분야에서 민족성을 고수하는 문제는 민족어의 고유성과 우수성을 지켜나가는 근본 원칙으로 될 뿐 아니라 민족의 자주성과 존엄을 높이고 북남 사이의 언어적 차이를 줄이는 기본 방도로 됩니다. 우리 말과 글의 민족성을 특징짓는 가장 중요한 언어 수단은 우리 겨레가 오랜 옛날부터 창조 발전시켜 온 민족어 유산에 집중적으로 반영되어 있습니다. 일반적으로 민족어 유산이라고 하면 오랜 력사적 기간에 창조 계승하여 온 인민 대중의 언어 문화적 재부를 가리킬 수 있으나 우리는 여기에서 주로 묻혀 있는 입말 원천을 중심에 놓고 론하게 됩니다. 다시 말하여 서사어로서는 정리되지 않아 문헌에서도 잘 쓰이지 않거나 국어사전에도 등록되지 않은 입말 형태의 좋은 고유어 원천을 좁은 의미에서 민족어 유산이라고 하기로 합니다. 그러한 민족어 유산 가운데는 방언, 민속어휘, 동식물 이명과 속칭, 현장용어, 사회계층별 생활어, 속어 등 여러 분야의 각이한 지역과 계층에 분포되어 있는 입말고유어들입니다. 우리는 민족어 유산을 발굴 정리하는 어렵고 방대한 사업을 실속있게 진척시켜 나감으로써 겨레 앞에 지닌 자기의 책임을 다해야 할 것입니다."

단어와 발음의 차이

그런데 다음 몇 단어를 살펴보자. '박띠'가 무엇일까? 필자가 처음 북한 비행기인 고려항공을 탔을 때 '걸상띠를 매시오'라 되어 있어 쉽게 이해되었었는데, 그 이듬해 다시 고려항공을 탔을 때는 '박띠를 매시오'라 되어 있어 얼른 이해가 되지 않았다. 알고 보니 박띠의 '박'은 동여맬 縛이다. 특히 이처럼 분단 이후에 생겨난 말에서 남북한 언어는 차이를 보인다.

가위바위보를 북한에서는 '돌가위보'라 한다. 이러한 단어뿐만 아니라 발음에서도 차이가 보인다. 필자는 남북 언어학자의 학술토론회에서 하루 종일 대화하면서 성 선생으로 알고 있었던 북한 학자가 자기 이름을 직접 쓰는 것을 보고서야 송 선생인 것을 안 적이 있다. 북한이탈주민 가운데 토끼탕 전문 음식점을 하는 가족이 있다. 음식점 이웃에 있는 관공서에 개업 인사를 갔다가 혼이 난 적이 있었다고 한다. 자기는 토끼탕이라 했는데, 듣는이들은 '터키탕'으로 듣고, 이것은 불법 영업이라 했단다. 이처럼 발음도 조금씩 변화하였다.

에스키모

한 가지 덧붙일 이야기가 있다. 남한 사람들에게 '북한에서 아이스크림을 무엇이라 하는지 아느냐'라 물으면 거의 대부분이 '얼음보숭이'라 대답한다. 그러나 그렇지 않다. 북한에서는 아이스크림을 '에스키모'라 한다. 북한의 ≪조선말큰사전≫에서 '에스키모'를 찾아 보자.

> "소젖, 닭알, 사탕가루, 향료 같은것을 섞어 한데 풀어서 크림 비슷하게 하여 얼음같이 차게 하거나 얼음과자처럼 만든 음식의 하나. 제조기에서 균질화하여 잔이나 종이에 싸거나 종이고뿌에 담아낸다."

북한에서 외래어를 순화하면서 한때 '얼음보숭이'를 제시한 바 있지만, 실제 언어생활에서는 한번도 쓰이지는 않았다고 한다. 북한에서 순화어로만 제시되었던 것이 우리 사회에 어쩌다가 널리 알려진, 잘못된 정보였다고 하겠다.

그러면 왜 에스키모일까? 상표가 상품을 대신하는 경우가 더러 있다. 승합차의 상표의 하나였던 '봉고'가 이제는 우리 사회에서 승합차를 가리키는 일반 명칭으로 자리 잡았다. 접착용 셀로판테이프를 상품명이었던 '스카치테이프'라고 부르는 것, 일회용 반창고를 '대일밴드'라 부르는 것이 모두 같은 예이다. 에스키모는 바로 이러한 예라 하겠다.

남북한 언어는 왜 달라졌을까?

남북한의 말은 대체로 광복 이후에 생겨난 말 가운데 다른 것이 많다. 물론 광복 이전의 말 가운데서도 서로 다른 경우가 있다. 이는 평안도나 함경도 등의 사투리를 북한에서 문화어로 삼았기 때문이다. 채소에 대한 '남새'가 그 예이다. 게사니거위, 망돌맷돌, 인차곧, 아츠럽다애처롭다, 눅다헐하다, 발쪽족발, 가마치누룽지, 닭알달걀, 오레미올케, 어방어림, 한뉘한평생 등이 그러한 예이다.

광복 이후의 말 가운데는 다음 몇 가지 이유로 남북한의 말이 서로 달라졌다. 사회 제도의 차이에서 오는 것이다. 인민, 동무, 아바이 등의 의미와 사용이 달라졌다. 말다듬기를 서로 달리해서 서로 달라진 경우가 있고, 서로 다르게 외래어를 표기한 경우도 있다. 앞쪽이 남한의 외래어이다. 백신-왁찐, 마이너스-미누스, 트랙터-뜨락또르, 토마토-도마도, 컴퓨터-콤퓨터, 로켓-로케트, 달러-딸라, 캠페인-깜빠니야, 마라톤-마라손, 베트남-윁남.

어문규범의 차이

다음 문장을 살펴보자. "우리 나라 력사를 옳바르게 아는것이 중요하다."라는 문장은 북한에서 쓰는 문장이다. 이 문장을 남한에서 쓰는 어문규범에 따라 쓰면 다음과 같다. "우리나라 역사를 올바르게 아는 것이 중요하다." 우선 '역사'에 대하여 북한에서는 '력사'라 쓴다. '룡천, 리승길'처럼 단어 첫소리에 'ㄹ'을 쓰고 있다. '올바르다'를 북한에서는 '옳바르다'로 표기한다. 그리고 남한에서는 '우리나라'를 붙여 쓰나, 북한에서는 '우리 나라'처럼 띄어 쓴다. 남한에서는 의존명사를 '아는 것이'처럼 띄어 쓰지만, 북한에서는 '아는것이'처럼 붙여 쓴다.

남한: 우리나라 역사를 올바르게 아는 것이 중요하다.
북한: 우리 나라 력사를 옳바르게 아는것이 중요하다.

이처럼 어문규범에서 있어서 차이가 꽤 많이 보인다. 따라서 남북 언어의 차이를 극복하기 위해서는 무엇보다도 어문규범을 단일화하는 것이 매우 중요한 과제이다.

이러한 남북의 서로 다른 어문규범에 대한 연구와 또한 그러한 어문규범을 단일화해 보려는 노력이 그 동안 남북의 국어학계, 국어정보학계, 정부기관 등에서 이루어진 바 있다. 그 성과는 그리 크지 않았다. 그러나 2005년부터 남북이 공동으로 편찬하는 사전인 ≪겨레말큰사전≫ 편찬과 관련하여 남북의 어문규범을 단일화하기 위한 사업에서는 어느

남북 공동 ≪겨레말큰사전≫ 편찬회의 한 장면. 편찬회의는 서울, 평양, 금강산, 개성, 그리고 중국의 베이징, 선양 등에서 돌아가며 열렸다.

정도 그 성과가 나타나기에 이르렀다. 이제 그간 몇 해째 ≪겨레말큰사전≫ 편찬에서 남북의 어문규범을 단일화하기 위해 의논한 내용을 소개해 보고자 한다.

자모 배열순서와 이름

먼저 살펴볼 수 있는 남북의 차이는 자음과 모음 글자의 배열 순서이다. 이는 사전에 실을 올림말의 배열을 어떤 순서로 할 것인가 하는 문제와 관련된다.

남북의 사전에서 '월사금'을 찾아보자. 남한 사전에서는 사전의 3/5 지점에서 실려 있고, 북한 사전에서는 사전 맨 끝에 실려 있다. 이처럼 사전에 배열된 순서가 서로 다르다.

월사금

남한 (《우리말큰사전》 1992, 본문 4828쪽 중, 3190쪽에 있음)

북한 (《조선말대사전》 1992, 본문 1828쪽 중, 1822쪽에 있음)

글자의 배열 순서에서 남북이 차이를 보이는 것은 크게 다음과 같은 네 가지다.

첫째, 초성 순서에서 'ㅇ' 위치는 잘 알다시피, 남한에서는 'ㅇ'의 순서가 'ㅅ' 다음에 놓이지만 북한에서는 자음 글자가 다 끝난 다음에 'ㅇ'이 놓인다. 이것은 남북이 사전을 찾을 때 가장 크게 차이 나는 점이다. 이러한 차이를 단일화하기란 쉽지 않다. 양측 모두 합당한 언어학적 이론을 내세우고 있기 때문이다. 그러나 비록 최종적인 결정은 아니지만, 전통적인 방식에 따라 남한의 순서대로 'ㅅ' 다음에 'ㅇ'을 두는 것으로 의논하였다.

둘째, 초성에 쓰이는 겹자음 'ㄲ, ㄸ, ㅃ, ㅆ, ㅉ' 위치에 대해, 남한에서는 'ㄱ' 다음에 'ㄲ'이, 'ㄷ' 다음에 'ㄸ'이 놓이는 반면, 북한에서는 'ㅎ'까지 모두 끝나고 'ㄲ, ㄸ, ㅃ, ㅆ, ㅉ'이 차례로 놓인다. 즉, 남한에서는 'ㄱ ㄲ ㄴ ㄷ ㄸ ㄹ ㅁ ㅂ ㅃ ㅅ ㅆ ㅇ ㅈ ㅉ ㅊ ㅋ ㅌ ㅍ ㅎ' 순서로 하고 있으며, 북한에서는 'ㄱ ㄴ ㄷ ㄹ ㅁ ㅂ ㅅ ㅈ ㅊ ㅋ ㅌ ㅍ ㅎ ㄲ ㄸ ㅃ ㅆ ㅉ ㅇ' 순서로 하고 있다. 이것은 북한의 순서대로 하기로 합의하였다. 결과적으로 초성의 자음 순서는 다음과 같이 하였다.

ㄱ ㄴ ㄷ ㄹ ㅁ ㅂ ㅅ ㅇ ㅈ ㅊ ㅋ ㅌ ㅍ ㅎ ㄲ ㄸ ㅃ ㅆ ㅉ

셋째, 모음 글자의 순서에 대해, 남한은 'ㅏ ㅐ ㅑ ㅒ ㅓ ㅔ ㅕ ㅖ ㅗ ㅘ ㅙ ㅚ ㅛ ㅜ ㅝ ㅞ ㅟ ㅠ ㅡ ㅢ ㅣ' 순서이고, 북한은 'ㅏ ㅑ ㅓ ㅕ ㅗ ㅛ ㅜ ㅠ ㅡ ㅣ ㅐ ㅒ ㅔ ㅖ ㅚ ㅟ ㅢ ㅘ ㅝ ㅙ ㅞ' 순서이다. 이에 대해서 우선 다음과 같이 의논하였다. 1. 홑모음글자를 먼저 배열하고 이어서 겹모음글자를 배열한다. 2. 홑모음글자의 배열순서는 'ㅏ, ㅑ, ㅓ, ㅕ, ㅗ, ㅛ, ㅜ, ㅠ, ㅡ, ㅣ'로 한다.

넷째, 종성에서 겹자음 'ㄲ, ㅆ'의 순서는 북한 순서대로 모든 자음이 끝난 뒤에 두기로 하였다. 결과적으로 종성 순서는 다음과 같이 하였다.

ㄱ ㄳ ㄴ ㄵ ㄶ ㄷ ㄹ ㄺ ㄻ ㄼ ㄽ ㄾ ㄿ ㅀ ㅁ ㅂ ㅄ ㅅ ㅇ ㅈ ㅊ
ㅋ ㅌ ㅍ ㅎ ㄲ ㅆ

글자 이름에 대해서 차이가 나는 것은 홑자음 'ㄱ, ㄷ, ㅅ'의 이름과 겹자음 'ㄲ, ㄸ, ㅃ, ㅆ, ㅉ'의 이름이다. 남한의 이름은 각각 '기역, 디귿, 시옷', 그리고 '쌍기역' 등이다. 북한의 이름은 각각 '기윽, 디읃, 시읏', 그리고 '된기윽' 등이다. 이러한 글자 이름에 대해서는 'ㄱ(기윽), ㄷ(디읃), ㅅ(시옷)'으로, 겹자음은 'ㄲ(쌍기윽), ㄸ(쌍디읃), ㅃ(쌍비읍), ㅆ(쌍시옷), ㅉ(쌍지읒)'으로 하기로 의논하였다.

띄어쓰기

남북의 띄어쓰기에서 '단어 단위로' 띄어 쓴다는 원칙은 일치한다. 현재 이 원칙에 따르되 북한은 붙여 쓰는 경우를 넓게 잡아 규정한 반면, 남한은 극히 일부에 한해 붙여 쓰도록 하거나 붙여 쓰는 것을 허용하고 있다. 띄어쓰기에서 가장 큰 쟁점은 의존명사, 보조용언, 대명사, 명사 연결체 등의 띄어쓰기이다.

'것, 바, 줄, 수' 등과 같은 의존명사의 경우, 남한에서는 '갈 바를 알 수 없다'로 북한에서는 '갈바를 알수 없다'로 쓴다. 이 문제는 단어 단위로 띄어 쓰는 원칙을 존중하여 '갈 바를 알 수 없다'처럼 띄어 쓰는 것으로 의견을 모으고 있다. 다만, 단위를 나타내는 의존명사는 '한명, 두마리'처럼 붙여 쓰는 것으로 의견을 모으고 있다. 즉, 일반 의존명사는 띄어 쓰고, 단위를 나타내는 명사는 앞말과 붙여 쓰는 쪽으로 의논하였다.

본용언과 보조용언의 띄어쓰기도 중요한 논의 과제이다. 남한에서는 '가고 있다, 읽게 하였다, 오지 않았다, 먹어 버렸다'처럼 띄어 쓰는 것을 원칙으로 하나, 북한에서는 '가고있다, 읽게하였다, 오지않았다, 먹어버렸다'처럼 붙여 쓴다. 이에 대해 보조용언을 띄어 쓰되, '-어' 바로 다음에 오는 보조용언을 앞말에 붙여 쓰는 것으로 의견을 모았다.

대명사의 경우, 앞말과 띄어 쓴다는 큰 원칙에는 의견을 같이 하였으나, '우리글, 우리나라, 우리말'의 경우, 남한은 합성어로 인정하여 붙여 쓰는 것을 제안하였고, 북한은 대명사 '우리'와 명사 '글, 나라, 말'의 연결체로 보아 띄어 쓰는 것을 제안하였다. 여러 차례 회의 결과, '우리+글, 우리+말'은 합성어로 보아 '우리글, 우리말'로 붙여 쓰고, '우리+나라'는 구로 보아 '우리 나라'로 띄어 쓰는 것으로 의견을 모아 가고 있다.

명사 연결체의 예를 들면, 남한에서는 '통일 대학교 사범 대학'을 원칙으로 하고, '통일대학교 사범대학'을 허용한다. 북한에서는 '통일대학교 사범대학'으로 쓴다. 이 문제에 대해서는 '의미 단위별로' 띄어 쓰는 쪽으로 의논하였다. 즉 '통일대학교 사범대학'으로 표기하기로 한 셈이다.

고유명의 경우, 이름과 호는 성에 붙여 써서 '김양수, 서화담'으로, 지명의 단위를 나타내는 명사는 앞말에 붙여 써서 '서울시, 평양시'로, 기관·기구·단체 등의 명칭은 의미 단위별로 띄어 써서 '사회과학원 언어학연구소, 평양시 중구역 대동문동' 등으로 표기하기로 의논하였다.

사이시옷

사이시옷 표기에 관해서 남북이 의견을 모으기란 매우 어렵다. 남한에서는 주어진 조건에서는 사이시옷을 모두 쓰지만, 북한에서는 원칙적으로 사이시옷을 쓰지 않는다. 현격히 다른 두 표기법을 단일화한다는 것은 지금도 그렇지만, 앞으로도 상당히 어려울 것으로 짐작된다. 그래서 남북은 사이시옷 표기의 차이를 줄일 수 있는 공통분모를 찾기 위한 방안을 서로 제시하여 몇 차례 의논하고 있다.

현재 남한이 '나뭇잎, 냇가, 귓병, 전셋집, 학굣길'로 표기하는 것을 북한에서는 '나무잎, 내가, 귀병, 전세집, 학교길'로 표기한다. 이러한 차이를 줄이는 방법은 남한은 사이시옷 표기의 수를 줄이는 것이고 북한은 표기를 늘이는 것이다. 따라서 남한은 여러 차례 제안을 수정해 가면서 다음과 같은 안을 제시하였다. 이렇게 하면, '나뭇잎, 냇가, 귓병, 전세집, 학교길'로 표기하게 될 것이다.

(a) 남한

　　나뭇잎, 냇가, 귓병, 전셋집, 장맛비, 북엇국

(b) 북한

　　나무잎, 내가, 귀병, 전세집, 장마비, 북어국

(c) 의논한 안

　　나뭇잎, 냇가, 귓병, 전세집, 장마비, 북어국

두음 법칙

남북한의 어문규범 단일화 작업에서 아마도 '역사'와 '력사', '여성'과 '녀성'의 표기를 단일화하는, 단어 첫머리의 ㄴ, ㄹ 표기 문제인 이른바 두음법칙에 관한 것이 가장 큰 과제일 것이다. 이에 대해서는 남북이 조금씩 의견을 주고받았지만, 아직 방향을 정하지 못하고 있다.

문법 형태와 개별 단어

먼저 '-어/아'에 대한 논의에 대해 살펴보자. 이것은 '되다'의 경우, 남한에서는 '되어, 되었다'로 표기하는 것이며, 북한에서는 '되여, 되였다'로 표기하는 것이다. 이에 대한 단일안은 아직 마련하지 못한 상태이다.

'곰곰이/곰곰히, 더욱이/더우기, 일찍이/일찌기, 넓두리/넉두리, 빛깔/빛갈, 맛깔/맛갈' 등은 각각 '곰곰이, 더욱이, 일찍이, 넓두리, 빛깔, 맛깔' 등으로, '오뚝이/오또기'는 '오뚜기/오또기' 복수 인정으로 의견을 모았다. 그러나 '일꾼, 장꾼, 나무꾼'으로 남한에서 표기하는 것을 북한에서는 '일군, 장군, 나무군'으로 표기하는데, 이에 대해서는 아직 의견이 모아지지 않고 있다.

외래어 표기

남북 언어에서 어휘가 서로 달라진 것은 외래어를 수용하면서도 나타났다. 그 내용을 살펴보면 남과 북이 같은 방식으로 외래어를 수용한 경우도 있고, 각각 다른 방식으로 수용한 경우도 있다. 뉴스, 발코니, 아이스크림과 같은 외래어는 남북이 같게 수용한 예이며, 컴퓨터(남)-콤퓨터(북), 샴페인-샴팡, 센티미터-센치메타 등은 서로 다르게 수용한 예이다.

(a) 같게 표기한 외래어 예

가솔린, 가운, 가제, 게놈, 게릴라, 고릴라, 고무, 골프 등

(b) 달리 표기한 외래어 예 (앞쪽이 남한 표기)

러닝-런닝, 로봇-로보트, 알코올-알콜, 점퍼-잠바, 보닛-본네트
갈륨-갈리움, 라듐-라디움, 고딕-고지크, 그래픽-그라휘크, 갱-깽
뉘앙스-뉴안스, 마네킹-마네킨, 저널리즘-져널리즘, 매스컴-매스콤
갤런-갈론, 달리아-다리아, 에너지-에네르기

그런데 북에서는 외래어를 토박이말로 바꾸어 받아들였는데 남에서

는 외국어를 그대로 받아들인 예가 있는가 하면, 반대로 남에서는 외래어를 토박이말로 바꾸어 받아들였는데 북에서는 외국어를 그대로 받아들인 예도 있다. 언어학 용어 가운데 코퍼스라는 것이 있다. 언어를 연구하기 위하여 수많은 양의 언어 자료를 조사하여 정리해 놓은 자료뭉치를 말한다. 이것을 남에서는 '말뭉치'라고 하고, 북에서는 '코퍼스'라고 한다. 그런데 말뭉치/코퍼스를 구축하기 위한 자료를 텍스트라고 하는데, 이번에는 반대로 남에서는 '텍스트'라고 하고, 북에서는 '본문'이라 부른다.

남북 언어 단일화는 왜 필요한가?

민족은 언어를 전제로 한다. 오랜 역사를 함께 해 온 우리 민족은 전통에 뿌리 깊은 우리말을 고이 간직해 왔다. 일본 식민 통치의 수난 속에서도 우리말을 꿋꿋하게 지켜왔다. 그러나 불행히도 우리는 정치적인 분단으로 육십 년 넘게 남북이 갈려 서로 다른 태도의 언어정책으로 언어생활을 이끌어 왔다. 그 결과 우리말과 우리글은 서로 조금씩 다른 모습으로 바뀌어 오늘에 이르렀다. 따라서 민족과 민족 문화의 동질성을 회복하기 위해서는 언어의 통일과 보전이 절대로 필요하다.

바람직한 의사소통을 위하여

잘못 쓰는 우리말

　사회 구성원들이 의사소통을 제대로 하자면 서로가 가지고 있는 수단이 같아야 한다. 발음이 같아야 하고, 단어가 같아야 하고, 그리고 대화를 이어가는 방식이 같아야 한다. 그러나 이런 요소들이 제대로 갖추어 있지 않다면 원활한 의사소통이 이루어질 수 없을 것이다.

　서로 다른 발음으로 말한다든지, 의미를 서로 다르게 이해하고 단어를 사용한다든지 하면 결코 바람직한 의사소통이 될 수 없다. 예를 들어 다음과 같이 단어의 의미를 잘못 알고 쓰는 경우는 흔한 편이다. 다음 (a)의 '와중'은 소용돌이 속이라는 뜻인데, 이 경우에는 그냥 '바쁘신 중에도'가 적절한 표현이다. (b)에서 '자문하다'는 묻다는 뜻이다. 내용으로 보면 '자문한 것에 대해 친절히 응해 주었다. 또는 의견을 제시해 주었다'가 올바른 표현이다. 또한 (c)의 '애환'은 슬픔과 기쁨이라는 뜻인데, 흔히 슬픔의 뜻으로만 쓰고 있어 혼동스럽다.

(a) 바쁘신 와중에도 저희 개업식에 와 주셔서 고맙습니다.

(b) 그 문제에 대해 내가 친절히 자문해 주었다.

(c) 이 작품에는 삶에 힘든 애환이 스며 있다.

잘못 쓰이는 말이 이것뿐이랴. '편집하다'는 신문, 잡지, 책, 영화, 드라마 등의 본래의 자료에 덧붙이거나 잘라내거나 또는 차례를 조정하거나 하는 것을 말하는데, 요즘 방송에서는 잘라내 없애는 것을 뜻하는 말로만 쓰고 있다. '예능'이란 말도 음악, 미술 등의 예술적 재능을 뜻하는 말인데, 요즘 방송에서는 찧고 까부는 오락을 뜻하는 말로 쓰고 있어 본래 뜻의 예능인들을 안타깝게 하고 있다. 남의 부인을 높여 두루두루 부르는 말 '영부인'도 대통령 영부인을 뜻하는 말로 한정하여 잘못 쓰인 지 벌써 삼십 년이 더 지났다. 그래서 영부인이라 하면 으레 대통령 부인만 가리키게 되었다.

잘못 쓰이는 외국어

우리의 일상생활에서 외국어를 잘못 쓰는 경우가 많다. 학교 시험에서 흔히 듣는 말 '컨닝'이란 말의 올바른 영어는 cheating이다. 백화점에 명품 구경 가는 것을 '아이쇼핑'이라 하는 것도 올바른 영어는 window shopping일 것이다. 요즘 어느 모임에 가도 외치는 한 마디, '원샷!'도 Bottoms up이 바른 표현이라 하겠다. 편의점 알바, 주유소 알바 역시 독일어 아르바이트의 본래의 의미와는 거리가 멀다.

이제는 국민 거의가 지니고 있는 휴대전화는 영어로 mobile phone 또는 cellular phone이다. 그런데 우리는 이를 handphone이라 한다. 우리뿐만 아니라 동아시아 여러 나라도 그렇게 쓰고 있다고 한다. 그래서 옥스포드 영어 사전에는 이 단어가 올림말로 올라 있으면서 동남아시아에서 쓰는 영어로 풀이하고 있다. 요즘은 이를 손전화로 순화해 쓰기도 한다. 휴대전화를 중국어로 '서우지'[手機]라 하는 것도 손전화란 뜻이고, 몽골어에서 '가르 오타스'라 하는 것도 손전화손+실란 뜻이다.

우리말의 뜰이나 정원을 뜻하는 영어는 garden이다. 언젠가부터 교외에 있는 갈빗집을 무슨무슨가든이라 이름을 붙인다. 한때 무슨무슨회관이라 하던 도심의 고깃집도 무슨무슨가든이라 부른다. 이렇게 하면 더 고급스러워 보일까?

1980년대 중반, 어느 맥주회사에서 직영하는 생맥주집 이름에 독일어를 썼다. 뜰이나 정원, 마당, 즉 garden을 뜻하는 독일어가 바로 Hof이다. 생맥주를 마시는 뜰, 정원이라는 의미로 '생맥주 전문점 OB Hof'로 이름 붙였다. 이렇게 시작한 것이 어느새 알게 모르게 Hof라 하면 생맥주집이 되고 말았다. 더 나아가 Hof는 생맥주집뿐만 아니라 생맥주 자체를 지칭하기에 이르렀다. '호프&소주'를 판다고 간판에 써 놓은 집도 많다. 그런데 이렇게 된 데에는 맥주 원료인 홉이 영향을 미쳤다. 맥주 원료 홉은 영어로는 hop, 독일어로는 Hopfen이다. 호프를 이 홉에서 관련성을 찾은 것이다. 독일어의 뜰, 정원, 마당을 생맥주라 부르는 것은 도가 지나쳐도 한참 지나친 결과이다.

이제 우리 생활에 완전히 정착된 '생맥주(집)=호프'를 어떻게 받아들여야 할까? 원샷을 Bottoms up으로, 호프집을 생맥주집으로 되돌리도록 노력해야 할까? 아니면 우리말로 인정하고 그냥 쓰고 말까? 온갖 가게이름, 상품이름, 심지어는 모임이름에까지 영어의 정관사 The를 붙이는 요즘의 유행은 과연 언제까지 갈지 그냥 두고 볼 일일까?

그러나 무엇보다도 바람직한 의사소통을 위해서는 대화를 이어가는 방식을 올바르게 이해하는 것이라 하겠다. 이제 이러한 바람직한, 효과적인 대화 방식에 대해 살펴보기로 하자.

상대방을 배려하는 대화

그러면 대화란 무엇인가? 대화는 화자가 청자에게 언어내용을 전달하는 과정이다. 따라서 누가화자, 누구에게청자, 무엇을화제 말하는가가 대화의 중심 요소이다. 그런데 화자와 청자의 역할은 고정되어 있는 것이 아니고, 상황에 따라 서로 바뀐다. 대화에서 이야기되는 화제가 계속 이어짐과 동시에 상대방 이야기를 귀 기울여 잘 듣고 응대어를 구사하여 그와 관련된 이야기를 진행시켜 나감으로써, 화자와 청자의 역할은 항상 순환된다.

그러나 사람은 누구나 자기중심적이어서 화자의 관점일 때와 청자의 관점일 때 요구하는 것이 달라진다. 화자는 자기가 말하고 싶은 것만 말하려고 하고, 청자는 자기가 듣고 싶은 것을 들으려 한다. 그래서 가장 이상적인 화자는 청자의 관점을 가장 잘 고려하여 말하는 화자이고, 가장 이상적인 청자는 화자의 관점을 가장 잘 고려하여 듣는 청자이다.

이것이 가장 바람직한 대화의 방법으로, 바로 존중의 대화다. 상대방을 배려하는 대화이다. 우선 상대방의 말에 공감을 표시하면서 경청하는 것이 훌륭한 대화의 시작이다. 다음 대화가 공감적 경청의 예이다. 여기 쓰인 대화 자료는 구현정 교수의 ≪대화의 기법≫(한국문화사, 1997년)에서 인용하는 것이다.

A: 나 요즘 출근하기가 싫어요.
B: 아, 무슨 어려운 일이라도 있으세요?
A: 예, 그래요. 새로 아파트단지가 들어서고 나서 길이 얼마나 막히는지 고속도로 진입하는 데까지 삼십 분도 더 걸려요.
B: 그렇지요. 거기 정말 많이 막히데요. 출근길이 힘드시겠어요.
A: 아무래도 판교 쪽으로 이사해야 할 것 같아요.
B: 그러세요. 거기 동네 살기 편하다고 다들 그러데요.

이에 대해 다음과 같이 대화를 이어가는 방식은 공감적 경청에서 벗어난 예이다.

A: 나 요즘 출근하기가 싫어요.
B: 아이고, 왜 출근하기가 싫어요? 요즘 세상에 직장 있다는 게 얼마나 감사한 일인데. 행복에 겨워서 그래.
A: ??

존중의 대화를 위한 첫 번째는 상대방에게 부담되는 표현은 최소화하고 배려하는 표현은 최대화하는 것이다. (a)보다는 (b)가 더 바람직한 표현이다.

(a) 금요일 저녁 시간 비워 놔요.
(b) 혹시 금요일 저녁에 시간 좀 낼 수 있겠어요?

두 번째는 자신에게 혜택을 주는 표현은 최소화하고 자신에게 부담을 주는 표현을 최대화하는 것이다. (a)보다는 (b)가 더 바람직한 표현이다.

(a) 안 들려요. 좀 더 크게 말해 주세요.
(b) 제가 부주의해서 잘 못 들었는데, 다시 한번 말씀해 주세요.

세 번째는 상대를 비난하거나 트집 잡는 표현은 최소화하고 칭찬하고 맞장구치는 표현은 최대화하는 것이다. (a)보다는 (b)가 더 바람직한 표현이다.

(a) 이게 도대체 뭐야? 어떻게 알아볼 수도 없게 그렸니?
(b) 이게 뭘까? 아주 창의적이고 개성 있게 그렸구나.

네 번째는 자신을 칭찬하는 말은 최소화하고 자신을 낮추는 말은 최대화하는 것이다. (a)보다는 (b)가 더 바람직한 표현이다.

(a) 난 경험이 많으니까 나만 믿고 따라오세요.

(b) 제가 부족한 점이 많지만, 최선을 다해 열심히 일하겠습니다.

다섯 번째는 상대방과 불일치하는 표현은 최소화하고 상대방과 일치하는 표현은 최대화하는 것이다. 다음과 같이 이어지는 대화를 보면 서로가 배려하면서 자기 의사를 밝히고 있다.

A. 과장님, 이 책장 저쪽으로 좀 옮길까 하는데요.
B. 그것도 좋겠는데, 그런데 그대로 두어도 좋을 것 같은데.
A. 그렇기도 하네요. 그런데 낮에 해가 너무 들어서요.
B. 아하. 그 생각은 미처 못 했네. 그런데 너무 어두워지지 않을까?

남성과 여성의 대화

기본적으로 남성과 여성 사이에는 언어의 차이가 있다. 예를 들어 남성은 서술문을 더 선호하는데 비해 여성은 문장을 완성시키지 않은 채 끝맺는 미완성형 문장을 많이 사용하며 감탄사도 많이 사용한다. 그러나 이러한 차이보다는 대화에 임하는 태도가 크게 다르다. 따라서 남성과 여성이 효과적으로 대화하기 위해서는 서로가 임하는 대화관이 서로 어떻게 다른가를 이해하는 일이 가장 중요하다.

먼저 남성과 여성의 대화관의 차이를 살펴보자. 대화는 항상 '독립'과 '유대관계'라는 상충되는 요구를 조정하는 과정이다. 누구나 이 두 가지 요구를 가지고 있지만, 남성은 독립의 틀을 가지고, 여성은 유대관계의 틀을 가지고 대화하려 한다. 이런 차이 때문에 똑 같은 상황을 남성과 여성은 서로 다르게 해석한다. 다음 부부의 대화를 살펴보자.

남: 철호가 이번 주말에 우리 집에 오기로 했어.
여: 이번 주말에요? 난 주말에 어딜 좀 다녀왔으면 했는데 …… 당신은 그런 걸 나랑 좀 의논하면 안 돼요?
남: 날더러 친구랑 약속하기 전에 마누라 허락 받으라고?

남편은 아내와 의논하는 것을 허락받는 것으로 받아들인다. 그러므로 허락을 받는다는 것은 자신의 독립을 침해하는 것이라고 판단하고, 이러한 아내의 태도를 받아들이지 못한다. 그러나 아내는 함께 사는 부부라면 모든 일을 의논할 수 있어야 하며, 이것은 유대관계의 표현이라고 생각하고 있다. 아내는 자신이 생각하는 것처럼 남편이 자신과 가깝지 않다는 것에 대해 속상해 하고, 남편은 아내가 자기의 독립을 통제하고 자유를 구속하고 있다고 생각하고 언짢아한다.

다음으로는 남성과 여성의 대화 목적의 차이에 대해 살펴보자. 남성과 여성은 같이 대화를 나누지만 대화의 목적이 크게 다를 수 있다. 대화를 나누면서 여성은 '공감'에, 남성은 '해결'에 목적을 둔다.

여: 요즘 다른 직원들이 자꾸 나를 따돌리는 것 같아 고민이야.
남: 그럼 먼저 자기 행동을 잘 분석해 봐. 자기를 왜 따돌리려 하는지.

여 : 그럼, 자기도 내 행동에 문제가 있다고 생각하는 거야?

남 : 아니야. 그렇지만 일단 자기자신의 행동을 분석해 보아야 앞으로 어떻게 하는 게 좋을지 생각할 수 있잖아?

위의 대화에서 여성이 원하는 것은 단지 자신의 고민을 잘 들어주고, 공감해 주는 것이다. 그런데 남성은 해결책을 찾고 그 방법을 제시하려 한다. 여성들은 상대방이 고민을 이야기하면 우선 공감을 표시한다. 그리고 그러한 감정을 이해할 수 있다는 점을 부각시키려 노력한다. 그래서 고민을 호소하는데도 공감하지도 않고 그건 전혀 문제될 것이 없다고 말하는 남성의 말에 여성은 마음만 상한다. 이처럼 여성과 남성이 함께 대화를 나누어도 여성은 공감하는 것 자체가 목적인 반면, 남성은 해결 방법을 찾아 충고하는 것이 목적이 되기 때문에 대화의 불일치는 심화될 수밖에 없다.

여 : 당신 눈에 보이는 건 신문밖에 없군요. 내가 여기 앉아 있는 것은 안 보여요?

남 : 왜 또 무슨 시비야?

여 : 왜 나랑은 그렇게 할 말이 없어요?

남 : 할 말이 있는 사람이 말을 해야지, 왜 할 말이 없느냐고 시비를 걸면 되겠어?

여 : 당신이 신문 보는 시간의 반의반만 나하고 이야기해도 내가 행복할 거예요.

남 : 글쎄, 할 말이 있으면 하라고.

위에서 보듯 남편에게 있어서 '할 말'은 정보성을 가진 말과 같은 뜻이 되고, 아내에게 있어서 '할 말'은 친교를 위해 나누는 말과 같은 뜻이 되어서, 같이 '할 말'이라는 용어를 사용하면서도 서로 다른 생각을 가지고 있다. 남편에게 대화란 정보를 전달해야 하는 것으로 받아들여지지만, 아내에게 대화는 상호 확인의 방법으로 통한다. 무엇인가를 이야기한다는 것 자체가 서로의 삶을 공유하는 것이 되고, 그것을 경청한다는 것은 관심과 애정을 보이는 것으로 생각되기 때문이다.

7

언어학이란?

언어학은 무엇을
어떻게 연구하는가

　　언어는 의사소통의 수단인 동시에 인류 문화를 이끌어온 원동력이다. 오늘날 우리 생활에서 떼려야 뗄 수 없을 정도로 우리의 삶과 문화에 깊숙이 녹아든 것이 바로 언어이기 때문에 언어의 본질과 구조에 관심을 가지고 이를 탐구하는 것은 매우 뜻 깊은 일이다. 언어에 대한 과학적 탐구는 인간의 인지 능력이 간직하고 있는 비밀을 밝혀 인간의 본성을 이해하는 데에 기여할 뿐만 아니라, 언어와 관련한 여러 영역, 즉 언어교육, 언어정책, 언어장애치료, 컴퓨터언어학 등과 같은 응용에도 기여한다. 특히 컴퓨터언어학은 언어학과 컴퓨터과학이 만나는 분야로서 오늘날 우리의 언어생활을 훨씬 더 풍요롭게 해 주는 것이기에 주목받고 있다.

　　어떤 현상에 대하여 과학적인 방법으로 인식하는 것을 학문이라 한다. 그러한 학문의 성격을 가장 잘 이해하는 길은 그 학문이 '무엇을 연구하는가', '어떻게 연구하는가'를 이해하는 일이다. 무엇을 연구하는가를 이해하는 것은 연구 대상을 이해하는 것이며, 어떻게 연구하는가를 이해하는 것은 연구 방법을 이해하는 것이다.

언어학이란 인간의 언어와 관련한 여러 현상들을 과학적인 방법으로 연구하는 학문을 말한다. 이러한 언어학이 어떤 학문인가를 알기 위해서 언어학은 무엇을, 어떻게 연구하는가, 즉 연구 대상과 연구 방법이 무엇인가를 이해할 필요가 있다. 이제부터 우리의 삶과 문화의 소중한 존재로서의 언어를 대상으로 하는 학문, 언어학이 무엇인가에 대한 대답을 찾아 나서기로 하자.

말소리 연구

언어의 말소리를 연구하는 분야에는 음성학과 음운론이 있다. 음성학과 음운론은 같은 말소리를 연구하지만, 두 분야의 관점은 조금 다르다. 음성학은 우리가 쓰는 구체적인 말소리가 음성기관을 통해 어떻게 만들어지며, 그러한 말소리의 물리적인 성질은 어떠한지를 연구한다. 음성학은 실험 도구를 이용해서 말소리의 물리적인 현상을 연구하기도 하는데, 최근에는 컴퓨터의 다양한 프로그램을 활용하여 음성인식, 음성합성, 그리고 언어치료 등과 같은 여러 분야에서 큰 성과를 이루어 우리 생활을 한결 윤택하게 하고 있다. 음성인식이란 기계가 사람의 말소리를 알아듣게 하는 것을 말하고, 음성합성이란 기계가 사람의 말소리를 만들어 내는 것을 말한다.

음운론은 우리 머릿속에 인식되어 하나하나 구별되는 추상적인 말소리, 즉 음운의 체계를 연구한다. 어떤 언어에 나타나는 자음과 모음, 그리고 말소리의 높이, 길이, 세기의 목록을 확정하고 이들이 서로 어떠한 관계를 맺고 있는지를 밝힌다. 우리말의 /ㅂ/ 소리는 같은 파열음인 /ㄷ, ㄱ/과는 어떤 공통점과 차이점을 가지며, 같은 입술소리인 /ㅃ, ㅍ/과는 어떤 차이가 있는지 연구하여 음운의 특징을 밝힌다. 그뿐만 아니라 음운이 서로 이어질 때 어떤 모습으로 바뀌는가에 대해서도 관심을 가진다. 예를 들어 '물고기'는 /물꼬기/처럼 된소리로 발음되는데, 왜 '불고기'는 /불고기/처럼 발음되는지를 밝힌다.

말뜻 연구

언어의 말뜻을 연구하는 분야는 의미론이다. 의미론은 단어와 문장의 의미 관계를 연구한다. 단어끼리 서로 어떠한 의미 관계를 맺고 있는지를 밝히기 위해 의미의 확대, 의미의 축소, 그리고 은유 표현, 문장의 중의성 등에 대해 연구하며, 또한 같은 소리에 서로 다른 뜻을 가진 단어 다의어, 동음이어, 같은 뜻이 서로 다른 말소리로 나타나는 단어 동의어, 유의어, 서로 의미가 대립되는 단어 대립어 등을 찾아 연구한다.

형제자매를 가리키는 말이 말레이말에서는 sudarā 한 단어로, 영어에서는 brother와 sister 두 단어로 실현되는 말이 우리말에서는 '형, 누나, 오빠, 언니, 동생' 등으로 분화되어 있다. 어휘의 의미 체계는 이를 사용하는 사회의 문화와 밀접한 관계를 맺고 있다. 이와 같은 언어마다 서로 다른 의미 관계를 잘 분석해 낸다면, 외국어 자동번역기를 개발하거나 외국어를 효과적으로 교육하는 데에 결정적인 도움이 될 것이다.

단어들끼리 서로 어떠한 의미 관계를 맺고 있는지를 밝히는 분야를 어휘의미론이라 하고, 문장의 의미가 어떻게 해석되는지를 밝히는 분야를 문장의미론이라 한다. 문장의 의미는 중의성을 가지는 등 꽤 복잡한 양상을 보인다. 그래서 최근에는 논리적인 방법으로 문장의 의미를 해석하기도 한다.

그리고 실제 언어 상황에 나타나는 발화 의미에 대해서도 관심을 가진다. 이를 화용론이라 한다. 화용론이란 누가, 누구에게, 언제, 어디서 말하는 상황이냐에 따라서 같은 문장이라도 매우 다양하게 해석되는 의미에 관심을 가진다. 이러한 언어 사용상의 의미를 잘 판단하는 것은 원활한 의사소통을 위해 매우 중요하다. 원활한 의사소통은 모든 사회활동의 기반이 되기 때문에, 언어를 연구하는 가치는 결코 소홀히 할 수 없다.

문법 연구

언어의 문법 구조를 밝히는 분야는 문법론이다. 문법론은 언어에 내재해 있는 규칙과 원리를 찾아 설명한다. 단어를 구성하는 데 규칙이 있는가 하면, 단어와 단어가 모여 문장을 구성하는 데도 일정한 규칙과 원리가 있다.

전통적으로 문법론은 형태론과 통사론으로 나뉘는데, 형태론은 형태

변형생성문법 이론을 전개한 노엄 촘스키

소가 단어를 구성하는 원리를, 통사론은 단어가 문장을 구성하는 원리를 대상으로 한다. 문법론에서는 또한 문장에 나타나는 여러 가지 문법 기능들, 이를 문법범주라 하는데, 문법론은 이에 대해서도 관심을 가진다.

문법 이론은 역사적으로 전통문법 이론, 구조문법 이론, 변형생성문법 이론 등으로 변천해 왔다. 전통문법은 언어의 표면 현상에 관심을 두어 품사에 관해 정의를 내리며 문법의 규범화에 치중한다. 구조문법은 주어진 언어 자료를 가능한 한 완전하게 그리고 간결하게 기술하는 것이 그 목적이다. 이러한 점에서 흔히 미국의 구조문법 이론을 기술문법 이론이라 한다. 변형생성문법은 토박이 화자의 언어 능력을 해명하며, 언어 현상을 지배하는 규칙이나 원리들을 과학적인 방법론으로 형식화한다. 변형생성문법 이론은 기술문법 이론이 드러낸 한계점을 극복하여 노엄 촘스키에 의해 성립된 이론인데 기술문법과는 이론적인 배경, 연구 방법, 연구 대상이 모두 대조적이다.

언어의 변화

　세상 만물이 세월의 흐름에 따라 변화하듯이, 언어도 역사적으로 변화한다. 몇 백 년 전의 우리말의 기록을 보면 오늘날 말과는 상당히 다름을 알 수 있다. 말소리가 그러하고, 단어가 그러하고, 문법 규칙이 그러하다. 15세기 국어에서 'ᄀᆞᄋᆞᆯ'이었던 단어가 지금은 '가을'로 바뀌었다. 이처럼 시간에 따라 언어는 바뀔 수 있다. 이러한 특성에 따라 언어를 연구하는 방법도 달라진다. 첫째, 시간에 따르는 변화를 전혀 고려하지 않은, 특정한 한 시기의 언어 체계에 초점을 맞추어 연구하는 것을 공시언어학이라 한다. 둘째, 이와는 달리 시간에 따라 언어가 변화하는 모습을 연구하는 것을 통시언어학이라 한다.

　통시언어학은 역사언어학과 비교언어학으로 다시 나뉜다. 각 시대의 문헌을 단계적으로 거슬러 올라감으로써 언어의 변화 과정을 연구하는데, 이것이 역사언어학이다. 그러나 문헌이 없는 역사 이전의 언어 변화는 같은 계통의 여러 언어들의 비교를 통해 밝힌다. 이를 비교언어학이라 한다. 친근 관계에 있는 여러 언어들은 하나의 공통조어로부터 분기해 왔다고 가정할 수 있는데, 비교언어학은 이들 언어 사이의 친근 관계를 증명하고, 그 공통조어의 모습을 재구해서 공통조어로부터 같은 계통의 언어들이 분기해 내려온 역사적 변화를 밝힌다. 따라서 비교언어학의 목표는 같은 계통의 언어 사이에 나타나는 대응 체계를 찾아 언어의 변화 과정을 밝히는 것이다. 비교언어학은 역사적인 친근 관계를 인정하기 위한 비교이므로 반드시 같은 계통의 언어 사이의 비교이어야 한다.

언어의 변이

언어는 시간에 따라 변할 뿐만 아니라, 지역에 따라서도 달라질 수 있다. 우리나라 각 지역마다 사투리가 쓰이고 있음을 우리는 잘 알고 있다. 또한 사회 계층이나 세대 차이와 같은 사회적 요인에 따라서도 달리 나타난다. 어른들의 말과 청소년들의 말에 크고 작은 차이가 있음을 우리는 보고 있다. 이처럼 한 언어 안에 존재하는 언어의 다양한 차이를 방언이라 한다. 지역방언을 연구하는 분야를 방언지리학이라 하고, 사회방언을 연구하는 분야를 사회방언학이라 한다. 방언지리학에서는 방언의 음운, 의미, 문법 등에 대해 지리적 변이, 확산 등을 탐구한다. 방언 조사를 통해 방언지도를 작성하여 등어선을 긋고, 이를 통해 방언의 경계를 파악하여 방언 분화를 탐구한다. 사회방언학은 사회적인 요인에 의한 언어의 다양한 차이에 대하여 관심을 가진다.

일반언어학과 개별언어학, 이론언어학과 응용언어학

언어학은 언어의 일반 원리를 연구하는가 또는 어느 한 개별언어의 구조를 연구하느냐에 따라 일반언어학과 개별언어학으로 구별된다. 국어학, 영어학, 스페인어학 등이 개별언어학이다. 그리고 언어의 본질과 변화에 관한 이론 수립을 목적으로 하는 이론언어학과 이를 실용적인 목적으로 응용하는 응용언어학으로 나누기도 한다. 응용언어학은 이론언어학의 성과를 인간 삶의 질을 향상시키는 데 응용하는 분야이다. 응용언어학 가운데, 특히 컴퓨터언어학은 우리의 언어생활을 훨씬 더 풍요롭게 할 수 있음은 이미 앞에서 말한 바 있다.

우리는 언어학을 왜 연구하는가

그러면 우리는 언어학을 왜 연구하는 것일까? 이에 대한 대답은 다음과 같은 언어학의 연구 목표를 통해 생각해 볼 수 있다.

첫째, 언어의 본질을 밝히기 위해 연구한다. 우리는 앞에서 언어는 의사소통의 수단인 동시에 인류 문화를 이끌어온 원동력이라고 하였다. 오늘날 우리를 우리답게 해 준 것이 바로 언어이기 때문에 그 언어의 본질을 밝혀내는 것은 매우 의의 있는 일이라고 믿는다.

둘째, 언어의 본질을 밝힌 것을 바탕으로 다음과 같은 목표로 연구를 전개한다. (1) 언어 연구를 통해 우리는 언어, 문자, 나아가서는 인류 문화를 발전시키는 데에 기여할 수 있다. (2) 언어 연구를 통해 우리는 언어 능력, 인지 능력 등 인간의 본성을 이해하는 데에 기여할 수 있다. (3) 언어 연구를 통해 우리는 언어와 관련한 여러 영역, 즉 언어교육, 언어정책, 언어치료, 컴퓨터언어학 등의 응용에 기여할 수 있다.

언어학은 어떻게 연구할 것인가

이제 이러한 언어학을 공부하고 또한 연구하기 위해서 어떻게 해야 할 것인가에 대해 생각해 보기로 하자.

어떤 현상을 과학적으로 연구할 때에는 다음과 같이 세 단계의 과정을 거치게 된다. 주어진 현상에 대한 수집·관찰이 첫째 단계이며, 수집·관찰된 자료에 대한 분석·기술이 둘째 단계이다. 셋째는 그 현상에 대한 해석·설명의 단계이다. 이와 같은 과정은 언어학에 있어서도 마찬가지다. 언어와 관련한 여러 현상들에 대하여 자료를 정확하게 수집하며, 이를 분석하여 구조적으로 기술하고, 나아가 이것을 체계적으로 설명하려는 것이 언어학이 지향하는 연구 방법이다.

이 가운데 어느 단계가 더 중요하고 덜 중요하고를 따질 수 없다. 자료 수집이 제대로 되어 있지 않으면 그 다음 단계는 모두 허사가 되고 만다. 그렇다고 자료만 잔뜩 모았다고 해서 언어 연구가 이루어진 것은 아니다. 이를 정확하게 분석하고 합리적으로 설명해야 한다. 그래서 어느 단계도 소홀히 해서는 안 되는, 대단히 체계적이고 합리적인 과정이 언어를 연구하는 방법이다. 반드시 그런 것만은 아니지만, 언어학을 연구하려는 사람은 이와 같이 체계적이고 합리적인 사고를 가진다면 더욱 좋을 것이며, 한편으로 언어학 연구를 통해 체계적이고 합리적인 사고를 키워갈 수 있을 것이다.

언어학의 오늘과 내일

이제 오늘날의 언어학은 무엇에 관심을 가지고 있으며, 앞으로 언어 연구를 어떻게 전개해야 할 것인지에 대해 살펴보기로 하겠다.

(1) 언어학과 다른 학문의 협동에 대한 것이다. 현대 학문의 중요한 특징은 서로 이웃하는 학문끼리 도움을 주고받는 것이다. 최근 언어학

이 이웃하는 학문과 협동하는 연구는 매우 활발하다.

　예를 들어, 언어를 사회적 상황에서 연구하는 사회언어학은 언어 현상이 사회적 요인과 관련하여 어떻게 변이되어 나타나는가에 관심을 가지며, 언어정책, 광고언어 등에 대해서도 탐구하고 있다. 또한 사회언어학은 언어와 관련한 사회 제도의 여러 문제를 탐구한다. 다언어 사회에서의 이중언어 사용 문제, 다른 문화권과의 교류에서 생기는 문제들이 주요 대상이 된다.

　심리언어학은 언어의 심리적 처리와 반응을 대상으로 말소리의 지각, 단어의 연상과 기억, 언어습득 등에 관심을 가진다. 이러한 분야뿐만 아니라 앞으로 언어학은 언어와 뇌 관계를 추구하는 신경언어학, 그리고 실어증과 같은 언어장애치료 등에도 눈을 돌려야 할 것이다.

　(2) 현지 언어 조사와 보전에 관한 것이다. 사라져 가는 우리말의 방언은 물론이고 세계 여러 언어들을 현지 조사하여 보전하려는 연구에 우리는 더욱 힘을 기울여야 할 필요가 있다. 특히 우리말과 유형론적으로, 지리적으로 그리고 계통론적으로 이웃하고 있는 알타이어족에 속하는 여러 언어들을 현지 조사하여 음성 및 영상 자료를 구축하는 연구에 관심을 가져야 할 것이다. 이들 가운데는 얼마 가지 않아 이 세상에서 사라질 위기에 놓인 언어들도 있어, 이들 언어들을 조사하여 연구하는 것은 인류 문화유산 보전이라는 점에서 큰 가치를 지닌다.

　(3) 컴퓨터언어학의 발전이다. 오늘날 컴퓨터언어학의 발전은 눈부시다. 음성인식과 음성합성, 언어정보의 검색, 전자사전, 외국어 자동번역, 음성과 문자의 자동 변환 프로그램 개발 등, 언어와 컴퓨터가 만나

현지 언어를 조사하는 장면. 사라져 가는 언어를 조사하여 보전하는 일은 현대 언어학의 주요한 과제이다.

는 수많은 영역이 우리의 연구를 기다리고 있다. 실제 컴퓨터언어학을 공부한 학생들은 졸업 후 언어 관련 벤처회사를 설립하거나 취업하여 우리나라 언어산업에 이끌고 있다.

인지과학은 요즘에 확립된 복합과학이다. 인지과학은 다양한 방법론을 가지고 마음의 문제를 앎의 문제로 접근하는 학문이다. 인지과학을 구성하는 주요 학문은 언어학, 철학, 심리학, 인공지능학, 인류학, 신경과학 등이다. 언어학은 언어가 인지 과정의 핵심이며 인지의 주도구이자 형식이라는 점에서, 또 의미의 문제를 언어학에서 다룬다는 점에서 인지과학에서 중요한 역할을 담당하고 있다. 언어학은 언어의 문법 구조, 언어와 인지의 관계, 자연언어 처리 등의 문제를 직관적, 실험적 방법을 통해 연구하여 인지과학 발전에 크게 기여하고 있다.

앞으로 우리는 다양한 이론언어학 연구에 힘을 기울이고, 또한 이를 바탕으로 컴퓨터언어학을 발전시켜, 언어생활의 질을 한 단계 더 높이도록 노력해야 할 것이다.

언어학의 발자취를 찾아서

우리는 앞서 언어학은 인간의 언어와 관련한 여러 현상을 과학적인 방법으로 연구하는 학문이라고 하였다. 이러한 언어학을 이해하기 위하여 언어학의 연구 대상과 연구 방법에 대하여 살펴보았다. 이제 언어학은 역사의 흐름 속에서 그 동안 어떻게 발전해 왔는지, 그 발자취를 살펴보기로 하자.

언어학의 뿌리: 옛사람들의 언어에 대한 관심

언어에 대한 과학적 연구는 19세기에 이르러 비로소 시작되었다. 그러나 비록 과학적 연구에는 이르지는 못했지만 인류는 아득한 옛날부터 언어에 관심을 가지고 탐구하여 왔다. 옛사람들의 언어에 대한 관심은 주로 그들이 생활하고 있는 사회의 어떤 특유한 필요성에 의해서 일어났다. 그 중에서 가장 중요한 것은 종교였다. 종교가 큰 역할을 해 온 사회에서는, 자신들의 종교 의식에 쓰이는 언어, 특히 자기들의 종교 문헌에 쓰인 언어를 잘 알고 이를 그대로 순수하게 보전하려 노력하였다.

예를 들면, 고대 인도에서는 경전을 적은 산스크리트어를 순수하고 변함없이 유지하려는 목적으로 이미 기원전 수세기에 이의 문법을 연구하였다. 특히 문법학자 파니니는 언어 사실을 객관적으로 기술하였고, 거의 수학적이라 할 만큼 고도로 간결하면서도 정밀하게 언어 현상을 정의하였는데, 이는 현대 구조주의 언어학의 선구자로까지 높이 평가되고 있다. 다만 이들의 문법 연구는 그 뒤에 널리 계승되지 못한 아쉬움이 있다. 중세의 그리스도교는 라틴어 연구에 크게 기여하였으며, 또 유태인은 성서의 히브리어를 깊이 연구하였다. 아랍인은 그들의 종교 경전인 코란을 바르게 읽을 수 있도록 연구하였다. 이러한 사실들은 모두 그 사회에 특유한 종교적 필요에 의해서 나타난, 먼 옛날 조상들의 언어 연구의 뿌리라고 하겠다.

그리스의 언어 연구   고대 그리스인들의 언어에 대한 관심은 철학적 사색에 바탕을 두고 있었다. 고도의 문명과 비교적 자유로운 종교관을 특징으로 하는 고대 그리스의 문화적 분위기에서 자연스럽게 언어에 대한 관심이 일어났다. 따라서 실용적인 테두리를 벗어나 언어의 기원, 언어의 본질에 관심을 집중시켰다. 이들의 관심 가운데 가장 대표적인 것은 말소리와 뜻의 관계가 논리적인 필연성인가 아니면 자의적인 우연성인가 하는 논의였다. 또한 문법범주와 문장 구성을 지배하는 원리도 고찰했는데, 이것은 유럽의 전통문법의 창시였을 뿐만 아니라, 그 뒤 로마 시대, 중세 시대를 거치는 규범문법 연구의 전통으로 이어졌다.

로마와 중세의 언어 연구 로마인들의 언어 연구는 그리스인들의 언어 연구를 충실히 계승하였는데, 특히 기원전 1세기에 문법가 와로의 ≪라틴어문전≫은 그 당시뿐만 아니라 후세의 규범문법 연구에 모범이 되었다. 중세의 언어 이론은 당시의 일반적인 문화적, 철학적 사상에 근거하였다. 즉 스콜라 철학자들은 무엇보다도 언어 속에 논리적 판단이 직접 반영되고 있는 모습을 찾으려 노력하였다.

르네상스 시대 르네상스 시대의 언어 연구는 데카르트의 합리주의 사상이 이론적 기반이 되었다. 그것을 대표하는 것이 포르-루와얄문법이었다. 아르노와 랑슬로라는 학자는 논리는 모든 인류에게 단일하고 보편적이고 공통적인 것으로, 논리의 도움을 받는다면 세계 모든 언어의 본질에 맞는 보편문법을 구축하게 된다고 하였다. 보편문법은 사고의 법칙에 의하여 언어를 설명하려는 것으로, 현대의 변형생성문법 이론의 배경이 되기도 하였다.

이 무렵 다양한 언어에 대해 시야가 확대되면서 낯선 여러 언어들이 소개되기 시작하였다. 그 가운데 가장 획기적인 사실은 그때까지 잘 알려지지 않았던 산스크리트어의 소개였다. 최초의 위대한 산스크리트어 연구자는 영국의 윌리암 존스(William Jones, 1746-1794)였다. 그는 산스크리트어가 그리스어, 라틴어 등과 밀접한 관계가 있으며, 이들 언어는 이제는 존재하지 않는 어떤 한 공통된 언어에서 분화한 것이라고 생각하였다. 그의 이러한 생각은 19세기에 전개된 비교언어학의 기초가 되었다.

근대 언어학의 성립: 19세기의 비교언어학

비교언어학 언어학에서 19세기는 비교언어학의 시대이다. 비교언어학의 탄생은 과학으로서 언어학이 성립되었다는 점에서 매우 중요한 의미를 지닌다. 19세기 초에 이르러 이미 구체적인 언어 자료가 언어 연구의 주된 대상이 되었다. 이러한 구체적인 언어 사실에 대한 적극적인 관심은 19세기 언어학의 일관된 특징이었다. 따라서 언어의 보편적이고 논리적인 구조를 추구한 18세기 이전의 언어학 전통과는 사뭇 다르다. 그리고 산스크리트어의 소개는 언어학이 과학적 연구로 발전하는 데에 중요한 사건이었다. 산스크리트어가 언어학계에 소개되면서 언어 현상에 대한 새로운 견해가 등장했으며 마침내는 새로운 연구 분야가 탄생되기에 이르렀다. 이것이 바로 비교언어학이었다. 언어들 사이의 친근 관계에 관심을 가지고 이들을 비교하여 공통조어를 재구하는 비교 방법이 발달하였다. 비교언어학은 무엇보다도 실증주의와 역사주의에 입각하였다. 언어의 보편·논리 구조를 추구하던 18세기의 학문 전통은 단절되고, 구체적인 언어 자료를 실증적으로 연구하게 되었고, 역사주의 없이는 언어학이 성립될 수 없다는 신념이 모든 언어 연구의 기초가 되었다.

비교언어학의 성립   초기 비교언어학은 독일의 보프(Franz Bopp, 1791-1867), 그림(Jacob Grimm, 1785-1863), 덴마크의 라스크(Rasmus Kristian Rask, 1789-1832) 등의 학자들에 의해 형성되었다. 보프는 산스크리트어를 다른 몇몇 인도유럽어들과 비교하였으며, 그림은 게르만어 자음과 이에 대응하는 다른 인도유럽어 자음과의 관계를 체계적으로 고찰하고, 그들 관계를 지배하는 일정한 법칙이 있다는 것을 확인하였다.

다윈의 진화론의 영향을 받은 슐라이허(August Schleicher, 1821-1868)의 언어 연구는 언어가 인간으로부터 독립해 있으며, 또 언어는 일반적 생물 진화 법칙에 따라서 변화하는 유기체라는 생각에서 출발하였다. 즉 언어는 탄생하여 일정 기간 생존하며 다른 더 젊은 언어를 낳고 이 젊은 언어는 옛 언어를 대신하지만 이것 역시 또 젊은 자손에게 자리를 물려준다. 언어는 자연적 유기체이며 그 발전은 원칙적으로 자연의 다른 부분에서 볼 수 있는 발전과 동일한 형태를 취한다고 보았다. 그래서 언어의 유형을 고립어, 교착어, 굴절어로 설정하고 그 순서로 발전한다고 하였다.

젊은이문법학파   1870년대에는 파울(Herman Paul, 1846-1921)을 비롯한 젊은 학자들에 의해 비교언어학은 절정에 이르렀다. 이들은 이미 확립된 비교 방법을 더욱 엄밀하게 하여, 음운 변화는 예외 없는 일정한 법칙에 따라 일어난다고 하였다. 그들은 역사주의만이 언어의 과학적 연구에 가장 적합한 방법론이라고 확신하였다.

훔볼트   19세기 또 다른 위대한 언어학자는 빌헬름 폰 훔볼트(Wilhelm von Humboldt, 1767-1835)였다. 훔볼트는 언어의 역사적 해명뿐만 아니라, 여러 개별 언어에 기초하여 언어를 해명하려고 하였다. 훔볼트는 고전적인 보편문법에 반대하고, 개별 언어에 특유한 사실을 바탕으로 귀납적으로 문법 규칙을 찾아내려 하였다. 또한 훔볼트는 언어란 그 민족의 정신세계를 드러내며 세계관을 반영하는 것이라고 주장하였다.

현대 언어학의 발전: 20세기 구조주의 언어학

언어학에서 20세기는 구조주의 언어학의 시대라 할 수 있다. 구조주의 언어학은 무엇보다도 체계에 관심을 가진다. 언어학뿐만 아니라 20세기의 과학적 사고의 특징인 이 체계에 대한 관심은 구체적인 사실 속에서 어떤 추상적인 질서를 찾아내는 것이기도 하다. 이러한 구조주의 언어학은 언어 사실의 체계화, 이미 알려진 사실에 대한 새로운 해석을 바탕으로 관심 영역의 확대했을 뿐만 아니라, 다른 학문 분야와 서로 방법론을 주고받았다.

소쉬르   언어학에서 구조주의적인 관점을 처음으로 제시한 학자는 스위스의 언어학자 페르디낭 드 소쉬르(Ferdinand de Saussure, 1857-1913)이다. 그는 새로운 언어 이론을 제시하여 당대 학자들에게 큰 영향을 미쳤다. 그래서 소쉬르는 오늘날 구조주의 언어학의 창시자로 불린다. 소쉬르의 강의 노트에 기초하여 출판된 ≪일반언어학강의≫(1916년)는 언어학뿐만 아니라 20세기 사상에 큰 영향을 주었다. 그는 언어란 체계이며, 체계로서 연구되어야 한다고 하였다. 개개의 사실을 고립시켜 보지 말고 항상 전체로서 보아야 하고, 또한 모든 사실은 체계 안에서 결정된다고 하였다. 소쉬르는 또한 언어란 무엇보다도 상호 이해라는 목적을 달성하는 사회 현상이라고 하였다. 그리고 그는 언어의 통시적 연구와 공시적 연구를 명확하게 구별하려 하였다. 통시적 연구는 언어의 역사적 발전을 다루는 것이며, 공시적 연구는 언어의 조직 체계에 눈을 돌려고 언어의 본질과 기능을 탐구하는 것이라고 하였다. 소쉬르는 또한 언어 기호의 자의성 문제를 제기하여 기호학을 창시하기도 하였다. 소쉬르는 언어는 기호 체계이며 기호는 뜻과 말소리, 즉 시니피앙과 시니피에가 결합한 것이며, 이들의 관계는 자의적이라고 하였다.

유럽의 구조주의 언어학 구조주의 언어학은 유럽과 미국에서 동시에 발전했지만, 서로 접촉은 거의 없었다. 유럽의 구조주의 언어학은 소쉬르의 영향을 받은 데 비해서 미국의 구조주의는 그렇지 않았다. 유럽의 구조주의는 세 학파로 나뉜다. 첫째는 제네바학파로서, 소쉬르의 견해를 계승한 고전적인 구조주의이다. 둘째는 프라하학파로서, 구체적인 언어 사실에 관심을 가진 기능주의이다. 프라하학파의 대표적인 언어학자인 로만 야콥슨(Roman Jakobson, 1896-1982)은 양분 대립에 입각하여 모든 언어의 음운 기술에 적용할 수 있는, 보편적이고 타당한 변별 자질들을 체계적으로 기술하였다. 셋째는 코펜하겐학파로서, 기호논리학에 바탕을 둔 언어기호의 일반 이론을 구축하였다.

미국 구조주의 언어학자 블룸필드

미국의 구조주의 언어학 미국의 구조주의 언어학은 언어 구조의 유형을 탐구한 사피어(Edward Sapir, 1884-1939)에 의해 시작되어, 언어 단위의 분포에 관심을 기울인 블룸필드(Leonard Bloomfield, 1989-1947)에 의해 확립되었다. 특히 미국의 구조주의 언어학은 기술언어학이라고도 한다. 기술언어학은 원래 아메리카 토착인들의 문화를 연구하는 데서 출발하였다.

아메리카 토착인들의 문화를 연구하기 위해서 인류학자들이 제일 먼저 관심을 가지게 된 것은 언어에 관한 문제였다. 이러한 배경에서 낯선 언어를 연구하는 방법론이 싹텄다. 그 결과 낯선 언어를 연구하기 위해서는 그 언어를 우선 정확하게 관찰하고 이를 분석하여 이를 바탕으로 언어를 기술하는 것이다.

이러한 기술언어학 이론은 결과적으로 다음과 같은 특징을 가지게 되었다. 낯선 언어를 연구 대상으로 하였기 때문에 자료를 중심으로 이를 기술하는 방법론이 되었다. 따라서 귀납적이고 철저히 객관적인 연구 방법론이 성립되었다. 언어 자료를 분석하여 기술하였기 때문에 언어의 음성부터 분석하여, 음운의 체계를 세우고, 이를 바탕으로 형태소를 분석하고 나가서 문장 구조를 기술하였다. 따라서 층위적인 연구 방법론이 또한 성립되었다. 그 결과 음운론의 연구와 형태론의 연구는 그 방법론이 확립되어 주요 연구 분야로 자리 잡았으나 통사론에 대한 방법론은 거의 확립되지 못하였다. 아울러 연구 방법론이 철저히 객관적이었기 때문에 주관적인 성격을 가지는 의미에 대한 연구 즉, 의미론의 연구는 거의 소홀히 되거나 배제되었다. 그래서 언어의 본질을 밝히는 데에는 한계를 드러내었다.

변형생성문법 이론

변형생성문법 이론은 미국의 기술언어학의 한계를 극복하면서 노엄 촘스키(Noam Chomsky, 1929–)에 의해 성립된 언어 이론이다. 이 이론의 목표는 인간의 인지 능력인 언어 능력을 설명하려는 것이다. 이 목표를 달성하기 위하여 문장 구조의 적격성을 설명하고, 그 문장의 의미를 해석하려 하였다. 그래서 가설–검증적이고 수리–논리적인 방법을 도입하였다.

어떤 이론이 한계를 드러내면 이를 극복할 수 있는 새로운 이론이 나타나게 된다. 촘스키가 제안한 변형생성문법 이론은 미국의 기술언어학의 한계를 극복하려는 데에서 출발하였다. 그래서 기술언어학 이론과는 배경, 연구 방법, 연구 대상 등 모든 것이 대조적이다. 촘스키가 1957년에 ≪통사 구조≫ Syntactic Structures라는 책을 출판함으로써 변형생성문법 이론을 제시하였으며, 이는 지금까지의 언어학 연구 방법을 혁신하였다. 그 후 이 이론은 수정, 보완되어 오늘날 가장 대표적인 언어 이론으로 발전하였다. 물론 60년 가까이의 세월이 흐르는 동안 이 이론은 비판을 받기도 하였지만, 다른 어떤 언어 이론들보다 설득력 있고 강한 영향력을 가진 이론으로 발전하였다. 그래서 변형생성문법 이론은 언어과학의 여러 분야뿐만 아니라, 다른 여러 학문 분야에까지 상당한 영향을 끼쳤다. 인간의 마음을 해명하려는 인지과학의 형성과 발전에도 크게 기여하였다.

한국 언어학의 뿌리

우리 조상들이 언어에 대한 창의적인 관심을 가진 것은 표기법 문제였다. 표기법에 대한 관심은 삼국시대에 이미 비롯하였으며, 오랜 시일을 두고 끊임없이 노력하여 온 결과, 궁극적으로는 훈민정음이라는 독창적이고 과학적인 문자를 창제하기에 이른 것이다. 세종대왕의 훈민정음 창제는 우리의 언어학 수준을 높였다는 점에서 언어학사적인 의의가 크다. 체계적인 음운 이론을 바탕으로 새로운, 자음과 모음 그리고 운소까지 갖춘, 음소문자를 만든 것이다.

조금 다른 이야기이지만, 미국의 언어학자 마가렛 토마스 교수가 2011년에 《언어와 언어학을 빛낸 50인의 사상가》라는 저서를 펴냈다. 그 중에서는 앞에서 살펴본 파니니, 와로, 아로노와 랑슬로, 슐레겔 형제, 훔볼트, 그림, 보프, 소쉬르, 사피어, 블룸필드, 야콥슨, 촘스키 등이 포함되어 있다. 그런데 그 50인 중에는 우리나라 세종대왕이 포함되어 있다. 이것은 한국 언어학, 아니 세종대왕 언어학의 탁월한 성과를 한마디로 대변해 준다고 할 것이다. 참으로 자랑스러운 일이다.

주시경 선생(1976-1914)은 언어 연구를 현대적으로 발전시킨 우리나라 대표적인 언어학자이다. 그는 나라의 힘과 겨레 정신의 근본적인 바탕이 되는 말과 글을 바로잡으려는 이론을 세우기 위해 말소리와 문법을 연구하였다. 그의 연구 성과는 ≪국어문법≫(1910년)에 체계적으로 제시되어 있는데, 그의 독창적이고 합리적인 이론은 우리말 연구의 기반을 마련하였다. 주시경 선생의 우리말에 대한 이론 연구와 실천 정신은 최현배 선생을 비롯한 그의 제자들에 의해 계승되어 오늘날에 이르렀다.

우리나라의 대표적인 언어학자 주시경 선생의 모습